当年明月

人类从历史中学到的唯一教训，就是人类无法从历史中学到任何教训。

——黑格尔

明朝那些事儿

增补版

当年明月 著

第伍部

内阁不相信眼泪

北京联合出版公司
Beijing United Publishing Co.,Ltd.

目录

目录

第一章

最阴险的敌人

○但严嵩却并不在乎 他已经确定了自己的人生方向 只要能够飞黄腾达 位极人臣 可以不择手段 可以背叛所有的人 背弃人世间的所有道德

◆ 严嵩的原则

嘉靖算是消停了，但是大臣们的斗争游戏却刚刚进入高潮，夏言除掉了他的最大对手，夺取了全部的权力，所有人都在他的掌握之中。

这一年是嘉靖二十一年（1542），看上去一切都很完美，但他不会想到，崩溃将在最为辉煌的那一刻到来。

毁灭他美好前景的人，叫做严嵩。

严嵩，字惟中，成化十六年（1480）出生，江西袁州府分宜人。

说起此人，实在是大大的有名，从明代开始，他就被人以各种形式（写入书中、编入戏里）不停地骂、反复地骂，并最终获得了一个荣誉称号——明代第一奸臣。

事实上，在走上那条不归路之前，他曾经是一个勇敢正直、坚持原则的人，而那时，他是夏言的朋友。

如同所有的悲剧一样，严嵩的故事也有着一个喜剧的开头。

应该说严嵩的运气是不错的，他出生时，家里虽

不很富，却也算个中产阶级。他的父亲严淮多次参加科举，屡战屡败，屡败屡战，到最后实在战斗不动了，就改行当了教书先生。

老子的未竟事业自然是要儿子完成的，刚出生不久的严嵩就此开始了他的学习生涯。

严嵩的幼年教育是可以写成启蒙类教科书的，据说他三岁就学会了写字，到六岁就能背诵四书五经，但这些还只是小事，两年之后发生的那件事情才真正引起了轰动。

在这一年，八岁的严嵩因为成绩好，作为优秀童生考入了县学。

看上去似乎没什么大不了的，那么我们来列举另外两位仁兄进行类比，你就知道其中的奥妙了:

海瑞，身份：童生。时年二十八岁。

范进，身份：童生。时年五十余岁。

其实，这二位兄弟还算是年轻有为的，六七十岁考不上县学的童生大有人在，相比之下，严嵩实在是神童中的神童。

就这样，严嵩一直神童了八年。到了弘治八年（1495），十六岁的严嵩准备参加乡试，包袱都打好了，刚要出发，爹死了。

这实在是让人悲痛的事情。一般这种时候，都会有固定剧本：跳出来一大帮亲戚朋友，说些什么不要悲伤、要正常发挥水平、告慰先人之类的话，然后主人公擦干眼泪，抬头望天，握拳做苦大仇深状，毅然踏上前进的道路。

严嵩的情况大致也是这样，只是有一点不同——他没有去考试。不是他过于悲痛不想考，而是不能考——根据明代规定，死了爹的，要在家守制三年。

国家政策是没法违反的，严嵩只好在家待业了三年。三年后，他带着父亲的遗愿和满腔的抱负前往南昌，一举中第，金榜题名。

严嵩的乡试成绩很好，所以对第二年的会试，他本人十分自信。可事实证明，地方经验放到中央，往往都是不灵的。考试成绩出来后，名落孙山的严嵩叹着气走上了回头路。

不要紧，下次一定能够考上！

过了三年,他进京参加第二次考试。几天后,他拿着京城同乡送的慰问品回了家。

神童也好，天才也好，考不上就是考不上，说啥也没有用。

参考消息 **神童严嵩**

严嵩自幼文思敏捷、读书过目不忘，在家乡是小有名气的神童，连地方官也对他有所耳闻，甚至愿意资助他进入县学。据传当地知县曾当面出上联考他：“关山千里，乡心一夜，雨丝丝。”严嵩略一沉思，随即应对：“帝阙九重，圣寿万年，天荡荡。”这副下联用白话文理解，就是“皇宫雄伟，皇帝万岁”之类的马屁话。虽然那时严嵩年纪还小，但他心向庙堂的志向已可见一斑。

失望的严嵩没有放弃，他确信自己一定能够成功。

于是他去考了第三次，这次他不再有任何幻想，考上就好，只要考上就好。

但上天却跟他开了一个玩笑，一个善意的玩笑。

老天爷可能觉得严嵩先生才学深厚，非要消遣一下他，所以在两次落榜之后，严嵩意外地得知了自己的考试成绩——二甲第二名。

一甲只有三人（状元、榜眼、探花），所以二甲第二，就是全国第五。

这个成绩实在太好了，严嵩惊讶之余大喜过望，他认为，自己的命运将就此彻底改变。

正德元年（1506），严嵩被选为翰林，成为了一名庶吉士，这一年他二十七岁，年少高才，前途远大而光明——光明时间合计三年。

正德四年（1509），严嵩迎来了一个噩耗，他的母亲去世了。

严嵩是一个十分孝顺的人。在父亲死后，母亲含辛茹苦抚养他，供他读书考试。所谓子欲养而亲不待，实在是一场人生悲剧。

但凡是个人，遇到这种事都会悲伤，但严嵩却似乎有点过了头，他日夜痛哭，伤心过度，差点送了命，经过紧急抢救才活过来。

这还没完，悲痛至极的严嵩又作出了一个更让人意外的决定，他要辞官回家隐居。

这是一个让人钦佩的抉择，一个前途无量的年轻人，放弃荣华富贵，避开俗世红尘，只为纪念自己未能报恩的母亲。二十七岁的严嵩是一个了不起的人。

严嵩回到了老家隐居，但国家并没有忘记他，朝廷曾多次下旨，希望他回朝中为国效力。

可严嵩拒绝了。他已经过了守制期，却仍拒不入朝，只因为另一个理由：

“奸人当道，在下不堪与之为伍！”

他口中的奸人，就是当年红得发紫的钱宁和江彬，严嵩有他自己的骨气：宁可不当官，也决不与小人同流合污！

那时的严嵩，是一个正直的人。

但隐居十年之后，他终究还是答应了一个人的邀约，再次出山为官。并非是他出尔反尔，只是因为这个人他无法拒绝。

此人就是我们的老朋友，当时的内阁首辅杨廷和。

在严嵩看来，杨廷和是朝廷的支柱，在杨廷和看来，严嵩是难得的人才。而更为重要的是，十年前（弘治十八年，1505）的那次会试，点中严嵩卷子，对其赞扬有加，并成为他老师的人，正是杨廷和先生。

杨先生真可算得上是个有眼力的人，因为七年后（嘉靖二年，1523）的殿试中，他还夸奖过另一位新科进士，断定此人必成大器，之后还大力提拔。

看来这个世界确实很小，因为这位幸运者的名字叫做徐阶。

正德十一年（1516），严嵩再次出山。

论资排辈是官场的优良传统，在这种指导思想下，严嵩的境遇并不太好。所谓"任你通天大才，只有推倒重来"，他先进了翰林院，却只干了个编修（翰林院的低级官员），一年多啥也没混出来。

但人生总是充满变数的，正德十三年（1518），严嵩得到了一份差事——传旨。

这就是传说中的钦差。虽说是个体力活，不过能到地方上摆摆威风，混吃混喝，也算不错，于是严嵩乐颠颠地上路了。

然而，事实证明，这趟所谓的钦差，实际上是个苦差。

严嵩十分尽责地完成了使命，然后一路往回赶。但上天似乎还没玩够，它又一次在错误的时间，将严嵩送到了一个错误的地点。

具体说来，当时严嵩先生所处的环境如下。

时间：正德十四年（1519）六月

具体方位：江西省临江府

如果感觉比较眼熟，那说明你的记性还不错。此时此地，除了严嵩外，还有一位仁兄正在闹腾一件大事，他就是伟大的王守仁先生。

严嵩的运气实在不好，全国那么多地方他不去，偏偏赶上了宁王叛乱，要是他赶得巧，没准儿还能和刚刚坐船上岸的王巡抚打个照面。

不过，他既没有王巡抚的胆略，也没有旗牌令箭，于是只好躲了起来。

但凡是躲避战乱，都有个时间限制，仗打完了该干吗就干吗去了。但严嵩可能是在战乱中受了什么刺激，他躲得比较彻底，京城也不去了，托人请了个假，直接回了老家。

严嵩的行为放到今天，往小了说是怕事，往大了讲是玩忽职守，这事儿要放在朱元璋手里，估计严嵩的人皮都晾干了。

可当时的朱厚照先生是没有时间管的，他正忙着玩。严嵩何许人也？哪能劳他老人家大驾。

就这样，严嵩又开始了休养生活。但上天注定要让他出场，两年之后，又一个机会来临了，朱厚照先生驾崩，杨廷和开始代理朝政。在严嵩看来，报效国家的时机终于到了。

正德十六年（1521）四月，严嵩正式进京，他的人生从此被彻底改变。

可刚一进京，严嵩就发现情况不对，他去拜会老师杨廷和，杨廷和还认识他，也打了招呼，却不怎么理会，搞得他十分尴尬。

这人怎么说变就变呢？严嵩纳闷了。

其实杨廷和还是比较够意思的，他之所以不管严嵩，实在是因为他正忙着一件大事——和皇帝斗争。

严嵩算是倒霉到家了，复出混得不好，传旨遇到了宁王之乱，好不容易回到京城，又撞上了大礼议事件。

这一年严嵩已四十一岁，前辈上级退休了，同辈的都升了官，晚辈又不买他的账，他成了个没人理也没人管的累赘。

吏部的官员考虑了很久，觉得这人实在没啥用，又榨不出油水，就安排他去了南京翰林院。

在当年，南京翰林院有个外号叫“鬼都不理”，既无权又无钱，穷得叮当响。可是严嵩没有办法，只好老老实实地去了南京。

但他没有想到，正是这个缺德的工作安排救了他的命，带来了光辉远大的前途。

因为就在他出发去南京之后不久，两个人就急匆匆地以相反的方向从南京赶来，在京城掀起了一场无比凌厉的风暴。

这两个人就是张璁和桂萼，轰轰烈烈的大礼议就此进入最高峰。

斗争的结果人尽皆知，在这场惨烈的政治斗争中，无数官员落马折腰，内阁被全部清洗，新一代的权贵登上舞台。

严嵩运气实在不错，出事的时候他在南京，无门无派，无牵无挂，每天喝喝茶，谈谈京城八卦新闻，日子过得十分滋润。

话虽如此，但这件事情对他的前途似乎也没有太大影响，毕竟他的老师杨廷和是斗争的失败者，他从中捞不到任何好处。

但严嵩自己却很清楚，他飞黄腾达的时候到了，因为事情并非看上去那么简单。除了老师杨廷和外，他还有一个十分要好的老乡兼朋友——桂萼。

果然，不久之后，京城传来消息，严嵩由南京调回北京，连升三级，担任国子监最高长官（祭酒）。

坎坷的人生、狡诈的官场改变了严嵩，他从一次又一次的失败中领悟了成功的秘诀——左右逢源。

无论何时何地，在最终胜负显现之前，绝不能押上所有的筹码。

——洛克菲勒

这之后，严嵩的事业进入了黄金期。嘉靖七年（1528）四月，他升任礼部右侍郎（副部长），嘉靖十年（1531）九月，升任南京礼部尚书，后又改任吏部尚书。

严嵩向现实妥协了，他改变了自己，开始逢迎皇帝，阿谀奉承，但这似乎也很正常。

因为在朝廷中，拍马屁不是为了升官，而是为了生存。

所以，至少到目前为止，严嵩仍然是个比较正派的人。虽然他要求进步的手段并不光彩，却也知道什么该做，什么不能做，在朝廷上仍然直言不讳，毫不顾忌。

参考消息 **朝中有人**

严嵩跟桂萼的交情，说起来还真是不一般。两人同是江西老乡，同在南京为官，甚至聘请了同一位老师来教导儿子。再加上两人当时都充满了正义感，本身就很谈得来，经常在一起喝酒，还有点诗书往来。有着这么铁杆的关系，在“大礼议”中一跃而起的桂萼自然不忘拉严嵩一把。

换句话说，他是一个有原则的人。

嘉靖十七年（1538），这个原则被打破了。

◆ 最难的文章

这一年的七月，最麻烦的事情来了。

此时距离大礼议事件已经过去了十几年，该认的认了，该给的也给了，应该说嘉靖先生也该满意了。

可这位仁兄却是个得寸进尺的主儿，他突发奇想，又提出了新的要求。

而这个要求，是绝对不会得到大臣支持的。

嘉靖不但要追认他爹为皇帝，还打算把他爹搬进太庙，成为以后历代皇帝朝拜的对象，最后，他还打算给自己的父亲一个封号——明睿宗。

此要求在历史上有一个特定的称谓——称宗袝庙。

这是一个极其无理的要求。没有做过皇帝的人，怎么能够进太庙，称睿宗呢？先前给自己争个爹，多少还算是人之常情，现在干这种出格的事，就是贪得无厌了。

所有的朝廷大臣都听说了这件事，却并不出声，因为他们要等待一个人的反应。

这个人就是专门负责礼仪的礼部尚书。

很不幸，当时的礼部部长就是严嵩，这下无论如何也躲不了了。如果赞成，会被众人唾骂，如果反对，会被皇帝处罚。

但老江湖就是老江湖，严嵩开动脑筋，费尽心思写了一封奏疏给皇帝。

这是一份质量很高的奏疏，全篇洋洋共计千余字，好像什么都说了，仔细一看，又好像什么都没说。

严嵩又耍了一次两面派。如果换了别人，这篇文章或许能蒙混过关，但这次他遇到了嘉靖先生。

刚看完奏疏，嘉靖就召见了严嵩，并用几个词概括了对他的印象——骑墙、滑头、两头讨好。

满头冷汗的严嵩狼狈地逃离了那个可怕的人，他终于意识到，在这个人面前，天下人无非两种而已——支持他的，或反对他的。

除此之外，没有第三条路。

于是两个选项同时出现在他的面前——原则，还是利益？

严嵩毫不犹豫地选择了后者。

他不想再折腾下去了，他已经五十八岁，吃了太多的苦，受了太多的累，利益就是他所追求的全部。

原则？多少钱一斤？

在作出决定的那个晚上，他挥笔写下了《庆云赋》和《大礼告成颂》，以纪念嘉靖先生的英明决策，三十年的文学功底最终化成了溜须拍马的遣词造句。

嘉靖终于满意了，他已经确定，这个叫严嵩的人将会对他言听计从，并服从他的一切命令。

很快，严嵩的这一举动在朝廷中引起了轩然大波，指责声、骂声铺天盖地而来，余音绕梁，三十日也没绝。

但严嵩却并不在乎，他已经确定了自己的人生方向：只要能够飞黄腾达、位极人臣，可以不择手段，可以背叛所有的人，背弃人世间的所有道德！

“大彻大悟”的严嵩树立了自己全新的人生观，但很快他就发现，要想达成自己的企图，就必须清除一个障碍——夏言。

相对而言，夏言是个不太听话的下属，他会经常反驳上级意见，甚至退回皇帝的圣旨，让皇帝难堪。因为他还是一个有良知，有原则的人。

参考消息 **传世的马屁巨著**

虽说《庆云赋》和《大礼告成颂》是历史上著名的溜须拍马之作，但正是这两篇文章的绝佳文笔，使得自恃文才甚高的嘉靖对严嵩另眼相看。更有意思的是，尽管各位文官在朝堂上大骂严嵩厚颜无耻，私底下却将这两篇拍马屁的文章竞相传看。如今，那篇曾经大放异彩，奠定了严嵩一代文坛匠才地位的《庆云赋》已经失传，从文学角度看，未免有点可惜。

奸臣的开端

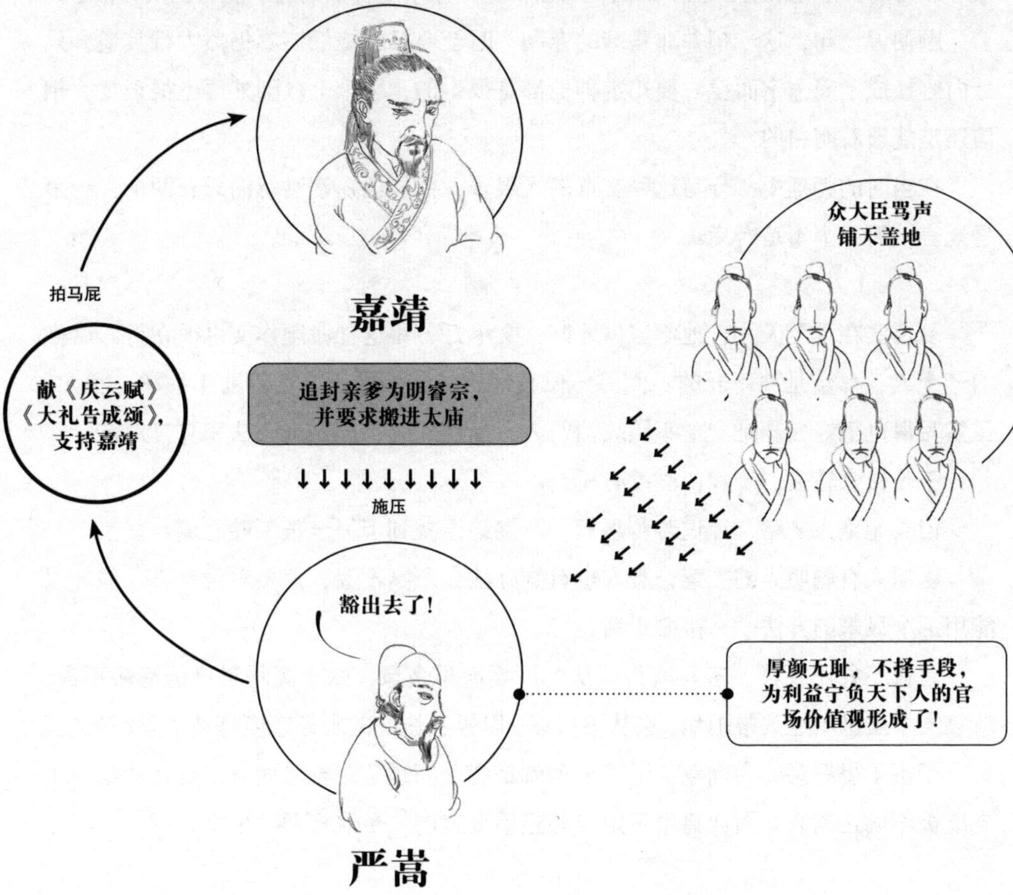

不要脸的严嵩准备除掉要脸的夏言，这似乎并不困难，但在实际操作中，严嵩才发现这几乎又是一个不可能完成的任务。

因为夏言还有一个他不具备的撒手锏。

如果要评选明代最难写的文章，答案绝不是八股，而是青词。

必须说明的是，青词不是谁都能写，也不是谁都能用的，这玩意儿的版权完全归嘉靖所有，他人不得侵犯。该文体特点是全用赋体，词句华丽，写作难度极高。因为写作时要使用专门的青藤纸，所以叫青词。

青词是修道祭天时用的，具体方法是写好后烧掉，主要内容除了陈述个人愿望外，还兼议论叙事，其笔法十分玄乎，经常搞得人莫名其妙。不过也无所谓，反正是写给神仙看的，写完就烧，也不留档，而嘉靖先生似乎对神仙的理解能力也很有信心。

顺便说一句，这一招并非嘉靖的专利，时至今日，烧纸请愿仍然大行其道，只是内容换成了简体字而已。要知道神仙都是很牛的，懂个七八国外语也很正常，相信还是能够看明白的。

在当时的朝廷中，会写这种文章的人很多，但能让嘉靖满意的只有两个，一个是夏言，另一个不是严嵩。

夏言实在是个天才，他不但口才好，文笔好，写这种命题作文也很在行。这样的一个人，嘉靖是离不开的。而另一位会写青词的顾鼎臣（严嵩同年科举，状元）虽然写得也很好，却是一个不懂政治的人，虽然入阁，却完全无法和夏言对抗。

于是转来转去，严嵩依然没有机会。

但天无绝人之路，经过苦苦思索，严嵩终于找到了另一条制胜之道。

聪明人有聪明人的主意，蠢人也有蠢办法。严嵩不蠢，但要对付夏言，他却只能用那个最笨的方法——拼命干活。

写得不好不要紧，多写就行。从此严嵩起早贪黑，六十高龄每日仍笔耕不辍，就算文章质量不过关被退稿，也从不气馁，以极其热忱的服务态度打动了嘉靖先生。

干不干得好是能力问题，干不干那就是态度问题了。相对而言，夏言就是一个态度极不端正的人。而让嘉靖下定决心整治夏言的，是这样两件事情。

有一次，嘉靖起得晚了点，推迟了上朝，回头一清点人数，发现夏言不在。他便问下边的大臣：夏首辅去哪儿了？

出乎意料的是，下面竟无人回答。

后来还是一个太监私下里告诉他，夏言之前来过，听说还没上朝，连招呼都没打，就回家睡觉去了。

嘉靖发毛了，我迟到你就早退，还反了你了！

而让他们彻底决裂的，是著名的“香叶冠”事件。

嘉靖信奉道教，而夏言偏偏是个无神论者，每次嘉靖和他讨论道教问题，夏言都听得打瞌睡。久而久之，嘉靖也觉得没意思了，不想再和他谈。

可问题在于,这个人虽然不信道,却会写青词。在嘉靖看来,如果稿子质量不高,是会得罪神仙的,而神仙大人一生气,自己长生不老的报告就批不下来。

这实在是个性命攸关的事情。所以每次嘉靖总是捺着性子向夏言催稿,可是夏言总是爱理不理,要么不写,要么应付差事,搞得嘉靖十分不快。

拖皇帝的稿也算够胆大了,可这并不足以证明夏言的勇气,他还干过更为胆大包天的事。

嘉靖为了显示自己的虔诚,每次上班时都不戴皇帝金冠,而是改戴道士的香叶冠,此外,他还特意亲手制作了五顶香叶冠,分别赐给自己最亲近的大臣。

夏言得到了其中一顶,却从来不戴。

嘉靖开始还不在意,可他左等右等,始终没看到夏言换帽子,才忍不住发问:

"我上次给你的帽子呢?"

"尚在家中。"

"为何不戴?"

"我是朝廷大臣,怎么能戴那种东西?!"

嘉靖的脸都发白了,他尴尬地盯着夏言。

可夏先生似乎并不肯就此甘休:

"以臣所见,希望陛下今后也不要戴这种东西,君临天下者,应有天子之威仪,以正视听。"

伤自尊了,真的伤自尊了。

要知道,这玩意儿虽然不中看,却是嘉靖先生自己亲手做的,是他的劳动成果和汗水结晶。夏言不但不要,还把他训了一顿,确实让人难以接受。

参考消息 **香叶冠**

按照明代冠服制度的规定,皇帝日常视朝时所戴的冠式为乌纱折角向上巾,又名"翼善冠"。而香叶冠这个东西,是嘉靖皇帝的发明创造。此物高一尺五,由绿纱制成,绣太极图,是配合道袍一起穿戴的祭服。相应的,皇后所戴的叫做"垂云冠",高一尺,由青纱制成。此外嘉靖曾下谕,大臣进入西苑时只准骑马,不许坐轿,这也是仿照道士的习惯。

于是他发火了:

“这里不需要你，马上滚出宫去！”

夏言这样回答:

“要我出宫离开，你必须亲自下旨！（有旨方可行！）”

然后他冷笑着大步离去，只留下了气得发抖的皇帝陛下。

闹到这个地步，不翻脸也不可能了，而在这君臣矛盾的关键时刻，严嵩出现了。

在五顶香叶冠中，还有一顶是给严嵩的，但他的表现与夏言完全不同。由于严先生没有原则，所以自然也不要老脸，他不但戴上了香叶冠，还特意罩了一层青纱，表示自己时刻不忘领导的恩惠。

嘉靖十分高兴，他特别表扬了严嵩。

严嵩是夏言的同乡，两人关系一向不错，夏言发达之后，出于老乡情谊，对严嵩十分关照。

然而，慢慢他才发现，严嵩是一个偏好投机，没有道德观念的人，只要能够达到目的，此人就会不择手段，任意胡来。

刚强正直的夏言十分反感这种行为，虽然严嵩对他十分尊敬，早敬礼晚鞠躬，他却越来越瞧不起这个人。

一个卑躬屈膝的人，无论如何逢迎下作、厚颜无耻，最终即使得到信任，也绝对无法获得尊重。

夏言看透了严嵩，对他的那一套深恶痛绝，只希望这个人滚得越远越好。

然而，严嵩似乎并不在意，他很清楚，自己是夏言的下级，无论如何，现在还不能翻脸。为了缓和两人的关系，他决定请夏言吃饭。

夏言接到了请柬，他想了一下，答应了。

约定的时间到了，菜也上了，却没有一个人动筷子——因为夏言还没有到。

眼看要吃隔夜饭了，严嵩说，我亲自去请。

他来到了夏言的府邸，门卫告诉他，夏言不在。

这摆明了是耍人，故意不给面子，严嵩的随从开始大声嚷嚷，发泄不满。然而严嵩十分平静，他挥了挥手，回到了自己的家。

面对着发冷的酒席，和满堂宾朋嘲弄的眼神，严嵩拿起了酒宴的请柬。

他跪了下来，口中念出夏言的名字，将请柬的原文从头到尾念了一遍，最后大呼一声：

“未能尽宾主之宜，在下有愧于心！”

表演结束了，他站了起来，不顾众人惊异的目光，径自走到酒席前，开始吃饭。

今日我受到的羞辱，将来一定要你加倍偿还！

◆ 黑状

在夏言看来，严嵩是一个没有原则的小丑，一个无关紧要的小人。

事实确实如此。那次晚宴之后，严嵩依然如故，一味地溜须拍马，左右逢迎，而夏言也是一如既往地看不起他。

但夏言的看法只对了一半，因为小人从来都不是无关紧要的，他们可以干很多事情，比如——告状。

嘉靖二十一年六月的一天，夏言退朝之后，严嵩觐见了嘉靖。

在皇帝面前，他一改往日慈眉善目的面孔，以六十三岁之高龄，以迅雷不及掩耳之势，干净利落地完成了整理着装——下跪——磕头等一系列规定项目，动作舒缓、紧凑，造诣甚高。

然后他泪流满面，大声哀号道:

“老臣受尽夏言欺辱，望陛下做主！”

虽然看似痛哭流涕，不能自已，但难能可贵的是，严嵩的思维仍然十分清楚，且具有严密的逻辑性。他逐条逐点痛诉老油条夏言种种令人发指的行为，声泪俱下。

可是他滔滔不绝地说了很久，上面的皇帝陛下却并未同仇敌忾，只是微笑着看着他的表演，并不动怒。

嘉靖是一个聪明绝顶的人，对于大臣之间的矛盾，他一直都是当笑话看的，想要把他当枪使，那是不容易的。

但严嵩并不慌乱，他早已作好了准备。虽然坐在上面的这个人十分聪明，极难对付，但他也有自己的弱点，只要说出那件事，他一定会乖乖就范！

“夏言藐视陛下，鄙弃御赐之物，罪大恶极！”

这是严嵩黑状的结尾部分，虽然短小，却极其精悍。因为所谓的御赐之物，就是那顶香叶冠。

于是嘉靖愤怒了，欺负严嵩无所谓，不听自己话才是严重的政治问题。他立即写下了斥责夏言的敕书。

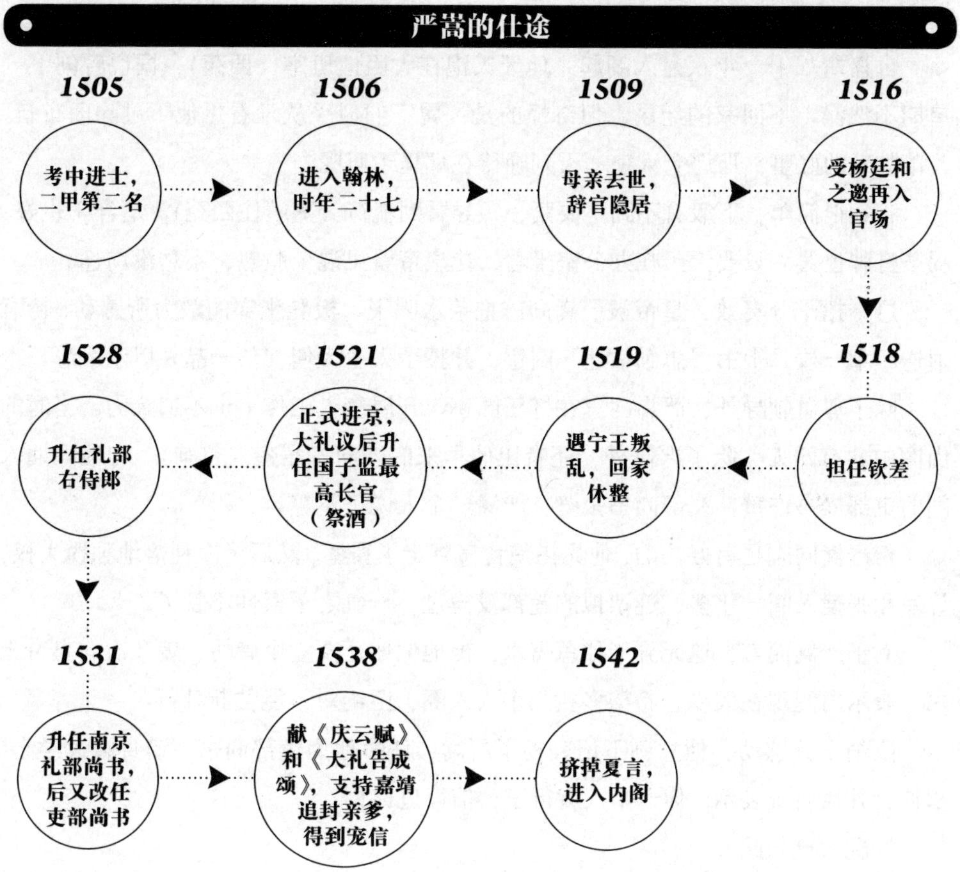

当然了，痛斥的根据不是拒戴香叶冠，而是“军国重事，取裁私家，王言要密，视同戏玩”！

整的就是你，其实不需要什么理由。

嘉靖被自己的木偶操纵了，这是自他执政以来的第一次，但遗憾的是这并非最后一次。大臣们已经熟悉了他的出牌套路，不久之后，几位比他更聪明的重量级人物即将登场，事情的发展就此彻底失去控制。

受到皇帝斥责的夏言害怕了，他连忙上书请罪，但无济于事。半个月后，他被削职为民，严嵩进入内阁。

客观地讲，严嵩是没有什么政治才能的，和夏言相比，他缺乏处理政事的能力，却并非一无是处，他有两项远远高于常人的技能——拍马屁、整人。

自嘉靖二十一年八月入阁起，他天天泡在大臣值班室（西苑），据说曾创下一星期不洗澡、不回家的纪录。但奇怪的是，属下们似乎从没看见他干过除旧布新、改革弊政的好事，那您老人家一天到晚待在那里干吗呢？

答案很简单，下级看不到不要紧，领导看到就行（嘉靖住西苑）。磨洋工也好，喝茶打牌也罢，只要天天在办公室坐着，让皇帝看见混个脸熟，不愁没前途。

这一招十分奏效，皇帝被严嵩同志把茶水喝干、板凳坐穿的毅力所感动，特意附送印章一枚，上书“忠勤敏达”四字，并授予太子太傅（从一品）以示表彰。

除了尊重领导外，严嵩同志在打压同事、开展整人工作上也不遗余力。当时的内阁中共有四人，除了严嵩外，还有比他早来的老同志翟銮（首辅）、和他同期入阁的吏部尚书许赞、礼部尚书张璧，严嵩一个人说了不算。

但严嵩同志是有办法的，他先指使言官骂走了翟銮，然后干净利落地独揽大权，许赞和张璧入阁一年多，连票拟的笔都没摸过，一气之下索性不管了。

对于严嵩而言，这无异于如鱼得水，但他偏偏还要立个牌坊，曾几次向皇帝上书，表示内阁现在人少，希望多找几个人入阁，臣绝对不能独断独行。

嘉靖十分感动，他立刻下诏表扬了严嵩，任命他为吏部尚书、谨身殿大学士、少傅，并且明确表示：你一个人就行了，信得过你！

情况大抵如此。

应该说，夏言把弄权术，掌握朝权，主要目的还是为了治理国家、整顿朝政。而严嵩的目的就单纯得多了，他玩这么多花样，只是为了自己的爱好——贪污受贿。

参考消息 **贪官相煎何太急**

被严嵩赶下台的翟銮也不是什么好官。翟銮原为礼部右侍郎，多亏嘉靖身边的宦官经常为他美言，竟被越级任用，以吏部左侍郎兼学士的身份进入内阁。刚入阁辅政时，翟銮颇有清廉的名声，因囊中过于羞涩，在母亲去世、回家服丧时，连生活费都不能自给自足。到了嘉靖十八年，皇帝要找人犒边（犒赏边军），就把翟銮打发去巡视边防。当他返京时，队伍后面浩浩荡荡地跟了一千多辆车，装满了边陲诸将送给他的礼物。后来，这些礼物被翟銮用来打点上下朝臣和宦官，这下权势是保住了，但是翟銮的名声从此一落千丈。

严嵩从来不相信什么他好、我也好，别人过得如何他无所谓，只要自己舒坦就行。怀着这一崇高理想，他在贪污战线上干出了卓越的成绩。

当时的纪检官员们（都察院御史）每年有一个固定任务——评选年度贪污人物排行榜，凡上榜者都有具体数据支持，且数据公之于众。

而严嵩同志自从进入内阁以来，每年必上榜，上榜必头名，更为难得的是，连南京的都察院也把他评为贪污第一人，每年上报朝廷。

虽获此殊荣，但严嵩并不慌张，因为他十分清楚，嘉靖从不在意他贪了没有或是贪了多少，只关心他是否听话。

事实确实如此，虽然弹劾奏章接连不断，但严嵩始终稳如泰山。

可是情况逐渐出现了变化。

严嵩终于犯了他的前任曾经犯过的错误——专断。

当所有的权力集中在他一人手中时，无比的威势和尊崇便扑面而来，这个六十多岁的老人无法适应了。每当他看见西苑那间烟雾缭绕的房间，想起那个不理国政、一心修道的皇帝，一种感觉就会油然而生：

掌握这个帝国的人，就是我。

当这种感应反映到行为上时，他开始变得专横、不可一世，遇事也不再向领导汇报，而在大臣们的眼中，这个老人已经取代了那个道士，成为了国家的真正领导者。

但是他过于低估了那个道士的实力。在满耳的诵经声里，炼丹炉的重重烟雾中，那双眼睛仍然牢牢地盯着严嵩的背影，每时每刻。

嘉靖二十四年（1545）十二月，嘉靖突然在西苑召见严嵩。当严首辅大摇大摆地来到殿中时，皇帝陛下却微笑着将另一个人引见给他，并且告诉严嵩，这个人将取代你的位置，成为首辅，希望你继续坚持干好工作，因为从此以后你的身份是内阁次辅，是他的助手，要注意搞好班子的团结。

嘉靖一如既往地笑了，笑得十分灿烂，但严嵩没有笑，而那位本该欢呼雀跃的幸运儿也没有笑，因为他就是夏言。

君子报仇，十年不晚，看来夏言还是比较幸运的，他只用了三年零五个月。

如果说之前的夏言只是蔑视严嵩，那他现在终于找到了真正的敌人。

从此以后，内阁次辅严嵩再也看不到任何文件，因为首辅夏言拿走了他所有的权力，任何票拟、签批无权过问。短短一个月之间，他就变成了机关闲置人员。

但这仅仅是个开始，一场更大的风暴即将展开。

不久之后，中央各部的官员们接到通知，为合理搭配人事结构，要根据平时表现进行一次大规模的变动，一时间人心惶惶。

等到调整完毕，该撤的撤了，该升的升了，大家也就明白了——上面换人了。

夏言痛快了，解气了。他换掉了严嵩的爪牙，换上了自己的部下，肆无忌惮。

在清除敌人首脑之前，必须先扫除一切外围和帮手，这是我们的传统智慧，所谓掺沙子、挖墙脚是也。

夏言相信他的做法是对的，事实上也确实如此，不过他在执行中犯了一个致命的错误。

他做得太绝了。

他整治所有与严嵩有关系的人，一个也不放过，这种滥施淫威的做法使他逐渐陷入孤立，而更要命的是，他还得罪了一群绝对不能得罪的人——太监。

嘉靖把太监当奴才，这是顺理成章的事情，可夏言也把太监当了奴才，那就真是搞错了码头。每次有太监来府上办事，别说递烟递酒，他连口水都不给人喝，有时还要训几句话，让他们端正言行，从不把自己当外人。

要知道，虽说太监在嘉靖朝不吃香，但毕竟人家还是皇帝身边的人。久而久之，夏言在太监们中的名声越来越差。

相对而言，严嵩就聪明得多，他十分清楚，领导不能得罪，领导身边的秘书更不能得罪。所以每次太监到家里，这位六十多岁的高干竟然会主动让座，而且走之前必给红包，见者有份儿。

在七嘴八舌的太监舆论导向下，骂夏言和夸严嵩的人不断增长，嘉靖心中的倾向逐渐偏移。而对于这一切，处于权力顶峰的夏言并不知道。

综合来看，夏言是一个成熟的政治家，却也有着致命的缺点——孤傲。

越接近权力的中心，朋友会越来越少，敌人则越来越多。

一般来说，要摆脱这一规则，唯一的方法是装孙子。很遗憾，夏言为人刚毅正直，实在装不了孙子，自从嘉靖十五年（1536）进入内阁之后，他的缺点越来越明显，脾气越来越大，犯的错误越来越多，越来越严重，直到三年后那个致命的失误。

但令人欣慰的是，在这几年里，他还曾做过一件正确的小事。

说是小事，是因此这件事情实在很小，很难引人注意。但就是这件不起眼的小事，不但使他最终反败为胜，还改变了大明王朝的命运。

嘉靖十八年（1539），皇太子出阁自立，准备发展自己的小团体，为将来接班作准备。而选定东宫人员的工作照例由内阁负责，具体说来是由夏言负责。

这是一份极有前途的工作，无论高矮胖瘦，只要能够搭上太子这班车，将来的前途不可限量。因此有很多人争相向夏言说人情，行贿，只求他笔下留情。

可是夏言兄是出了名的软硬不吃，以上手段对他全然无效，他只选择那些确有才能的人。

而当他扫视候选名单的时候，却在一个名字前停留了很久。这是一个他九年前已经熟悉的名字，就在几个月前，他在江西的家人还专程写信给他，信中大骂此人，说这人在任时，明知是夏学士的亲戚，却从不帮忙办事，实在是不识抬举。

对于这个不给面子的官员，夏言也十分恼火，所以当不久前礼部缺员，有人向他推荐此人的时候，正在气头上的他当场就拒绝了。

要想公报私仇，这实在是天赐良机，但在这关键时刻，他犹豫了，经过长时间慎重的考虑，他作出了自己最终的决定。

因为他始终相信，秉持正直、不偏不倚是正确的。

夏言郑重地提起笔，在正选名录上写下了这个人的名字:

徐阶。

第二章

徐阶的觉醒

○天真的理想主义者纵使执著　纵使顽强　却依然是软弱的　他们并不明白　在这世上　很多事情你可以不理解　却必须接受

◆ 徐阶

粗略计算一下，徐阶应该算是一个死过三次的人。当然，没死成。

弘治十六年（1503）十月，徐阶诞生在浙江宣平，由于他的父亲是松江华亭人（今上海市），所以后代史书把他算作松江人。

徐阶有着一个幸福的家庭，他的父亲是当地县丞（八品），虽说官小，但毕竟是在经济发达地区，混口饭吃也不是太难。总体而言，他家还算比较富裕，比照成分相当于小型地主。

虽然家境宽裕，不用上街卖报纸、滚煤球，也不用怕饿死冻死，但徐阶曾经却比任何人都更靠近死神。

他的第一次死亡经历是在周岁那一年。家人抱着徐阶在枯井边乘凉，不小心摔了一跤，自己倒没怎么着，拍拍屁股上的土站起来，一琢磨感觉不对，手里似乎少了点什么东西，回头一看，徐阶已经掉进井里了。

这可算是缺了大德，变成自由落体的徐阶虽然没有跌进水里，却也和井底硬地来了次亲密接触。

我一直认为，投井自尽算是种比较痛苦的死法，比投江差远了，就如同而今的房地产市场，想死都找

不到个宽敞的地方。还是投江好，想往哪儿跳就往哪儿跳，不用考虑落地面积，末了还能欣赏无敌江景，想看哪里就看哪里，谁也挡不住。

枯井虽然摔不死人，但应该能摔残。小徐阶掉下井后，全家人费尽九牛二虎之力，半天才把他捞出来（当时没有工程机械），等重见天日时，徐阶兄却不哭也不闹——晕过去了。

他这一晕可大了去了，无论如何抢救，掐人中，灌汤药就是不醒，连续几天都是如此。到了第三天，大夫告诉他们：快准备棺材。

第四天，徐阶醒了。

徐阶，继续成长吧，下一次你会离死亡更近。

正德二年（1507），徐阶随父亲外出赶路，父亲在前面走，他在后面紧跟着。在经过一座高山的时候，徐阶一不小心，又出了点意外，当然，他并没有掉进枯井，相对而言，他这次掉的地点比较特别——悬崖。

等老爹听见响声回过头来时，徐阶已经跌落山崖。

这位父亲大人即刻放声大哭。枯井多少还有个盼头，悬崖底下就是阎王的地盘了，地府招人那叫一收一个准儿。

痛快哭完了，还得去下面收尸，父亲带了几个帮手绕到了悬崖下，可是左找右找，却始终是活不见人死不见尸。

总不能飞了吧，父亲抬起头，看见了挂在树上的儿子。

从此以后，徐阶的经历就成了街知巷闻的奇谈，所有的人都认为如此大难竟然不死，此人必有后福。

这话似乎没错，从此徐阶的生命踏入了坦途。但人生的最大一次考验仍在前方等待着他，只有经受住这次比死亡更为痛苦的折磨，他才能成长为忍辱负重、独撑危局的中流砥柱。

这之后的日子是平淡无奇的。正德八年（1513），徐阶的父亲辞去了公职，回到了华亭县老家。在这里，徐阶受到了良好的教育，他十分聪明，悟性很高。四年之后，他一举考中了秀才，进入县学成为生员。

正德十四年，十七岁的徐阶前往南京参加乡试，结果落榜，只得打道回府，继续备考。

但这对他而言未必是件坏事，因为就在第二年，一个人来到了他的家乡，并彻底改变了徐阶的一生。

正德十五年（1520），一位新科进士成为了华亭的知县，他的名字叫聂豹。

应该说聂豹是一个称职的知县。而在公务之外，他还有一个爱好——聊天。每天下班之后，他都会跑到县学，和那班秀才一起探讨经史子集。

正是在那里，他遇到了徐阶。

当聂豹第一次和徐阶交谈时，这个年轻人高超的悟性和机智的言辞就让他大吃一惊，他敏锐地意识到，这是一个前途不可限量的可造之材。

于是，当谈话结束，众人纷纷散去的时候，聂豹私下找到了徐阶，问了他一个问题：是否愿意跟随自己学习。

徐阶不傻，他清楚这意味着什么，所以他毫不犹豫地作了肯定的答复。

自此之后，徐阶拜聂豹为师，向他求学。

但徐阶没有想到，这个看上去极为寻常的县官，却并非一个普通人，他即将展示给徐阶的，是一个神秘新奇的世界。

不久之后，徐阶便惊奇地发现，聂豹教给他的，并不是平日谈论的经史文章，更不是考试用的八股，而是一门他闻所未闻的学问。

在徐阶看来，这是一种极其深邃神秘的学识，世间万物无所不包，而更为奇怪的是，连经世致用、为人处世的原理也与他之前学过的那些圣人之言截然不同。

但他并没有犹豫，在之后的两年里，他一直在刻苦认真地学习钻研着，日夜不辍。因为他的直觉告诉他，这个与众不同的老师正在教授给他一种特别的智慧，并将最终成为他一生中最为重要的财富。

嘉靖元年（1522），应天府即将举行乡试，这一年徐阶二十岁。

他对聂豹的钦佩和崇拜已经达到了顶点。在这两年之中，他曾无数次发问，无数次得到解答，他掌握了聂豹所传的精髓，了解了这套独特的体系，但两年来，仍然有一个让他十分好奇的疑问没有得到答案。

于是在他离家赴考的那天，他向为自己送行的聂豹提出了这个最后的问题：

“你怎么会懂得这么多呢？”

聂豹神秘地笑了：

“那是另一个人教我的。几年前，我在江西求学之时（聂豹是江西吉安人）遇

参考消息 **好官聂豹**

聂豹，正德十二年中进士，就任华亭知县。此时正逢百年大旱，灾民颗粒无收，个别官员却借机勾结黑道，大发灾难财，更有一名地方官仗着自己的岳父是朝中一品大员，伙同别人私吞了一万八千两税银。聂豹上任后，首先便收拾了这个几任知府都不敢动的朝中贵婿，没收赃款，填补民间拖欠的税赋。任职期间，聂豹大兴水利，深挖河塘，让三千余户逃荒者重归故里，恢复了生产。

到一人，听其所讲极为怪异，甚是不以为然。当时我年少气盛，与他反复争辩几日，终于心服口服。”

聂豹抬起头，走出了他的回忆，看着这个即将踏上人生征程的年轻人，说出了最终的答案：

“当日我虽未曾拜师，却蒙他倾囊以授，我所教给你的一切，都是当年他传授与我的，你今此去前途未卜，望你用心领悟此学，必有大用。”

“此学即所谓‘致良知’之心学，传我此学者，名王守仁。”

◆ 致命的考验

徐阶牢牢地记住了王守仁这个名字，他拜别聂豹，就此翻开了自己传奇人生的第一页。

南京的乡试十分顺利，徐阶如行云流水般答完考题，提前交卷离开了考场，他很有信心，认定自己必可一举中第。

但他万万没有想到，就在他自信十足的时候，他的卷子却已经被丢在了落榜者的那一堆里。

他的运气实在不好，当时的应天府批卷考官看到他的卷子，却如同是地球人看到了外星人，顺手就往地上一扔：这写的是什么玩意儿！

就在徐阶先生即将成为复读生的时候，上天又一次朝他微笑了。

此时，主考官恰好走了进来，看见了这一幕。他捡起了卷子，仔细看了很久，然后走到那位批卷官的面前，说出了自己的结论：

“当为解元。”

所谓解元，就是第一名，目瞪口呆的批卷官半天才反应过来，却仍然坚持自己的意见——落榜。

解元和落榜实在反差太大，双方争执不下，最后终于达成妥协，录取徐阶，不点解元。

当时的徐阶对这一切丝毫不知，完全被蒙在鼓里，不过无所谓，他已经获得了更进一步的资格。一年之后，他将见识真正的大场面，去面对这个帝国的统治者。

嘉靖二年，徐阶前往北京，参加了会试。看来京城的考官水平确实不错，他的文章没有再受到非难，虽然没有拿到会元，却也十分顺利地进入了殿试。

徐阶的心理素质还行，见了大老板也不怎么慌张，镇定自若地完成了自己的答题。殿试后，内阁大臣审读答卷，看到他的文章，都极为惊讶，赞叹不已，认为此科状元非他莫属。

就在此刻，另一个人走入审卷室，和乡试时如出一辙，他也找到了徐阶的试卷。

这个人叫林俊，时任刑部尚书，没事遛弯路过，就顺便进来看看。他拿起卷子认真地看了一会儿，评语脱口而出：

“好文章！当评第一名！”

这回麻烦了。

应该说这位尚书大人给了个不错的评价，可是问题在于，这话实在不该由他来说。

说来惭愧，这位仁兄虽说爱才，也是高级干部，却有一个缺点——人缘不好。当时的内阁大臣费宏等人和他有着很深的矛盾，平时就看他很不顺眼，现在他突然来了这么一句，便就此作出了推论——此文作者与他有着不可告人的关系。

托林大人的这一声吆喝，本来众望所归的状元徐阶就变成了探花徐阶。

头等奖变成了三等奖，但也算凑合了，冤就冤点吧。不过，领导的眼睛毕竟是雪亮的，就在徐阶金榜题名，去朝廷见考官、拜码头的时候，他的才能终于得到了

参考消息 **没人缘的林尚书**

林俊这人性子太直，路见不平必定一声吼，就算权贵犯法，他也一视同仁地判处与庶民同罪。以至于每次朝中有人犯事，尚书林聪都派他出马。林大人这种性格，自然没少得罪人，不用说费宏怨恨他，就连皇帝也看他不顺眼。成化年间任官，成化年间被贬；弘治年间升上来，弘治年间又被贬；正德年间又升职，正德年间继续被贬，此外还惹过牢狱之灾。好不容易在嘉靖时期坐稳了刑部尚书的位子，但无论他上什么折子，嘉靖都一概不理。

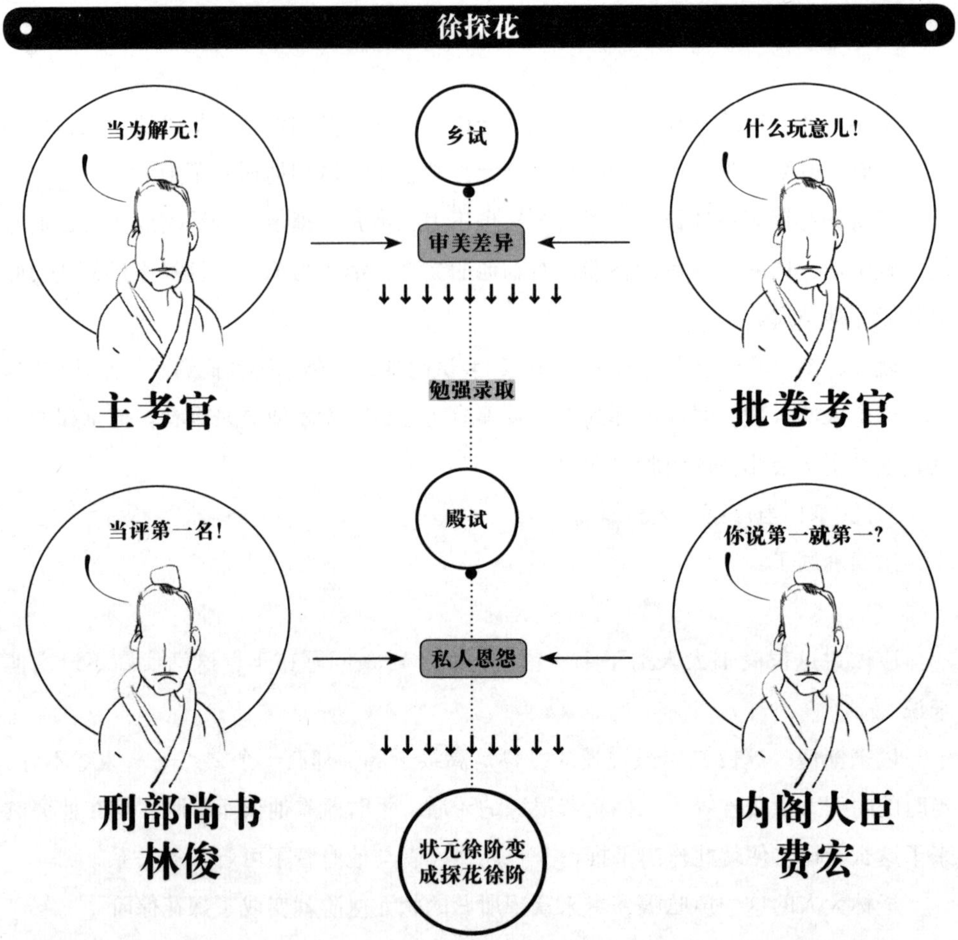

肯定。

在那里，徐阶见到了朝中第一号人物——杨廷和。

当这个二十一岁的青年出现在这位官场绝顶高手面前的时候，杨廷和立即作出了判断：

“此少年将来功名必不在我等之下！”

公报私仇的费宏也挨了领导的批评：

“你是怎么做事的，为何没把他评为第一呢？！”

佩服、佩服，杨廷和先生这么多年还真没白混。

发达了，探花徐阶的前景一片光明，比强光灯还亮。领导赏识他，作为高考全国第三名，翰林院向他敞开大门，一条大道展开在他的脚下，庶吉士——升官——入阁，荣华富贵正等待着他。

怀着极度的喜悦，徐阶衣锦还乡。他的父亲激动万分，自己一生也只混了个正八品县办公室主任（县丞），儿子竟然这么有出息，这辈子算是赚大发了。母亲顾氏也是一把鼻涕一把泪，连话都说不出来。

就在他们忙着兴奋流泪的时候，一个意想不到的访客却已悄然来到了门口。

这个人就是聂豹。不久之前他刚刚得知，自己很快就要离开此地，去福建担任巡按御史，在这即将离别的时刻，他找到了徐阶。

在过去的日子里，如同当年的那个人一样，他无私地将平生所学尽数传授给了这个叫徐阶的年轻人。但他十分清楚，这位学生虽然极为聪明，却仍未能领会那最为精要关键的一点。

当他进入大堂，看到那个因过度喜悦而忘乎所以的青年时，他立即意识到，揭示那个秘诀的时候到了。

“我就要离开这里了，望你多加保重。”

徐阶脸上的笑颜变成了错愕，他张大了嘴，似乎想说点什么。

聂豹却笑着摇摇手：

“你日后之前程无可限量，我没有什么礼物可以送你，就为你上最后一课吧。”

“心学之要领你已尽知,但其中精要之处唯‘知行合一’四字而已。若融会贯通，自可修身齐家，安邦定国。”

聂豹顿了一下，看着屏气倾听的徐阶，继续说道：

“你天资聪敏，将来必成大器。但官场险恶，仕途坎坷，望你好自珍重，若到艰难之时，牢记此四字真言，用心领悟，必可转危为安。”

“即使日后身处绝境，亦须坚守，万勿轻言放弃，切记！”

徐阶肃立一旁，庄重地向老师作揖行礼，沉声答道：

"学生明白了。"

然而，聂豹的反应却大大出乎他的意料。

"不，你并不明白，"聂豹神秘地笑了，"至少现在没有。"

嘉靖三年（1524），怀着满心的喜悦和一丝疑惑，徐阶拜别聂豹，前往京城赴任。

作为帝国的优秀人才，他进入翰林院，成为了一名七品编修。这里虽然没有外放地方官的威风和油水，却是万众瞩目的中心，因为一旦进入这里，半只脚就已经踏入了内阁。

此时的徐阶少年得志，前途看涨，还刚刚办完了婚事，娶了个漂亮老婆，所谓洞房花烛夜，金榜题名时，好事都让他一人赶上了。可是到达人生顶点的徐阶万万没有想到，他刚摸到幸福大门的把手，就即将滑入痛苦的深渊。

嘉靖三年八月，刚进翰林院的徐阶板凳还没坐热，就接到了一个不幸的消息，他的父亲去世了。

徐阶是个孝顺的儿子，他极为悲痛，报了父丧，二话不说就打起背包回了家，在家守孝，一待就是三年。

刚到单位上班，领导没混熟，同事关系也没搞好，就回家晾了三年，也真算是流年不利。但徐阶并不知道，这一切不过是热身运动，一场致命的劫难即将向他袭来。

嘉靖六年（1527），徐阶回到了北京，官复原职，开始在翰林院当文员，整日抄抄写写，研究中央文件。

平淡的日子过了三年，麻烦来了——从他看到张璁的那封奏折开始。

之后的事情我们已经说过了，张璁要整孔老二，徐阶反对，于是张璁要整徐阶，最后徐阶滚蛋。

好像很简单，事实上不简单。

当徐阶鼓起勇气驳倒张璁的时候，他并不怎么在意，大不了就是罢官嘛，你能把老子怎么样？还能杀了我？

没错，就是杀了你。

由于徐阶骂得太痛快了，都察院的几个御史也凑了热闹，跟着骂了一把，又惹火了张璁。这下徐阶惨了，张先生缺少海一样的心胸，充其量也就阴沟那么宽，他当即表示要把带头的徐阶干掉。

天真的徐阶万没想到，发表个人意见、顶撞领导竟然要掉脑袋。不过，事情到了这个份儿上，伸头缩头都是一刀，索性豁出去了，死也不当孬种!

他毫不畏惧，直接放话出来：要杀就杀，老子不怕!

但把生死置之度外的徐阶没有想到，还有更为悲惨的命运在前方等待着他，因为在这个世界上，死亡从来就不是最狠毒的惩罚。

就在他静坐等待处罚的时候，另一个噩耗传来，他的妻子突然病逝了，只留下了一个两岁的孩子。

徐阶悲痛万分，他成婚仅仅六年，妻子就永别而去。但更让他痛苦不已的是，他连办理妻子后事的能力都没有，因为他得罪了张大人，不能四处走动，必须待在原地等候处理。

事实上，在当时很多人的眼里，徐阶已然是必死无疑，因为根据路边社报道，都察院已经放出风来，都御史汪鋐受张璁指使，给徐阶定了死罪。

徐阶终于没能够逃脱死神的第三次玩弄。其实杀头也没什么，眼一闭，心一横，根据传统说法，就当是多个碗大的疤（虽然治不好）。但最让人难以忍受的是，把你关起来先不杀你，吊着你玩，让你感觉每一天都可能是人生的最后一天。

徐阶所承受的就是这样的痛苦，每日笼罩在死亡阴影下，随时都可能有人闯进来宣布他的死期。但除了死亡的恐惧外，他还有更为深切的痛楚——妻死子幼，而家里的情形还真是应了那句老台词——上有七十岁的老母，下有吃奶的孩子。

参考消息　别惹领导

张璁其实为嘉靖时期的兴利除弊作了不少贡献——毕竟跟桂萼在一条船上待过，两人很有默契，合作得也很愉快。但时间久了，又免不了为了地位的高低产生矛盾，以致逐渐失和。此外，杨一清和夏言也经常对张璁进行各种压制，多次借事揭发他。就连众翰林在张璁刚被授为大学士时，都不屑与他同列。桂萼离开后，张璁的愤恨爆发了：谁都别惹我，惹我就是个死！徐阶当时年纪轻轻，初生牛犊不怕虎，就敢贸然得罪张璁。多年后，已经成为官场老狐狸的徐阶想起当年这一幕，也不免有些后怕吧。

正所谓辛辛苦苦二十年，一夜回到解放前。为了远大前程、幸福家庭，用了二十年，现在前程尽毁、家破人亡，却只用了十几天。

有时候，天堂到地狱只有一步之遥。

这突然发生的一切足以让人发疯，相信只要是人类，就会难以忍受。

可是人生最痛苦的事情就在于，明明已经无法忍受，却还要忍受下去。

当都察院内定的死罪传到徐阶耳朵里时，重压之下的他终于忍无可忍了，于是他抖擞精神，决定从头再忍。

不忍又能怎样呢？

徐阶开始准备后事了，他叫来了自己的好友沈恺，交给他一些银两，只委托他两件事情：

“请安葬我的妻子，把我的孩子带回华亭老家，交给我的母亲。”

沈恺认真地点点头，接受了他的委托。

得到承诺的徐阶放心了，他大声地说道：

“死就死吧，如今我已了无牵挂！请你替我转告张学士（张璁，时任谨身殿大学士），此事我一人所为，绝无悔意！”

上天一向是很幽默的，一心求死的徐阶偏偏还就死不了。都察院的处决意见送到刑部，恰好刑部的几个司局级干部是徐阶的老乡兼好友，就把这事给压了下去，还四处帮他活动，最后终于大事化小、小事化无了。

当然了，张璁是不会罢休的。既然杀不掉你，就毁掉你的前途，此后再也不用回翰林院上班了，更别想什么当尚书，进内阁，老老实实地去福建吧。

更为可恶的是，这位张学士还在皇帝面前狠狠地告了一状，搞得嘉靖也是激动异常，竟然让人在柱子上刻下了八个大字——徐阶小人，永不叙用。看样子是害怕自己记性不好，把这事给忘了（事后证明他记性确实不好）。

好了，有了这八字评语，徐阶的前程就算到此为止了。

但他没有多说什么，收拾行李准备上路。而在赴任之前，他还要回一趟华亭，去拜别在家的母亲。

徐阶连杀头都不怕，自然也不怕罢官，但对辛勤养育自己的母亲，他始终怀着歉疚。荣华富贵已付诸流水，何以见母？何以报归？

但当他见到母亲的时候，才知道自己错了。

母亲顾氏听他讲完所有的经过后，却欣慰地笑了：

“你因勇于直言而被贬官，这是我的荣耀啊！”

然后她站起身，去为一脸惊讶的儿子准备远行的行李。

毕竟我并非孤身一人啊！徐阶笑了。他最终下定了决心。

出发，去福建！普天之下，岂有绝人之路！

徐阶是幸运的，因为综合前人经验，但凡上天要你吃苦，一定会有好处给你。这次也不例外，如往常一样，老天爷早已准备好了一份珍贵的礼物，等待着徐阶去领取。

当然了，在此之前，他不把徐阶折腾个七荤八素是不会罢休的，因为老天爷他老人家的习惯是永远不会改变的——先收货，再付款。

◆ 秘诀、醒悟

福建延平府的推官是个好位置吗？

答案是，不。延平位于闽北位置，而且多是山区，在那里当知府连轿子都没法多坐，经常要骑马，而推官更是够戗，因为它专管司法以及各类刑事案件。

所谓穷山恶水出刁民。不巧延平完全符合这个条件，所以此地大案要案频发，而且其司法系统的下属官员大都由本地人担任，包庇徇私，也十分难搞。如此看来，当年张璁发配他的时候还是经过一番深思熟虑的。

于是，当个子矮小的上海人徐阶出现在当地属下面前的时候，当惯了地头蛇的人们几乎同时确定：这人很快就会滚蛋的。

总体上看，这句话的语法和真实性是没错的，但主语的指向并非徐阶，而是他们自己。

徐阶上任后的第一件事情，就是处理积案。托手下的福，延平府这几年的司法成绩十分突出，案宗堆积如山，却总不处理，监狱已经成为了延平最适合居住的地方，老犯人没处理，新犯人又关进来，声势日益壮大。

当年也没有什么羁押期限，说关你就关你，说关多久就关多久，完全就没个谱。拖个三五年，判个一两年，审完后掐指头一算当庭释放，也算是常事。

于是徐阶对下属们说，从明天开始，加班加点审查案件。

下属们反应十分热烈，纷纷表示一定要协助领导搞好工作。徐阶非常之高兴。

第二天，所有官员都按时报到，然而徐阶惊奇地发现，这帮人虽然坐在了办公室里，却只是一心一意地磨洋工，出工不出力，根本没有任何作用。

徐阶终于明白了，眼前的这群看似亲切的部下，整日笑脸相迎，呼前拥后，背地里却搞非暴力不合作，推三阻四，其实只为一个目的——把自己赶走。

徐阶愤怒了，他严辞训斥了几个怠工的官员，却没有想到，这些人的脾气比他还大，当场就顶了他几句，之后索性不来了。

烂摊子丢给你，看你一个人怎么办！

徐阶握紧了拳头，他知道指望不上这些人了，但问题摆在眼前，一个人怎么办呢？

其实很多事一个人也是可以办的，只要你有足够的决心。

徐阶打开了尘封的卷宗，开始逐件审查整理案件。在这个陌生的地方，他没有助手，没有朋友，在孤灯下艰难地工作，经过一个多月的努力，他最终完成了这件看似无法完成的任务。

该判的判了，该放的放了，什么千古奇冤、罪大恶极的也都处理了。这个世界第一次彻底清静了。

地头蛇们跌破了眼镜，他们想不到，这个看上去白白净净的外地人竟然如此彪悍，可他们更想不到的是，这并不是事情的终结。

在不久之后，徐阶突然下令逮捕了几个法司衙门的官员——那几位非暴力不合作行动的领导人，罪名是贪污受贿。以他们的那些烂底，这类证据实在不难找，于是分流的分流，下岗的下岗。

从此没有人再敢和徐阶作对，因为他们已经认识到，在这个文弱书生的身体里，蕴藏着极为可怕的力量。

在很多记载中，这个故事常常被引用，以说明徐阶的良好工作态度，并体现了其全心全意为百姓服务的思想境界，等等。

其实事情并非那么简单。

在这层光环的下面，隐藏着徐阶性格的另一面——先隐而后发，俗语又叫秋后算账，或是君子报仇十年不晚。

而二十年后那些惊心动魄的事情，也明确地告诉了我们，在这位斯文读书人的心中，始终铭刻着这样一个人生信条——有仇必报。

不久之后，徐阶的名声就随着这件事情传遍了延平，喜欢他的人很多，恨他的人也不少。几位被他下岗分流的人还找来了当地的黑社会，扬言要给他放点血。

于是有人找到他，直截了当地告诉他，你已经不是京官了，在这小地方捞点外快，混日子就行，何必那么认真呢？

徐阶的回答是这样的：

"我虽官小，却有职责在身，一日不敢懈怠。此地虽偏，亦可励精图治！"

说得好，说得好。可是励精图治的徐阶先生，你很快就会遇到一个真正的麻烦，而这个麻烦，是你无法解决的。

事情是这样的，延平一带虽然穷，却还有个天然优势——产矿。这矿出产的东西也比较特别——银。

当年那个时候，银矿的地位相当于今天的印钞厂，只要能挖出来，就能用出去，还不用担心通货膨胀问题。

延平是个民风彪悍的地方，所谓民风彪悍，通俗点讲就是不读书，敢闹事，靠山吃山，靠水吃水，不吃白不吃。

于是各地未经安全生产部门批准的小银窑纷纷开张，四处刨坑挖洞，还勾结地方黑社会，称霸一方，鱼肉百姓。

刚刚断完冤案的徐阶意气风发，他准备再显身手，彻底解决这帮为害百姓的人渣。但让他意想不到的事情发生了，虽然三令五申，反复清查，情况却丝毫没有好转。

官员们依然喝茶聊天，恶霸们依然盗挖银两。

徐阶并不是个天真的人，他十分清楚，官员们之所以采取这样的态度，是因为在那些被盗掘的银子中，必定有属于他们的一份。

官匪勾结，蛇鼠一窝，没有人肯执行他的命令。这一次，徐阶真的无计可施了。文件可以自己看，案件也可以自己审，但是要他手提钢刀，深入虎穴剿匪，这玩笑就开得太大了。

最初，在徐阶看来，这只是一件他必须解决的治安案件，但他没有想到，对这件事情的处理将成为他一生的转折点。

时间一天天过去，事情却毫无进展，在逐日的等待中，徐阶开始疑惑了。

即使在被张璁恶整，皇帝训斥的时候，徐阶也从未畏惧过，因为他一直认为自己的所作所为是对的，是站得住脚的，但是现在他似乎有点心虚了。

二十多年以来，虽然饱经风雨，但徐阶始终是一个十分自信的人。他相信自己学到的四书五经，相信自己听到的圣贤之言，那些历史上的名臣名相和他们的不朽功绩一直都是他学习的榜样。徐阶曾经坚定地认为，只要信守圣人的教诲，遵循礼义廉耻，必可修身齐家，治国平天下。

可是现在出问题了，徐阶惊奇地发现，雷厉风行、刚正不阿，在现实中失去了作用，至少对现在这件事情上，一点作用也没有。

而他的属下们并没有相同的道德觉悟，也不打算培养类似的品德。他们并不理会徐阶的苦心，只是站在一旁冷眼旁观，等待着徐阶的离去，然后继续获取他们的利益。

徐阶想不通，他愤愤不平了，他出离愤怒了，这个世界怎么会是这个样子！

它不是书中所记载的那个太平盛世，更不是人心向善的桃花源，这是一个丑陋的世界，所有的人最为关心的，只是自己的利益得失。

所谓舍生取义，所谓心怀天下，在他那些贪婪的下属心中，统统归结为两个字——放屁。

绝望的情绪弥漫在徐阶的心中，他突然发现，自己二十多年所信奉的圣人之道、处事原则原来竟然毫无用处，连福建延平府的几个奸吏恶霸都解决不了。治理天下，青史留名？真是笑话！

徐阶终于遇到了他人生中的最大危机——信仰的危机。多年所学已然无用，世上还有什么东西可以相信，可以坚持？！

然而他最终没有放弃，因为他还有第二个选择——良知之学，知行合一。

我的一位哲学系毕业的好朋友曾经这样对我说：大学里不应该开设哲学本科专业，因为学生不懂。

这是一句至理名言。作为这个世界上最为高深的智慧，哲学是无数天才一生思考、生活的结晶，他们吃过许多亏，受过许多苦，才最终将其浓缩为书本上的短短数言。

一个二十岁的青年人是不会懂得这些的，他们太天真，太幼稚，他们或许能够在考试中得到一百分，却不可能真正了解其中的含义。所以，他们虽然手握真理，却无法使用，满怀热情地踏入社会，却被撞得头破血流。

徐阶大致就是这样一个人，他也不懂，虽然他了解心学的所有内容，却不知道该怎样去做。至于六年前聂豹告诉他的那四个字，则更是不得要领。

什么是知行合一？答：就是知与行的合一。评：废话。

徐阶反复思考着这四个字，却始终摸不着头脑。聂豹说话时那郑重肃穆的表情依然浮现在他的眼前，他肯定这位先生不是在拿他开涮。

但问题是他怎么都看不出这四个字有什么作用，难道像念咒一样把它念出来，矿霸们就能落荒而逃，官员们就会老实办事？所谓良知之学，所谓光明之学，在这个现实的世界中，又有何用处？

于茫茫黑暗之中，光明何处去寻？！

百思不得其解的徐阶沉默了，在官员们的冷眼旁观和冷嘲热讽中，他开始了漫长的思考。

在痛苦的思索中，他终于发现，自己可能犯了一个根本的错误，他坚守二十余年的信念和原则是存在很大问题的。这套传统道德体系或许是对的，却并无用处。真正决定大多数人行为的，是另一样东西。

只要找到这样东西，就能解决所有的难题。于是徐阶决定，否定自己所有的过往，把一切推倒重来，去找到那样东西。

说教没有用，礼义廉耻没有用，忠孝节义也没有用，这玩意儿除了让人昏昏欲睡外，并没有任何作用。

在剥除这个丑恶世界的所有伪装之后，徐阶终于找到了最后的答案——利益。

胸怀天下、舍生取义的绝对道德确实是存在的，可惜的是这玩意儿太高级，付出的代价太高。从古至今，除了个别先进分子外，大多数人都不愿消费。

利益，只有充足的利益，才有驱动人们的魔力。这就是这个世界的真实面目，极其的残酷，却异常的真实。

在这个残酷的现实面前，徐阶终于明白了知行合一的真义：无论有多么伟大正直的理想，要实现它，还必须懂得两个字——变通。只有变通，只有切合实际的行动，才能适应这个变化万千的世界。

于是，在醒悟的那一天，徐阶丢弃了他曾信奉了几十年的文字和理念，面对那些肆无忌惮的矿霸、贪官，作出了一个前所未有的决定。

不久之后，徐阶的随从们惊奇地发现，几乎在一夜之间，那些霸占银矿的地方黑社会突然退隐江湖，老老实实地回了家。

在纳闷和兴奋的情绪交织中，他们向徐阶通报了这个好消息，然而出乎他们意料的是，徐阶并没有丝毫的惊讶和喜悦，似乎这早在他预料之中。

而事实确实如此。

几天前，徐阶带领着几个亲信，来到了银矿的所在地。他没有去那里的官衙，而是找到了另一群人——当地的里长。

当然，这些所谓的里长并不是什么善类，盗矿的好处自然也有他们的一份。就在他们不知这位大人来意、惶恐不安的时候，徐阶亮出了底牌：铲除那些矿霸，我将给你们更大的利益。

于是一切都解决了，这些以往雷打不动的人突然焕发了生机，他们立刻动员起来，发动各村各户，连夜把参与盗矿的人抓了起来，刻不容缓。

在徐阶的政策影响下，各地各村纷纷效仿，兴起了打击矿盗的高潮。对这种特殊的群众运动，当地官员个个目瞪口呆，束手无策。矿盗干不下去，只好走人，危害当地十余年的祸患就此解除。

徐阶终于成功了，他没有死守所谓的绝对道德，用利益打倒了利益。但当他将

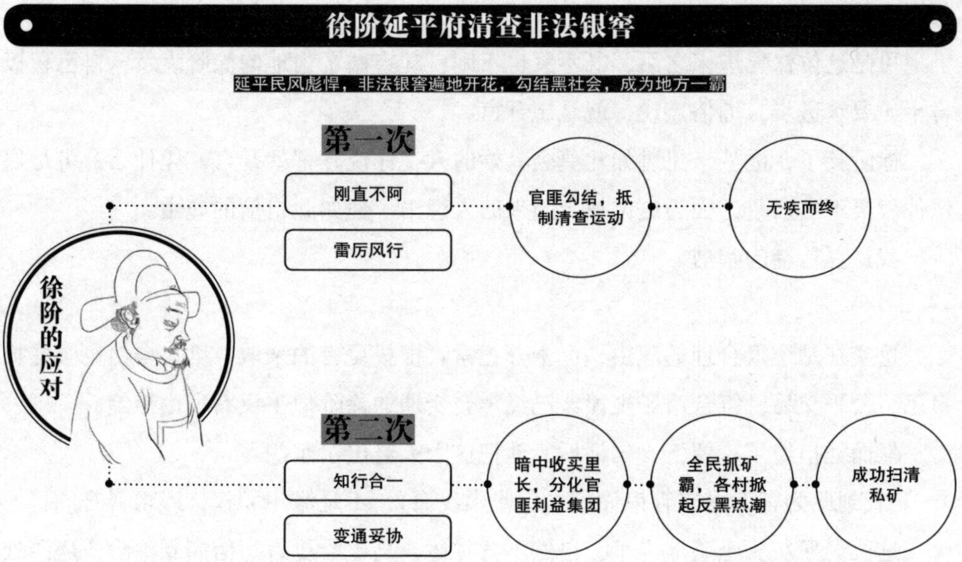

所有内情坦诚相告的时候，一位随从却十分不以为然，愤然而起，指责徐阶的处理方式是耍滑头，搞妥协。

“是的，这是妥协，”徐阶平静地回答道，“但我赢了。”

经历了艰辛的历练，徐阶终于知道了这个世界的生存法则，也彻底领悟了心学的含义和聂豹留给他的那个秘诀。

“知行合一，我想我已经明白了。”徐阶注视着当年他来时的方向，作出了这个自信的回答。

嘉靖十三年（1534），徐阶终于熬出了头，他因政绩优秀，被提任为湖广黄州（今湖北黄冈）同知。可运气来了挡都挡不住，他还没来得及赴任，就又得到消息——再次被提升，改任浙江学政。

在浙江干了三年教育工作后，徐阶迎来了他人生的第二次转机，这一次他的职位是江西按察副使。

作为江西的高级官员，徐阶再也不用每天爬山沟，深夜翻档案了。

但是麻烦还是找到了他的门上。

一天，他家的门卫突然前来通报，说有一个人想见他，徐阶还以为有何冤情，便同意了。

可是这位仁兄进来之后，既不哭也不闹，却直截了当地向徐阶表示，自己积极肯干，要求进步，通俗点说，就是想升官。

徐阶笑了，他从未见过如此莫名其妙的人，你说升官就升官？凭什么？可是很快他就笑不出来了，因为这位找上门来的人说出了他如此自信的理由：

我是夏首辅的亲戚。

这实在是个很合理的理由，也十分正常。提拔夏言的亲戚，夏言自然也会提拔自己，公平交易，符合市场规律。已经学会变通的徐阶似乎没有理由拒绝。

然而他拒绝了，留下一句话后，他把这个人赶出了家门。

“我到此为官，是来管束你们（尔曹属我诲），不是滥用职权，谋求晋升的！”

这位仁兄灰头土脸地走了，自然不肯甘休，马上给夏言写信痛骂徐阶，还四处扬言，要给徐阶好看。

徐阶听到了风声，却一点都不以为意，对此不理不睬，只当是没听见。

这是一个意味深长的事件。经历磨难，懂得变通的徐阶已然成为了一个熟悉官场规则的人，他很清楚，讨好夏言能给自己带来什么，但他坚定地回绝了。

在很早以前，徐阶曾下决心做一个正直的人，匡扶社稷，为国尽忠。许多年过去了，他受到过无数打击，经历了很多痛苦，却从未背叛过自己的初衷。

事实证明，他始终是一个坚持原则的人，是一个了不起的人。

嘉靖十八年，坚持原则的徐阶遇上了坚持原则的夏言，于是他又一次得到了改变命运的机会。在外历练八年之后，他即将踏上回京的道路。

一般来说，大兴土木搞工程是当官拿回扣发财的不二法门。所以凡有修理河道、建筑粮仓之类的项目，各级官员无不摩拳擦掌，跃跃欲试。而徐阶大概是唯一的例外。

但在他即将离开的时候，却也出人意料地提出了一个类似的要求——修建一座祠堂。

祠堂一般都是用来纪念某人的，可让经办官员惊讶的是，徐阶所要纪念的这个人，既不是他的朋友，也不是他的亲属，事实上，他根本没有见过这个人。

“此人是我的老师。”徐阶这样回答旁人的疑问。

于是在王守仁祠堂建成的那天，徐阶亲自到访，在众人诧异的眼光中，他整理衣冠，向这位伟大的先辈跪拜行礼：

“我曾随文蔚（聂豹字文蔚）公习阁下之道，磨砺十年方有所悟，虽未能相见，实为再传弟子，师恩无以为报，唯牢记良知之学，报国济民，匡扶正道，誓死不忘！”

拜别了这位素未谋面的导师，徐阶踏上了返京之路。

饱经近十年的磨砺与历练，那个不谙世事的青年翰林，已然变成了一个工于心计、老谋深算的官场老手。

但这并不是徐阶的唯一收获，更重要的是，他终于领悟了所谓光明之学的真义。

领教了黑暗中的挣扎、沉浮，天真幼稚的徐阶终于回到了真实的世界——一个丑恶现实的社会。但耐人寻味的是，那门追求光明的奇特心学正是诞生于这黑暗的世界，倔犟地闪耀着自己的光芒。而创立者王守仁先生一生饱经风雨坎坷，却怀着一颗光明之心死去。

天真的理想主义者纵使执著，纵使顽强，却依然是软弱的。他们并不明白，在这世上，很多事情你可以不理解，却必须接受。

只有真正了解这个世界的丑陋与污浊，被现实打击，受痛苦折磨，遍体鳞伤，无路可退，却从未放弃对光明的追寻，依然微笑着，坚定前行的人，才是真正的勇者。

不经历黑暗的人，是无法懂得光明的。

背负着黑暗活下去吧，徐阶，坚持下去，你会找到光明的。

参考消息　子欲养而亲不待

嘉靖十九年，徐阶被召返京。临行前，徐阶的母亲整了整他的衣服，笑着说：“我不盼你别的，到我七十大寿的时候，若你跟你哥哥（徐阶是次子）能回来，一起给我敬杯酒，我就知足了。”可惜当年徐母就离世了，享年六十八，距离她心心念念盼望着的七十大寿只差了两年。再遥想当年徐阶被打发到延平府时，徐母对他的支持，真让人忍不住感叹一句“子欲养而亲不待”。

第三章

天下，三人而已

○他实在是一个聪明到极点的人 据说他跟人谈话 对方说上句 他就知道人家下句要说什么 而且他看人极准 无论你是老奸巨猾还是天真烂漫 都逃不过他的眼睛

◆ 徐阶的班底

重返京城的徐阶开始在新单位上班，他的职务是东宫洗马兼翰林院侍读，简单说来就是太子党兼宰相培训班学员。十年之后，他再次进入了帝国的权力中心。

但这次他不再像十年前那样得意了，因为一路走来，他已为自己的嚣张付出了代价，而且他还得知，自己能够死鱼翻身，竟然是托那位夏首辅的福。

他简直难以相信，在朝廷的官场上，还有如此不计前嫌、公正处事的人。徐阶的心中充满了感激，他决定带上礼物，去拜会这位前辈。

可当他见到夏言的时候，才发现自己似乎打错了算盘。夏先生对他十分冷淡，也没收他的礼，只是板着脸看着他，还没等他说完感谢词，就挥手打断了他，丢下一句话，让他走人：

“我对你并无好感，召你回京，只是为国选材而已，你无须谢我，今后也不必再来。”

徐阶收回了礼物，脸上却露出了笑容。因为他已经了解，眼前这个做了好事也不认账的老头，虽然看似古板严肃，却是一个不折不扣的好人。

徐阶的判断是正确的，自从他进入朝廷以来，夏首辅曾多次亲自查问他的工作情况，并曾对他赞不绝口。但这一切，他从没有在徐阶的面前提起过。

就这样，六十多岁的夏首辅与三十多岁的徐翰林建立了一种奇特的关系，一种没有利益，没有交易的真诚关系。

夏言是个有着坚定道德原则的人，他虽然深通官场原则，却不怕皇帝，不畏权贵，敢于直言，不搞山头主义，只要对国家有利的事情，他都愿意去做。所以，他愿意提拔那些有能力的人，即使他并不喜欢这个人——比如徐阶。

此外，夏言还有一个特点——从不拉帮结派。无论有多少人主动登门投靠，他都加以推辞，是个结结实实的官场光棍。但如果你认为这是一种高尚的品德，那就大错特错了。

要知道，夏言先生也是官场的老狐狸，他不搞小团体，那是做给皇帝看的。皇帝是最大的光杆司令，只喜欢比他更光的人。

按说这一招没错，但夏言做得过了头，在工作中从不团结同志，每天昂头走道，也不怕摔跤，以至于大臣们编了这样一句顺口溜——“不见夏言，不知相尊”。

混到了这份儿上，也就离死不远了。

相对而言，徐阶的情况要好一些，他多少也能搞点关系，交几个朋友，但和同时代的绝顶政治高手相比，他的脸还不够厚，心还不够黑。如果失去夏言的庇护，仅凭现有的资源，要应对即将逼近的那几个可怕的敌人，结局只有死路一条。

但上天似乎始终保佑着这个人，自从他踏入东宫的那天起，一个强大而神秘的政治组织就已开始紧密地注视着他的一举一动。

当时的东宫，云集了朝廷中的精英分子，他们大多是翰林出身，且年纪不大，在官场中混的时间不长，相对比较简单。但敏锐的徐阶却惊奇地发现，在这里，似乎活跃着一个秘密的政治组织，成员彼此之间有着十分紧密的联系。

出于好奇，他结交了其中的两个人，一个叫赵时春，另一个叫唐顺之。

作为嘉靖二年的探花，徐阶在摆资历时，是很有点炫耀资本的。但如果翻开这两个人的履历就会发现，人外有人实在不是句空话。

赵时春，平凉人，十四岁中举，嘉靖五年（1526）会试第一名，会元。

唐顺之，武进人，嘉靖八年（1529）会试第一名，会元。

徐阶之所以去接近他们，主要是出于好奇，因为他发现，这帮人的言谈举止十分奇特，不同于常人。但当他小心翼翼接触对方的时候，才发觉这两个人对他抱有同样浓厚的兴趣。

赵时春和唐顺之热情地接纳了他,并很快成为了他的朋友。而随着了解的深入，徐阶吃惊地发现，他和这两个人有着很多共同点，从处事原则到政治见解，竟然如此惊人的相似。很快，他们由朋友变成了同志。

所谓同志，是指志同道合的人。

但在这种融洽的气氛中，徐阶的疑心却越来越大，他的直觉告诉他，这种相似绝不是偶然的，在它的背后一定隐藏着什么。

直到有一天，他听到唐顺之的那句话，才最终解开了这个疑惑。

“我是王畿的弟子。”

徐阶笑了。很久以前，聂豹曾对他提过这个名字，他十分清楚地记得，王畿是王守仁的嫡传弟子。

他们来自五湖四海，却因为一个共同的身份走到了一起——王学门人。

“还有其他人吗？”徐阶终于明白，到底是什么把这些不相干的人联系在一起。

“是的，还有很多人。”唐顺之意味深长地答道。

就这样，徐阶成为了他们中的一员，因为他们秉持着同一个信念，遵从同一个人的教诲。

参考消息 **一腔热血胡乱洒**

赵时春为人忠勇，考试成绩突出，又拥护徐阶，可惜工作能力很成问题。当年他在山西任职时，常对别人说：“给我五千兵，保管灭了俺答！”后来瓦剌来犯，赵时春率军迎敌，部下李涞劝他不要冒进，他答道：“敌人听说我来了，肯定撒腿就跑，咱们不赶快追哪里还有立功的机会？”结果一头扎进包围圈。李涞战死，赵时春孤身一人逃回烽火台下，守城的兵士扔了根绳子把他吊上去，才免于战死。念在他奋勇迎敌，朝廷也不好怪罪他什么，但是这官却不敢再给他做了。于是赵时春年纪轻轻就回家养老，在自怨自艾中度过了后半生。

这是一个特别的团体，将他们聚拢在一起的不是利益，而是一种共同的政治理念。

出人意料的是，后进的徐阶却很快成为了团体的领导者，经常组织大家搞活动(学习交流心学)，这是一个比较奇怪的现象。因为按照辈分来算，唐顺之才是真正的第三代嫡传弟子，而徐阶的老师聂豹并未正式拜师（自封的），论资排辈怎么也轮不到徐阶。

但大家对此毫无异议，因为他们十分清楚，处于事业上升期的徐阶是他们最好的选择。

徐阶就此拥有了自己的第一个班底，而他的这段经历却往往为人们所忽视。这并不奇怪，因为和当时为数众多的政治帮派相比，无论人力还是物力，这个组织实在一点也不起眼。但事实证明，正是这个看似微不足道的团体，在那场决战的最后一刻，发起了决定胜负的一击。

东宫是没有什么事情干的，徐阶就这样在王守仁理论培训班待了四年，等来了一个新的职位。

嘉靖二十二年（1543），徐阶被任命为国子监祭酒，相当于今天的国家行政学院校长。这里的学生不用参加公务员考试就能当官，虽说名额有限，但只要能混出来，职业前景还算不错，见到徐校长自然也得毕恭毕敬行礼。这就是徐阶的第二个人脉资源。

加快速度吧，徐阶，你的战前准备时间已不多了。

两年校长任期期满之后，徐阶得到了一份至关重要的工作——吏部左侍郎，即人事部副部长。

徐阶实在应该感到幸运，如果没有这份工作，他将极有可能失去站上决斗舞台的资格，被人干净利落地干掉，或是沦为一个不起眼的配角了此一生。

科学研究证明，上至三皇五帝，下到21世纪，远达非洲丛林食人部落，近抵家门口的老大妈居委会，无论哪个国家，哪个时代，人事部门都是最牛的。说提你就提你，说让你滚你就得滚。

因此，明代的吏部向来都是最难缠的衙门，所谓话难听、脸难看是也。一个小

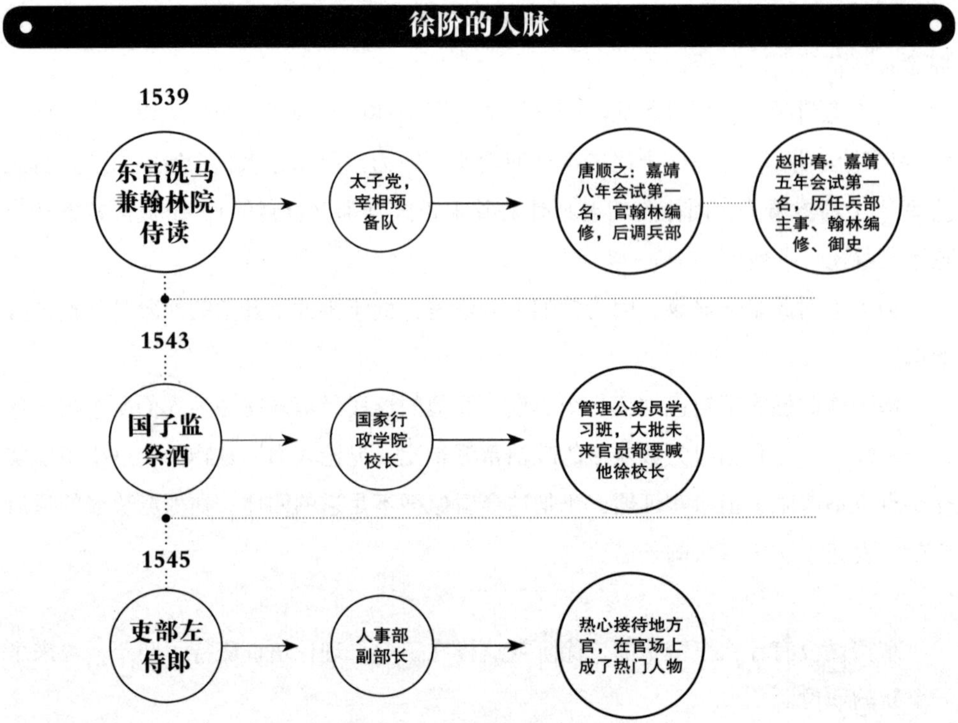

小的六品主事就敢训地方布政使，你还不敢还嘴，老老实实地给人家当孙子，要不爷爷不高兴，给你小子的档案上写两笔，管保你消停二十年。

徐阶却是唯一的例外，自打他进入吏部后，就没有训过一个人，每逢有地方官觐见，只要他有时间，都亲自接待，还要谈上个十几分钟。搞得很多人诚惶诚恐，激动不已，回去时一把鼻涕一把泪地逢人就讲，兄弟我在吏部的时候，徐侍郎如何如何，太够哥们儿意思了。

不过据本人估算，按照徐阶的工作强度，估计能把那些人的名字记住就很不错了，鬼才记得说过些啥。但无论如何，徐阶借此获得了广泛的群众基础，成为了官场上炙手可热的人物。

继续努力，那场惊天巨变很快就要来临了，还有一年。

此时的严嵩也正在紧密地筹划着。情况已到了极为危险的地步，夏言占据高位，自己的伪装已经暴露，图穷匕见，必须采取措施除掉他。

但严嵩没有信心，因为夏言比他的前任张璁强得多，他有才干，有城府，而且从不畏惧，善于斗争，实在是太强大了。

然而此时，有一个人站了出来，他告诉严嵩，其实，夏言很容易对付。

这个人叫严世蕃，是严嵩的儿子。此人长得很有特点——肥头大耳，还瞎了一只眼睛，算是个半盲。就这副长相，走在街上都影响市容。但事实证明，他确实是一个极为厉害的人物。

“夏言才高善断，貌似刚硬，却处事犹豫，优柔寡断，虽身居高位，其实并不可怕，算不上什么了不得的人物。”

严世蕃自信地看着他的父亲，接着说道：

“所谓举世奇才，放眼当今天下，三人而已！”

“第一个，都察院右佥都御史杨博。”

杨博，蒲州人，嘉靖八年进士，考试成绩一般，高考后分配到偏僻地方上当县长，和同学们比起来，混得那叫一个灰头土脸。但这位仁兄可谓“金鳞岂是池中物，一遇风云便化龙”，很有几把刷子。虽是文官，却也精通军事，后来不知怎么的，被当时的内阁大学士翟銮看中了，调到京城，先在兵部武选司当主事，然后去了职方司（俗称最穷最忙）当员外郎。

因为他升得太快，很多人都不服，但事实证明，高级领导的眼光是不会错的，杨博确实是一个天才。他有着一项极为特别的本领——过目不忘，据说大到国家政事，小到各地地形地貌，只要他见过一次，都能熟记于心。此外他还能说好几地方言，这要换到今天估计也是个月薪过万的金领。

因此，他除了干好日常工作外，还经常给领导当秘书，出去视察。而他最为光辉的经历就发生在当秘书的日子里。

有一次，翟学士奉命去巡边，就是所谓的视察国境，慰问官兵，这是个苦差事。当年又没有直升飞机，这边防哨所要是建在穷乡僻壤、高原地带，大学士也得爬山沟，见到人喝杯茶才好走人交差。

唯恐一去不复返的翟学士决定带上杨博，事实证明，这一举措是十分英明的。

大明天下着实不太光明，一路上风吹雨淋就不说了，到了肃州，竟然碰上了劫道的。

这也真是怪事，朝廷的第二号人物（翟銮内阁排名第二）竟然被强盗打劫。但在那年头，管你是啥干部，人家强盗也是干本职工作，一句话，交钱！

更为奇怪的是，见到这群劫匪，翟学士的随身侍卫竟然没有一个站出来，而翟学士本人也是目瞪口呆。因为这是一帮有政治背景的劫匪——蛮番。

所谓蛮番，古时指当地少数民族或不开化人群。这帮人靠山吃山，听说大官到了，不但不怕摊派（穷地方也没啥好摊的），反而奔走相告，秉承大官大抢、小官小抢的精神，热情动员大家去劫道，反正天高皇帝远，不抢白不抢。

当然了，他们劫道也是先礼后兵的，先派人去接触，所谓“邀赏”。给钱最好，要是邀不到，咱们就回家去操家伙。

思前想后，翟学士决定用武力解决问题，可是身边侍卫却不执行他的命令，原因很简单：对方人多，真的很多（数百遮道）。

这只是打头阵的，人家还特地放了话，七大姑八大姨的还没到呢，吃完饭就来。

麻烦了，这偏僻地方，地方衙门也没多少人，要调兵来救，只怕等人到了，翟学士的脑袋已经被人拿去当夜壶了。

关键时刻，面子不重要了，既然打不得，翟学士便打算开溜。然而这时，杨博站了出来：

“有我在，必保大人无恙！”

翟銮十分好奇地看着杨博，停住了脚步。

其实在这个世界上，只要你敢忽悠，什么奇迹都是可能发生的。正所谓：只有想不到，没有忽悠不了。

杨博召集了所有的侍卫，让他们整理好着装，拿好礼仪装备，然后威风凛凛地走出了营房。还没等蛮番反应过来，杨博就对着他们大喝一声：

“列队迎接！”

这一嗓子把劫匪吼糊涂了，被劫的还敢这么嚣张？

嚣张的还在后面，杨博接着喊道：

“翟大人是内阁大学士，亲率大军先行至此，你们出来迎接，竟然只来了这么

几个人，其余的人哪儿去了？！若还敢如此轻慢，就把你们都抓起来！”

您一被劫的还嫌咱们人手少？这下子搞得强盗们也无所适从了。正在踌躇不定的时候，杨博又发话了：

“看在你们出来迎接的份儿上，还是给你们一些赏赐，下次注意！”

这就是传说中的又打又拉。杨博兄可谓是聪明绝顶，要知道人家强盗也讲究吉利，从来不走空趟，给点钱也是个意思。

翟学士终于安全地回到了京城，而杨博也因此名声大噪，成为了朝中头等重臣。

“第二个人，是锦衣卫指挥使、都督同知陆炳。”

◆ 明代最强锦衣卫

嘉靖十八年二月，丁卯。

夜。四鼓。嘉靖行宫。

外出巡游的嘉靖在他的行宫中安睡，与此同时，几缕黑烟却开始在阴暗的角落里升腾。

瞬息之间，火起。由于风大天黑，火势蔓延很快，又不易控制，侍卫们不熟悉方向（此为行宫），仓促之间找不到皇帝。眼看火势越来越大，很多侍卫已然放弃了希望，准备上街买白布筹划追悼会了。

正在此时，说时迟，那时快（评书用语，借着用用），一位兄弟突然淋湿上衣，甩开膀子就往火海里冲。众人正瞠目结舌，没过多久，这位救火队员就背着一个人冲了出来。

大家正感叹这哥们儿真傻，为一年几十两银子还真敢玩命。等到看清他背上的人时，大家又一致感叹，这条命玩得真值，值大了。

嘉靖皇帝就这样被人背出了火海，可谓死里逃生。

等到侍卫安置好了皇帝，这位救人者洗了把脸，露出真面目的时候，大家却又彻底丧失了感叹的勇气，即刻一哄而散，有多远跑多远。

因为这是个职业特殊、不好招惹的人，他就是陆炳，时任锦衣卫南镇抚司最高长官。

纵观整个明代，特务组织层出不穷，但贯彻始终的只有两个，锦衣卫和东厂。

锦衣卫的历史最为久远，但东厂却后来居上，因为掌管东厂的是太监。虽然由于不幸挨了一刀，体力往往不如常人（练过葵花宝典的除外），却容易成为皇帝的亲信，而锦衣卫长官指挥使身体没有明显缺陷，自然要稍逊一筹。

久而久之，锦衣卫的地位越来越低，个别不争气的长官竟然会主动给东厂太监下跪。自永乐之后，在大多数时间里，东厂一直占据着压倒性优势，而锦衣卫只能无奈地扮演着配角。

只有一个例外。

似乎是上天的刻意安排，在这风云激荡的时代，陆炳出现了，在这个可怕的人手中，锦衣卫将成为最恐怖的斗争武器。

但更为有趣的是，这位威震天下十余年，让人闻名丧胆的锦衣卫陆炳，其实算不上是个坏人。

陆炳，出生在一个不平凡的家庭，家里世代为官。请注意“世代”两个字，厉害就厉害在这里，这个“世代”到底有多久？

一般来说，怎么也得有个一百年吧？

一百年？那是起步价。六百年起！还不打折！

据说他家从隋唐开始就做官，什么五代十国、大宋蒙元，无数人上上下下，打打杀杀，似乎和他家关系不大。虽然中间也曾家道中落，苦过一段时间，但基本上总能混个铁饭碗，其坚韧程度，连五代时候的那位超级老油条冯道，也是望尘莫及。

到了明代，这一家子更是不得了。陆炳的父亲陆松接替了祖上的职位，成为了一名宫廷仪仗队员，不久之后，又被一位藩王挑中，成为了贴身随从。

应该说，在明代跟着藩王混实在没有太大的前途，不是跟着造反被砍死（成功者只有朱棣先生），就是待在小地方闷死。可偏偏这位藩王是个例外——兴献王。

他的儿子就是嘉靖，这个大家都知道了。陆松虽然运气不错，他的老婆运气却更好——被召入王府当了乳母。为什么说运气好呢？

因为她喂养的那个孩子正是嘉靖。

陆炳兄当时年纪还小，又不能丢给幼儿园，于是只得随着母亲进了王府，母亲喂奶，他在一边玩。

几年后，他依然在那里玩，只是旁边多了一个朋友。

陆炳先生的童年是这样度过的。和他一起玩的那个伙伴后来进京成为了皇帝，陆炳则始终跟随在他的身边，护卫着他。

简单概括一下，陆炳和皇帝吃同样的奶长大，玩同样的游戏，用今天的话说，是光屁股的朋友。

所以你大可排除他投机的可能性，这位兄弟之所以去客串救火队员，其主要原因在于，里面的那个人是他的朋友。

这就是陆炳的家庭情况，祖上七八代不是官僚，就是地主，这要赶上划成分那年头，估计得拉着游街两三个月。

所谓富家多败子，然而，在这种环境中长大的陆炳，却是一个不同寻常的人，太不同寻常了。

有时你在生活中会遇到这样一种人，学习比你好，体育比你强，家里比你富，长得比你帅……好了，就不列举了，总之一句话，不比死你也气死你。

陆炳大致就属于这个类型。小伙子长得很帅，体格也好，更为特别的是，他有一种独特的走路姿势——“行步类鹤”。

真是人才啊，只要回家翻翻赵老师的动物世界，看看鹤是怎么走道的，你就明白。陆炳先生实在太不简单了，要换了一般人，非得累死不可。

有钱有势，相貌出众，姿态“优雅”，有这样的条件，你想不嚣张都难。可偏偏这兄弟还有一个特点——谦虚谨慎。

出乎很多人的意料，出身显贵的陆炳是一个十分低调的人，对周围的人也十分客气，没有一点高干子弟的架子。更让人称奇的是，这位兄弟的官位竟然是自己考来的。

明代科举分两种，文举是其中一种，全国人争几百个名额，难度超高，然而还有一种考试比这玩意儿更难考，那就是武举。

文考是千军万马走独木桥，那武考大致就算是走钢丝了。考试这玩意儿也要看运气，什么心理素质、营养程度、考官喜好之类的，多了去了。要是掉下去，不要紧，淹不死的爬起来再考。

可这一套在武考那边就行不通了，因为那是要抄真家伙干仗的。考试内容丰富多彩，除了马战、步战外，还要考弓箭射击技术。这几场夹带复印资料是没用的，您要不会，趁早别上场，上场没准儿就被人给废了。

但最不幸的事情在于，您就算挺过了体能测试、武艺展示，到最后关头，还有一道缺德的关卡——策论。

所谓策论，也就是给你个题目，让你写答案，比如什么我国周边军事形势，等等。

这就是难为人了。搞这一行的人基本都是武将世家出身，说得不好听就是职业军事文盲，以大老粗居多，能把自己姓甚名谁、字什么写清楚就很值得表扬了，您还指望这帮人写策论？

当然了，高人不是没有的，陆炳就是其中之一。这位仁兄嘉靖八年参加会试，不但功夫了得，还极有文采，就此一举中第。

如此的精英人才，又是皇帝的铁兄弟，自然不用发配地方，考试结束之后，陆炳被授予了一个特殊的职位——锦衣卫副千户。从此他就成为了这个神秘机构的一员。

此后他认真积极工作，一路高升，到了嘉靖十八年，这位仁兄把皇帝从火里

武举

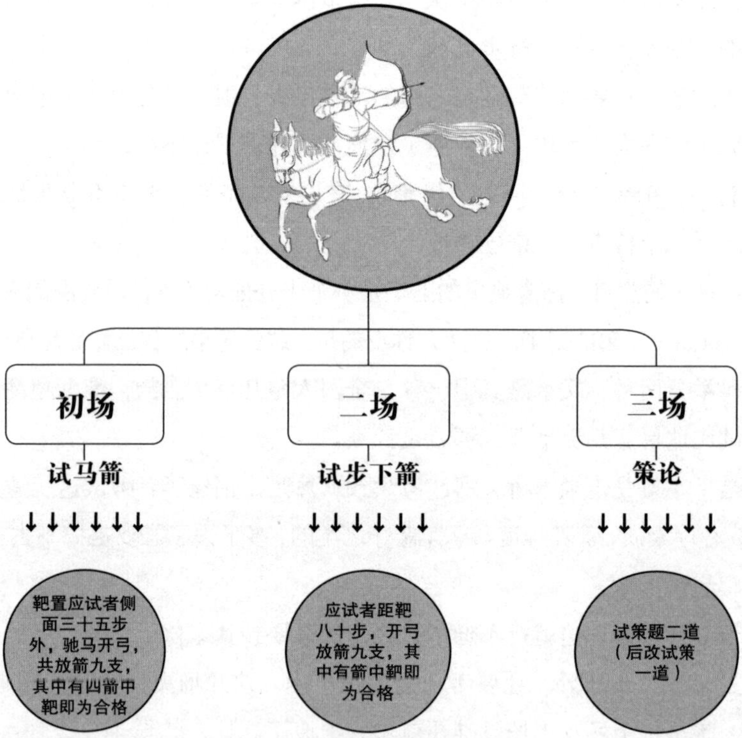

捞起来之后，终于更上一层楼，成为了特务中的特务——大特务（锦衣卫指挥使）。

事实证明，这位陆指挥实在是个不同凡响的人。一般来说，特务的主要工作不外乎四处探头、打小报告、栽赃陷害等，可是陆指挥上任后干的第一件事却着实让下属们目瞪口呆——平反冤狱。

锦衣卫下属两大镇抚司，分别为南镇抚司和北镇抚司，南镇抚司管理锦衣卫的经常事务，而北镇抚司却只管一个监狱——就是那个鼎鼎大名的“诏狱”，又称“锦衣狱”。

诏狱，俗称人间地狱，一旦蹲进去，如果不从身上留下点纪念品，只怕是很难出来的。前期里面主要关达官显贵，后来门槛降低，张三李四王二麻子之流也能到此一游。

管监狱的这帮人素质也确实不高，总是干点敲诈勒索之类的事，甭管有罪没罪，关进来就打，打完就要钱，没钱接着打，境况极惨。估计窦娥到了这里，都不觉得自己冤了。而且这帮人态度十分认真，冤案也能做得天衣无缝，文书一应俱全，一点都看不出破绽，想整治他们根本没门儿。

所以历代锦衣卫指挥使都知道，都不管。于是陆炳来管。

有一天，他突然召集办案人员来开会，等到这帮搞冤案的兄弟到了地方，陆炳先招待客人，问候致意，然后十分客气地点出几个案子，让他们讲讲案件情况。

这帮老油条自然不说实话，说东扯西，来来去去，啥也不说。

陆炳倒也不生气，只是叫来了一个下属，对他下达了这样一个命令：

"出去把门关上，没有我的命令，一个也不准放出去！"

然后他怡然自得地坐了下来，悠闲地看着面如土色的属下们。

意思已经摆明了，今天不把问题说清楚，大家就都别走了，反正我住这儿，看谁熬得过谁。

这帮兄弟也着实没种，一见到这个架势，很快就老实交代了。

事情解决了。可有一点他们始终也想不通，案卷做得密不透风，欺上瞒下绰绰有余，怎么会被人看破呢？

其实陆炳并没有看案卷，他只是去了一趟诏狱。

诏狱里蝇虫满天，恶臭扑鼻，别说犯人，连看守都不愿意在里面多待，但陆炳去了。

他在牢里仔细盘问了许多犯人，耐心听他们陈述冤情，然后一一记录下来，认真盘查。

冤情就此大白。

这样看来，陆炳似乎是个好人。

但是与此同时，他也有着另一面——黑暗的一面。

因为升得太快，当陆炳成为锦衣卫最高长官的时候，他的很多属下都是他曾经的领导，对这个毛头小子自然很不满意，也从不听话。陆炳对此十分清楚，却从不

陆炳的是是非非

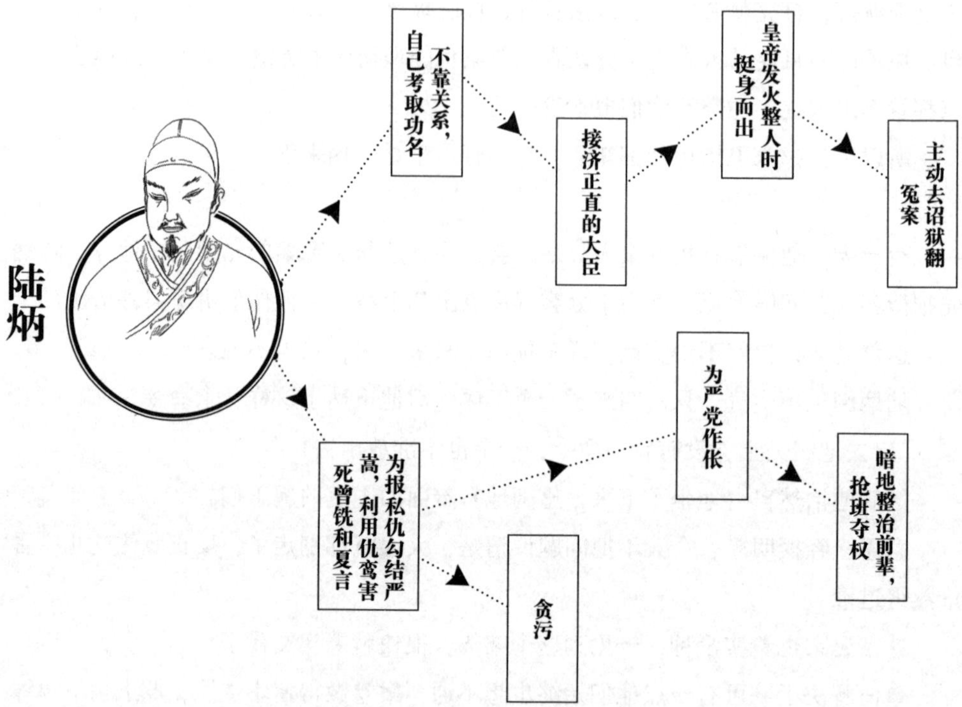

发火，而且非常敬重前辈。

但这一切都是假象，当这些老同志被迷魂汤灌得迷迷糊糊的时候，陆炳下手了，依然不动声色。

很快，那些不服从领导的老资格们纷纷被调走或是被勒令退休，仓促之间很多人不知所措，却也无计可施。陆炳的抢班夺权大计就此完成。

所谓事可以做绝，话不能说绝，是也。

“第三个人，是我。”严世蕃最后这样讲。

应该说，他确实没有吹牛。

严世蕃这个人，看起来不起眼，他没有杨博的急智，也没有陆炳的深沉，为人处世十分嚣张跋扈，从来都不招人喜欢，但他却极有可能是三个人中最为厉害的一个。

因为他的优点虽然简单，却很实用——聪明。

他实在是一个聪明到极点的人，据说他跟人谈话，对方说上句，他就知道人家下句要说什么，而且他看人极准，无论你是老奸巨猾还是天真烂漫，都逃不过他的眼睛。

此外，他还有一门独门绝技，是另外两人望尘莫及的，那就是写青词。

严嵩写不好青词，虽然他很努力，但确实是写不好。无奈之下，他找到了自己的儿子代笔，结果出人意料，送上去的青词受到了嘉靖同志的表扬。应该说，严嵩能够得宠，很大程度上要感谢这位枪手。

然而，举世奇才严世蕃之所以能够升官，完全是靠他爹。这倒也不值得奇怪，对这种特殊人才，搞搞特殊化似乎也很正常。

于是在老爹的提携下，严世蕃当上了工部左侍郎兼尚宝司少卿，大致相当于建设部副部长，兼机要室主任。

估计在当时的朝廷里，最肥的就是这两个位置，天天搞工程，和包工头打交道，拿回扣那是家常便饭。加上他还管机要印章，和严老爹那是一拍即合，儿子通报消息，老子索贿受贿，贪得不亦乐乎。

所以在严世蕃看来，天下虽大，却只有三人而已：杨博、陆炳和他自己，夏言并不足道。

说是这样说，但严嵩却用冷笑回应了自己的儿子：

“夏言是首辅，位高权重，人事升浮，只在举手之间。你空口乱言，又能拿他怎么样？”

严世蕃自信地笑了：

“夏言虽然厉害，却并非不可战胜，只要满足一个条件，三年之内，此人必亡！”

严嵩终于兴奋了起来，他好奇地等待着严世蕃的那个条件。

“三人之中，若得其二，一定能够击败夏言！”

严嵩泄气了。

“我曾与杨博交往数次，此人不愿加入我们。”

这话没错，杨博兄胸怀韬略，平日就喜欢在兵部待着画地图，自然不来蹚这趟浑水。

“那陆炳呢？”严世蕃依然满怀希望。

“你不知道吗，他是夏言的人。”严嵩苦笑着回答。

这话也没错，陆炳兄自幼贵族出身，还是很有点政治理想的，十分钦佩清正廉洁的夏言。虽然他确实比较贪钱，却也瞧不上名声太差的严嵩，见面点头打个招呼，老死不相往来。

于是严嵩父子又回到了起点。但值得欣慰的是，只要严世蕃的脑袋不出现突然进水之类的意外，三人中至少还是有一个站在他们一边的。

第四章

致命的疏漏

而政治高手们在打架时 从来不会玩三板斧 他们都是要套路的 从毫不起眼的起手式 环环相扣 直到最后那致命的一击

◆ 转机

严嵩父子绞尽脑汁准备对付夏言，然而，出乎他们意料的是，还没等他们动手，夏言就找上门来了。

事情是这样的，估计是严世蕃贪得过了头，惹恼了很多人，结果被人给告了。今时不同往日，告状信落到了夏言的手里，这位仁兄自然是二话不说，准备好材料就要去找领导汇报。

严嵩慌了，他听到风声之后，即刻找来自己的贪污犯儿子商量对策，紧要关头，这位天下三才之一也吓得不行，掐了自己几下才缓过神来。

然后他提出了一个似乎十分荒谬的解决方法：去找夏言求情。

严嵩不同意，因为他认为自己十分清楚夏言的个

参考消息　贪极必反

严世蕃仗着老爹的地位在户部捞了个肥差，大肆收受贿赂，将各种官职明码标价，公然出售。不用说朝中百官为了巴结他，送去大量财物，就连皇子裕王要从户部领取年终补贴，也得先送厚礼讨好严世藩。相传，严世蕃在自家院子挖了个大坑储备金银，他看着满坑金银心中得意，想到自己是沾了父亲的光才有今天的成绩，便叫人请严嵩一起来观赏赃款。严嵩一看吓了一跳，没想到自己的儿子竟然贪了这么多，口中连称要坏事。

性，这位仁兄对待朋友都要严格要求，何况自己是他的死对头。

严世蕃却坚持他的意见：

“这是唯一的活路！”

于是父子俩带好所有装备，包括礼物、钱、擦眼泪的绢布等。到了夏言的门口，门卫通报，严次辅求见。

很久之后，传来回应：夏首辅身体不适，两位改日再来。

改日再来？别逗了，到时不知道脑袋还在不在呢！

于是严嵩用上了第一件装备——钱。

当然了，这钱不是给夏言的，而是塞到了门卫的手里，大家都不容易，兄弟你放我过去吧。

买通了门房，严嵩父子走进了夏言的住处。

夏言正躺在床上装病，听见这两人来了，假装没醒，翻了个身继续睡。

不要紧，自然有办法让你起床。

站在房间里的严嵩和严世蕃突然悲痛欲绝，当场痛哭失声，哀号流涕声震天动地。

虽然这套把戏在历史上屡见不鲜，却屡试不爽，而要使出这一招，也并非凡人可行。要知道，突然之间悲从心头起，鼻涕眼泪说下就下，毫不含糊，对脸部肌肉和中枢神经的控制已到出神入化之地步，百年之后，犹让人叹为观止。

夏言再也忍不住了，这好不容易休息一天，却突然跑进来两个活宝哭丧，觉也没法睡，而且自己躺在床上，他们对着床哭，实在是太不吉利。

于是，他站了起来。

他的毁灭就是从这一次起床开始的。

夏言走到严嵩的面前，扶起了这个比自己大两岁，跪在地上痛哭不止的老人，叹了一口气：

“分宜（严嵩是江西分宜人），你这又是何必呢？”

何必？要不是为了脑袋，鬼才跪你！

严嵩立刻停住了哭声，擤了鼻涕，拉着严世蕃，以庄重的装孙子形象站立在夏言的面前。

大家都是明白人，你来干什么，想要什么，我非常清楚。

于是夏言叹了一口气，无奈地挥挥手，表明自己的态度。

严嵩和严世蕃大喜过望，立刻再次磕头谢恩，千恩万谢而去。

历史证明，落水狗如果不打，就会变成恶狼。

夏言实在是个不错的老头，他虽貌似古板，实际上胸怀宽广，心存仁义，是一个不折不扣的好人。

可是在权力的擂台上，不折不扣的好人注定是要完蛋的。

不久之后，这位老好人就遇到了麻烦，在批阅御史公文（告状信）的时候，他意外地发现了一个熟悉的名字——陆炳。

陆炳兄实在是个耐不住寂寞的人，虽说他还有点原则，却也喜欢搞三搞四，收点黑钱，搞点贪污。慢慢地，事情也越闹越大，最后捅到了御史那里。

于是夏言发火了。虽然他和陆炳的关系不错，但对这个人的不法行为，还是有必要加以惩戒的。然而，就在他打定主意之后不久，陆炳就找上门了。

陆炳不是吃干饭的，他是搞特务工作的，在他的英明领导下，锦衣卫已经成为了最为可怕的情报机器，但凡京城里有什么风吹草动，他总是第一个知道。这次也不例外。

在京城里，陆炳很少有害怕的人，夏言是唯一的一个。这位锦衣卫大人十分清楚，夏首辅是个二愣子，翻脸就不认人，还特别能战斗，无论你是什么来头、什么关系，只要认准了，统统打翻在地，还会狠狠踩上两脚。

惊慌失措的陆炳想不出别的办法，只好走了严世蕃的老路，上门求情。

他不是空手去的，还派人拿了三千两银子和他一起走。他知道夏言久经官场，混了几十年，说话是浪费感情，还不如来点实惠的。

从这件事情上，就足以断定，陆炳的水平不如严世蕃，因为他跟夏言打了多年交道，竟然不知道这位仁兄不收黑钱。

所以当夏言看到陆炳，以及他带来的那些东西时，只说了两个字——出去。

还加上一句——从哪里带来的，就带回哪里去。

陆炳也懵了，他情急之下，只得用出了严世蕃曾用过的那一招——痛哭流涕，下跪求饶。

当然结果还是一样，夏言依然原谅了他。这似乎有点让人难以理解，你既然不准备处理人家，干吗要这么穷折腾。

陆炳带着眼泪离开了夏言的家，心中却已充满了怒火。名声不重要了，原则也不再重要了，无论如何，一定要报这一箭之仇！

当陆炳受辱的消息传开后，严世蕃找到了他的父亲，说了这样一句话：

“夏言的死期不远了。”

严世蕃这样说是有把握的，他已经找到了一个绝佳的机会，必能将夏言一举铲灭。

严嵩还是一头雾水，朝廷里都是夏言的人，插个脚都不易，怎么动手？

然而，严世蕃告诉他，不需要拉帮结派，培养亲信，眼下有一件事，只要在其中略施小计，夏言就必死无疑。

严世蕃所说的那件事情，发生在一年以前。

嘉靖二十五年（1546），兵部侍郎兼总督三边军务曾铣向嘉靖上了一份奏疏，就此拉开了这幕大戏。

曾铣是一位极具军事能力的将领，他虽是文官出身，却喜欢军事，做了几年县令后，被委任为辽东巡按御史，从此开始在战场上打滚，并显现出他的军事天赋。

应该说曾铣是一个奇怪的人，怪就怪在别人不愿打仗，他却是打仗上了瘾，只要有机会，他就绝对不会放过。

他干过最损的一件事情发生在除夕之夜，大家打了一年仗，好不容易准备过年，曾铣来了。

"大家收拾一下，准备出兵作战！"

都大过年的了，大家都消停两天吧，这时候动刀动枪多不吉利，没人愿意出去拼命。而且蒙古人行踪不定，出去也未必能找到人。

可是主帅的命令不能不听。于是大家商量了一个办法，找到了一个人去向曾铣的老婆说情，希望能够延期。

不到一杯茶的工夫，消息传来，去说情的那位仁兄被砍了，头被挂了出来。

那就不要争了，还是出去拼命吧。

说来也巧，军队出发不久，真的发现了久违的蒙古老朋友们，一顿穷追猛打，敲锣打鼓，得胜回营。

但所有的人心中都有着同一个疑问：过年了，连侦察兵都休息了，你怎么就知道蒙古人在附近呢？

"你们没有发现吗，今天附近的喜鹊、乌鸦特别吵。"曾铣得意地笑了。

他的这辈子毁就毁在了得意上。

曾铣注定是个闲不住的人，他决定再接再厉，在自己的岗位上为国家作出更大

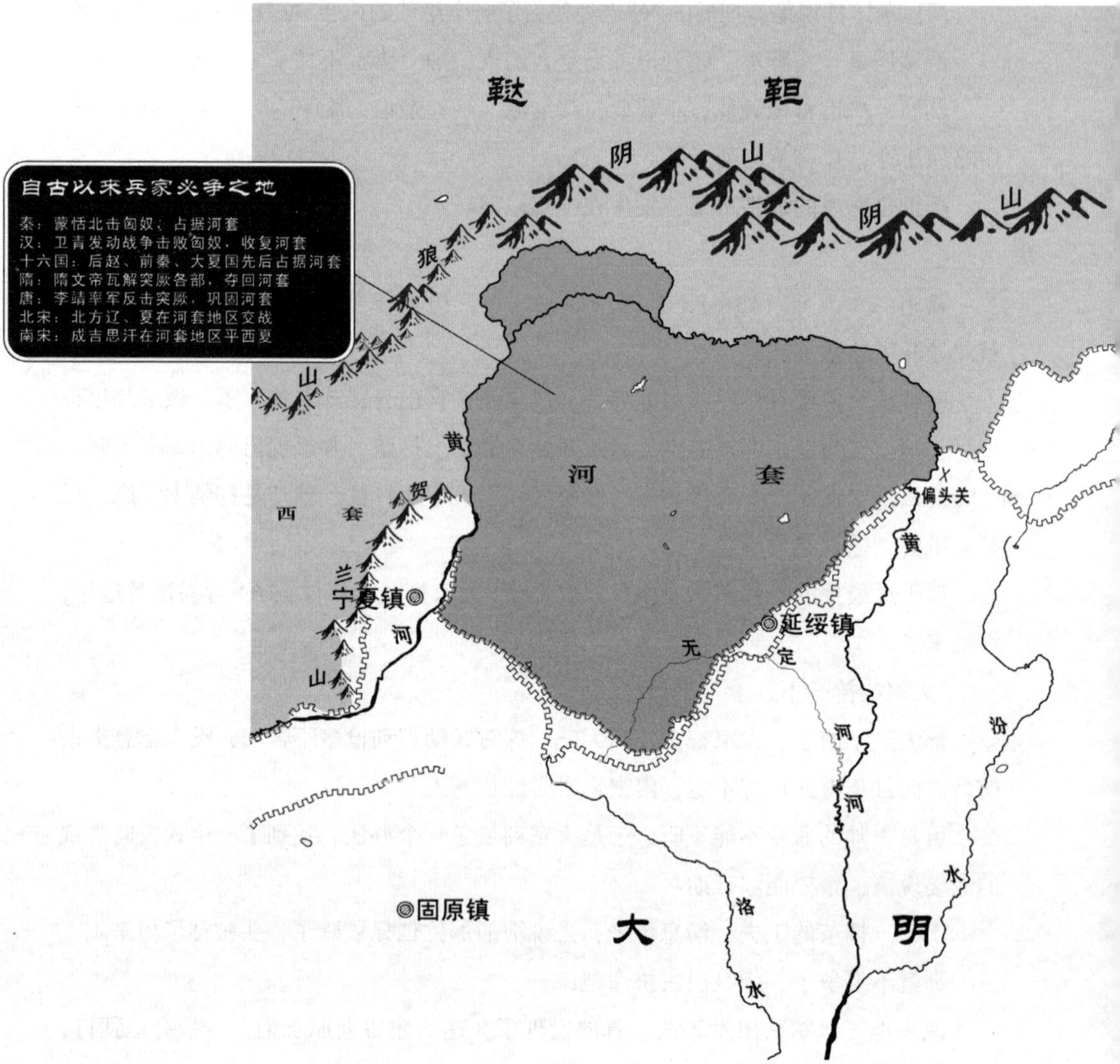

↑ 河套地区

的贡献。于是他在那封奏疏上提出了一个建议——收复河套。

河套地区，即今天的宁夏及内蒙古贺兰山一带，原本是属于明朝所有的。但这片地方就在蒙古部落家门口，蒙古邻居们时不时来串个门，“拿”点东西走，政府开始还管管，慢慢地也力不从心了，久而久之，这片地方就成为了蒙古的势力范围。

开始人们还不怎么在乎，那个鸟不生蛋的地方，丢了就丢了吧。可后来人们才发现，放弃河套是一个严重的错误。

因为蒙古人圈这块地，并不是为了开商店做生意，也不想开发房地产，他们占据河套，只是为了更好地完成抢劫任务。

而失去河套的明朝就如同在街边摆摊的小贩，每天都不得安生，总要被整治那么几回，不是杀你的人，就是抢你的货。

曾铣终于无法忍受了，他或许比较性急，却是一个爱惜百姓、立志报国的人。大明天下，岂容得胡虏肆虐！

于是，他以满腔的报国激情写下了那篇誓要恢复河套的檄文：此一劳永逸之策，万世社稷所赖也——这就是曾铣的美好理想和一腔热血。

文章送上去后，嘉靖先生也激动了，这真算破天荒了。要知道这位道士虽说是天天炼丹读经，毕竟只是兼职，血性还是有的，便也热血沸腾了一把，当即表示，赞同曾铣的意见，并发文内阁商议。

问题就出在内阁。

夏言看到了这封奏疏，当即拍案叫好，表示绝对支持，然后另起一文，上书表示赞成。当然了，和往常一样，他没有征询另一个配角严嵩的意见。

但他忽视了一个十分怪异的现象：以往，即使他不打招呼，严嵩也早已凑上前来，表示支持或是赞成，但这一次，这位马屁精却只是坐在一旁，闭目养神，好像根本不知道这回事。

急性子的夏言兴冲冲地跑去西苑了，他要表达自己的兴奋。而那个坐在阴暗角落里的严嵩，却露出了笑容。

夏言终于糊涂了一回——严嵩作出了这样的判断。

所谓百密一疏，沉浮宦海十多年的夏言还没有摸透这位皇帝的心思。收复领土对国家自然是好事，可嘉靖先生却不一定会这样想。

要知道，这位道士兄是个不爱惹事的人，他的愿望很简单，就想烧烧香、念念经，闲来无事搞点化学用品（所谓仙丹），多活几年而已。

收复领土如果顺利，自然是好。那要是不顺利呢，要是打了败仗呢？那就麻烦了，损兵折将，天天要看战报，要运粮食，要征兵，要商议对策，不累死也得烦死。

总而言之，他的热度只有三分钟，从第四分钟起，所有敢于妨碍他私生活的人都将成为他的障碍。

严嵩的猜测是正确的。不久之后，嘉靖先生突然下发了一道诏令，言简意赅：

今逐套贼，师果有名乎？

兵食果有余，成功可必乎？

一铣何足言，如生民荼毒乎？

大致意思是，我想出兵收复失地，但是问题很多啊，没有一个合理的名义，士兵粮草不充足，也不能保证胜利，还会连累老百姓啊。

当然了，这只是书面意思，它的隐含意思就简单得多了：

你曾铣算什么东西，竟敢给我添麻烦，给我找不自在？

严嵩看到这道谕令，立刻跑回了家。机会已经来了，但要如何去做，还得去找那个天才儿子商议。

"正是大好时机，立刻上书弹劾夏言，还犹豫什么？"严世蕃似乎有点惊讶。

严嵩没有夏言那样的慈悲心肠，之所以犹豫，只是因为他不知道下一步该怎么办，难道还能把夏言骂死不成？

于是严世蕃告诉他，虽然自己也不知道怎么办，但只要与一个人合作，夏言必死无疑！

然后他连夜去拜访了陆炳。

这对于陆炳而言，实在是个求之不得的机会，自那次事件之后，报仇已经成为了他的人生主题。

这两位天下英才一拍即合，开始商量对策。

商议过程是这样的：严世蕃对陆炳说，你官大，又是皇帝的亲信，你出面去对付夏言。

陆炳认真地注视着严世蕃，告诉他：还是你去吧，我在背后支持你。

其实，这么多年混下来，大家都不傻。夏言当年对抗张璁的孤胆英雄形象，仍然牢牢地铭刻在两人的大脑里，那唾沫横飞、无所畏惧的场面一想起来就让人打哆嗦。

无论如何，到目前为止双方已经达成了一个共识，夏言很凶悍，谁都惹不起。

胆小归胆小，但问题还是要解决的。两位天才苦心钻研良久，终于还是找到了夏言的死穴——曾铣。

和夏言相比，曾铣是一个理想的突破口，只要处置了曾铣，就一定能够把夏言拖下水。

可是曾铣远在边塞，而且平素行为端正，也没有什么把柄好抓。陆炳思索片刻，突然眼前一亮：

“我想到一个人，如果他也肯加入，一定能帮我们解决这个问题。”

“事不宜迟，我马上去见这个人。”严世蕃已经火烧眉毛了。

陆炳却笑了：“你见不到的，因为他还在监狱里。”

陆炳所说的那个人，叫做仇鸾。这位仁兄来头不小，他就是正德年间平定安化王之乱的大将仇钺的后人，袭爵咸宁侯，镇守甘肃。

而这位兄台之所以会蹲大狱，那还要拜曾铣所赐。他在甘肃的时候，和曾铣闹矛盾，而且此人人品欠佳，在当地干过一些坏事，曾铣一气之下，向上级告了状，仇鸾就此被关进监狱，接受改造。

所有的人选都已找到，所有的计划都已完备，只等待最后的攻击。

参考消息 **曾铣抗蒙**

曾铣提出收复河套的建议，可以说一点都不意外，他的一生都在和蒙古骑兵作斗争。曾铣曾请示朝廷修筑临清外城，以数千兵力将蒙古十万铁骑拒于陕西三边门外。巡抚山西时，他修边墙，制火器，并在浮图谷大胜蒙古军队。在上书收复河套的同时，他还建议引黄河水，既可防旱涝，又可限制蒙古骑兵。而当时皇帝也是支持他的，不仅掏钱买单，还罢免了持反对意见的延绥、陕西、宁夏巡抚。此后曾铣积极修筑边墙，出兵河套，拒绝俺答求和，并且调集各路总兵围歼敌营，迫使蒙古人移营过河。可惜他的行动没有换来最终的胜利。

◆ 死亡的连环

夏言又一次在嘉靖的面前发言了，内容和以往一样，希望能够加强军备，恢复河套。而嘉靖也一如既往地不置可否。就在双方僵持不下的时候，严嵩终于开口说话了。

“复套之举断不可为！”

然后他大幅陈述了反对的理由，从军备到后勤，每一句话都说到了嘉靖的心坎里，皇帝大人听得连连点头。

旁边的夏言却没有注意到这些，愤怒和震惊已冲昏了他的头脑，他这才明白，在那次内阁会议上，严嵩为何会违背一贯的拍马屁精神，一言不发。

“你既然反对，当时为何不说，现在才站出来归咎于我，是何居心？”

盛怒之下的夏言决定反击了，在以往的骂战中，他一直都是胜利者，所以他认为这次也不例外。

可这次确实例外了，因为他的真正对手并不是严嵩，而是坐在最高位置上的嘉靖。

嘉靖的怒火也已燃到了顶点，以往的一幕幕情景都出现在他的眼前：不戴香叶冠、讽刺修道、蛮横无理、严嵩的谗言、太监的坏话，这些已经足够了。

于是他喝住了夏言，给了他一个让人毛骨悚然的评语——“强君胁众”。

夏言打了个寒战，他很清楚这句话意味着什么。

彻底失去皇帝信任的夏言彻底完了。嘉靖二十七年（1548），他再次被迫退休，离开了京城，而在此之前，曾铣已经被逮捕入狱。

应该说皇帝对夏言还是不错的，准许他以尚书衔（正部级）退职，享受相应的退休待遇。毕竟在一起二十多年了，好好回家过日子吧。

夏言就这样带着满腹悲愤和一丝宽慰上了路，虽然结局不好，毕竟也风光过，这辈子值了。

可是政治高手就如同江湖大侠，想要金盆洗手一走了之，那是很难的。须知做大侠虽然风光，干掉大侠却更为风光。

而政治高手们在打架时，从来不会玩三板斧，他们都是耍套路的，从毫不起眼的起手式，环环相扣，直到最后那致命的一击。

夏言所不知道的是，就在他心灰意冷收拾行李的时候，一封上访信已经送到了嘉靖的手里。

这封信来自监狱，署名是仇鸾，信中列举了曾铣的几大罪状，包括贪污军饷、打了败仗不上报、没有打仗却冒功等。当然了，这玩意儿并不是仇大老粗写出来的，其主要代笔者是严嵩和严世蕃。

信中所列举的种种恶行自然不是曾铣所为，事实上，很多倒是仇鸾本人的壮举，但栽赃本来就不需要借口和理由，所以这似乎也是可以理解的。

这封文书虽然说了很多恶毒的话，不过最为可怕的，却是其中十分不起眼的一句——结交近侍（夏言）。

当这句话出现在嘉靖眼前的时候，他改变了主意:

“夏言现在何处？快马追他回来！”

此时夏言刚刚走到通州。毕竟在朝廷干了这么多年，他也早有心理准备，所以当他听来人说要带自己回去的时候，并不慌张，而是端坐在自己的马车上，镇定地问道:

“我的罪名是什么？”

但当那个四字答案传到他耳里的时候，夏言的意志彻底崩溃了，只说出了一句话，就从车上摔了下来。

“我死定了！”

判断完全准确。

在明代朝廷中，官员们时常会犯错误，其实犯错不要紧，人生还很漫长，只要你熬得住，东山再起也并非不可能。但也有几条高压线，是绝对不能碰的，三十万伏，一触即死。

藩王擅自入京算一个，边将结交近臣也算一个。

因为它们都暗藏着一个隐含的意义——图谋不轨。天王老子也好，江洋大盗也

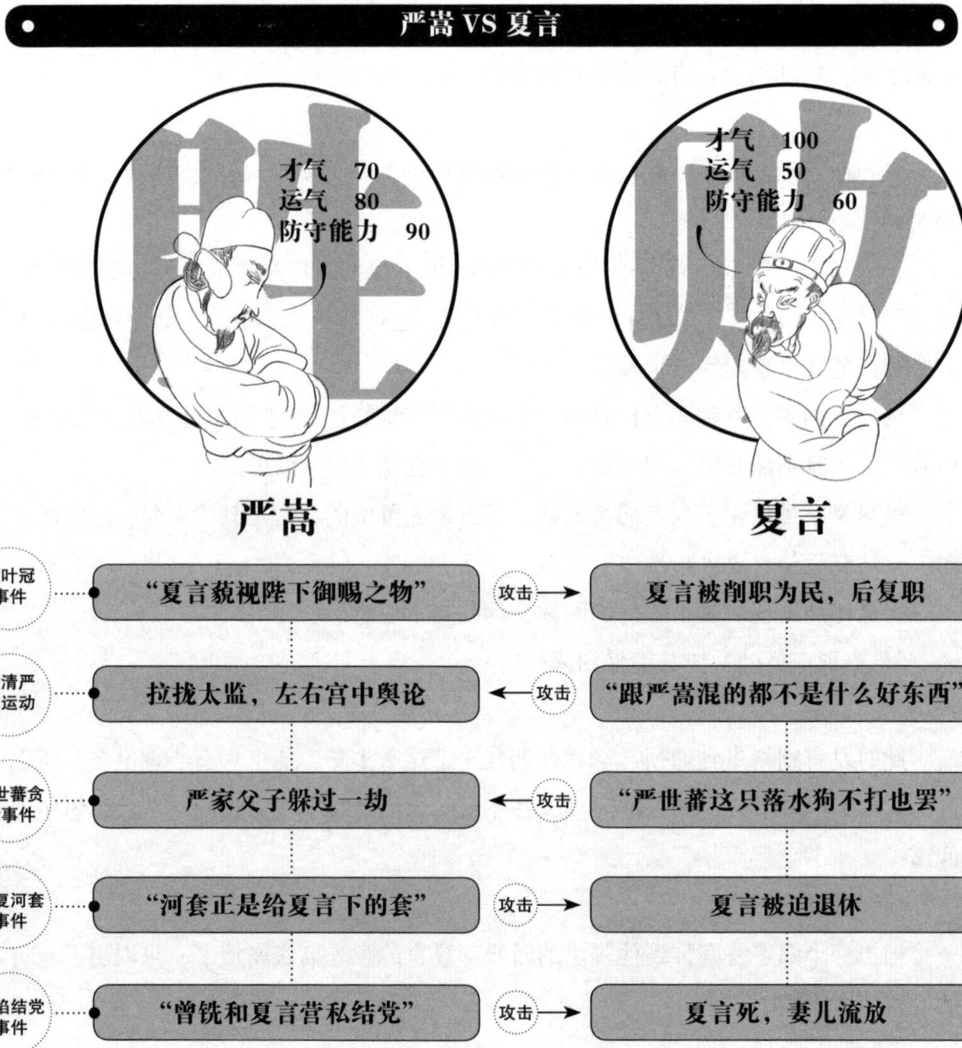

罢，只要胆敢触碰那最高的皇权，一句话——杀你没商量。

回到京城的夏言试图辩解，却没有起到任何效果。嘉靖二十七年十月，曾铣和夏言的结局被最终确定。

曾铣，按律斩，妻子流放两千里，廉，死时家无余财。

死前唯留遗言：“一心报国。”

曾铣死，仇鸾出狱。

夏言，弃市，妻子流放广西，从子从孙削职为民。

夏言起自微寒，豪迈而有俊才，纵横驳辩，人莫能屈，虽身处宦海，仍心系天下，胸怀万民，然终为严嵩所害。

言死，嵩祸及天下。

严嵩终究还是获胜了，自嘉靖十七年以来，经过十余年的斗争，他终于战胜了夏言——用一种极为卑劣的手段。

虽说政治斗争的手段总是卑劣的，但严嵩的行为却与以往不同，他为了自己的私利，杀害了两个无辜的人，一个励精图治、忠于职守的将领，一个正直无私、勤勉为国的大臣。

而这两个人想做的，只是收复原本属于大明的领土，救赎无数在蒙古铁骑下挣扎呻吟的百姓而已。

严嵩赢了，他终于赢了，他成为了朝廷首辅。从这一天开始，朝政就这样了，不会再有人起早贪黑地去打理事务，严首辅可以勾结自己的儿子，大大方方地贪，光明正大地贪，他十分清楚，没有人能管他，也没有人敢管他。

河套也就这样了，蒙古人一如既往地冲进百姓的家里，烧杀淫掠，无所不为。因为他们也十分清楚，从此没人能阻止他们，也没人敢阻止他们。

当然，这一切对于严嵩和严世蕃来说，似乎并不重要，反正鞑靼的马刀砍不到他们的头上，也不用担心老婆被人抢走。此刻的他们，正弹冠相庆，欢庆着自己的胜利。

与此同时，徐阶的表现却极为反常。夏言被陷害，被关押，然后身首异处，家破人亡，这一幕幕的惨剧就发生在他的眼前，而他只是平静地看着这一切，丝毫不

参考消息 **夏言的后人**

史书上说，夏言死的时候没有儿子，只一个妾室怀有身孕，夏言的妻子为了保住孩子，将妾嫁了出去。后来夏言被平冤，夏妻要回了儿子，没想到孩子在即将为官上任的时候死了，夏言于是无后。但是在夏言老家，如今仍有几名被传是夏言嫡系后代的夏家人，虽说人数不多，但也有十余口之数。看来究竟夏言有没有后嗣，尚无法盖棺论定。

予理会。

在夏言被杀的前夕,连平素与他关系一般的喻茂坚（刑部尚书）也看不下去了,毅然站出来说了几句公道话，结果被皇帝扣了一年工钱。可是徐阶依然沉默不语,寂寂无声。

所有的人都鄙视徐阶的为人，因为所有的人都知道，在过去的十年里，夏言曾不计私仇，努力提拔、栽培徐阶，希望他成为国家的栋梁。然而在这关键时刻，徐阶却背弃了他的恩师，不发一言，不上一书，是一个忘恩负义的小人。

徐阶默默地接受了所有的嘲讽与鄙视，每天照常去吏部上班，照常应付那些官员们，照常谈笑风生，那个人的死和他似乎没有任何关系。

时间是消磨痕迹的利器，随着时光的流逝，夏言、曾铣从人们的脑海中消失了,他们的冤情、委屈、孤儿寡母也已慢慢地被人忘记。

但有一个人却没有忘记，从来没有。

在无数个深夜，徐阶曾辗转反侧，难以入眠，但当清晨来临时，他却又显得若无其事。

如果回到二十年前，他还是那个年轻气盛的翰林，情境可能会完全不同。大致流程应该是义愤填膺，慷慨激昂——愤而上书，人心大快——奸臣当道，下旨责罚——流放充军，斩首示众（最后一项视运气好坏二选一）。

二十年过去了，他经历了无数的磨砺，掌握了心学的真谛。那个热血澎湃的青年早已消失无踪，他终于明白，这个世界是现实的，要适应这个世界，并且继续生存下去，必须采用合适的方法。

他也想如其他人那样，好好激动一番，上书大骂奸臣严嵩，为夏言叫屈，但他更明白，这样做不会有任何效果。

严嵩比张璁要厉害得多,他历经三朝,混迹官场四十余年,工于心计,城府极深,而在他的身边，除了掌管锦衣卫的陆炳，还有那个绝世之才严世蕃。

他们已经组成了一条可怕的权力锁链，绞杀任何敢于阻挡他们的人。

而自己，什么也没有。

要想战胜这样一群敌人，几乎是不可能的。自己和夏言的关系人尽皆知，夏言已经死了，严嵩必定不会放过一个和他联系如此密切的人，现在唯一的屏障已经失去，再也没有保护，没有帮助。

我将独自面对所有的敌人，只有我自己。

“即使日后身处绝境，亦需坚守，万勿轻言放弃！”

是的，这句话我一直牢记在心，要隐忍，要忍受痛苦和折磨，要坚强地活下去，只有活下去，才有胜利的希望。

但有些事是永远不会被忘却的，那个古板严肃的老头，那个品性正直、口硬心软的人，那个不计前嫌、一心为公的人。而严嵩，你为了自己的权位和利益，无耻地杀害了这个人。

此仇不报，誓不为人！

第五章

隐藏的精英

〇但隐忍和沉寂不是目的　而是手段　它终将爆发在最后那一刻　虽然徐阶已经麻痹了严嵩　获得了皇帝的信任　但他十分清楚　要想取得胜利　现在的条件还不够

◆ 另外的三个人

在严世蕃的眼中，天下英才只有三人而已。但事实证明，这位仁兄虽然聪明，却是一个不太识数的人，因为他只数对了一半。

杨博、陆炳、严世蕃确实是芸芸众生中的异类，他们机智过人、精于算计，堪称不世出的奇才。但老天爷实在太喜欢热闹，就在严世蕃自以为天下尽入己手时，上天却给这出戏送来了另外三个人，三个更可怕的人。

按照严世蕃先生的逻辑，编号继续下去，第四个人的位置应该属于徐阶。在经受了无数考验之后，他已经具备了逐鹿天下的实力。但严世蕃并没有意识到这一点，在他的眼里，这个小侍郎不过是个无足轻重的人物。

徐阶仍然隐藏着自己，当时机到来的时候，他将揭下自己的面纱，给严世蕃一个大大的惊喜。

第五个人，叫做高拱。

如果说严世蕃只是轻视徐阶的话，那么高拱这个名字他可能从没有听过。

这也怪不得他，因为高拱实在太不起眼了。

高拱，正德七年（1512）出生，河南新郑（今河南新郑市）人，嘉靖七年河南省乡试第一名，嘉靖二十年（1541）考中进士，被分配到翰林院。

而当严世蕃纵论天下之才的时候，高拱先生的职称只是翰林院的编修，不过是机关里的一个小抄写员。这种小角色，自然难入严奇才的法眼。

然而，他终将成为一个撼动天下的人。

根据影视剧的规律，最厉害的人总是最后出场，这次也不例外，而最先发现这位奇才的人，正是徐阶。

夏言下台后（当时尚未被杀），徐阶的处境很惨，原先对他恭恭敬敬的人，眼见他没了靠山，纷纷拿出了当年翻书的速度，跟他翻了脸。

除了同僚的挤兑冷遇外，徐阶在吏部也倒了霉，新来的吏部尚书闻渊不喜欢徐阶，总是找他的碴儿。

得罪了老板，混不下去的徐阶只好另找出路，好在他和大老板的关系还算不错（擅写青词），皇帝大人毛笔一挥，给他安排了新单位：

"你去翰林院吧！"

这个决定改变了无数人的命运。

嘉靖二十六年（1547）底，徐阶来到了翰林院，成为了掌院学士。他的第一个使命是教育去年刚刚考进来的庶吉士。

庶吉士是大明的精英,而庶吉士的培训相当于现在的岗前培训。在这里结业后，学员们会进入翰林院，成为一名普通的翰林官。

当然，之后的事情就各安天命了，如果经历从几年到几十年不等的以死相搏、钩心斗角，你还没有被杀头、流放、贬官，脸皮越来越厚，心越来越黑，你将很有可能进入内阁，成为这个帝国真正的统治者。

一般说来，翰林院的掌院学士是不会理会庶吉士的，最多不过是在入学时见个面，训几句话，说些大家好好学习天天向上的话，然后拍拍屁股走人。

但徐阶依然保持了他的传统作风。虽说这帮新人既无背景，也不起眼，他仍然抽出时间，挨个儿谈话，当然了，他的目的绝不仅仅是鼓励他们认真学习，鬼知道将来这里面会不会出几个一品、二品的猛人，还是先搞好关系为妙。

正是在这一系列谈话中，他遇见了那个伴随他后半生，奋斗不息，名垂千古的人。

虽然庶吉士已经是精英中的精英，但这个人仍然给徐阶留下了深刻的印象，他的谈吐和见识，还有无与伦比的聪慧，都让徐阶惊叹不已。

“你叫什么名字？”

“张居正。”

张居正，我会记下这个名字。

徐阶满意地完成了他的谈话工作，未来的岁月还很长，他有充分的时间去认真观察这个年轻人。

张居正就是第六个人，当时的他还没有登上舞台参与角逐的机会。

在这个风云际会的年代，这六位英才将交织成一个死亡的绳结，用他们的智慧和意志去争夺最高的奖赏——权力。失败者将成为绳结上的牺牲品，被无情地绞杀。只有最具天赋、最精明、最狡诈、最坚毅的人，才能终结这场残酷的游戏，解开那个死结。

而这位最后的胜利者，将成为大明天下的统治者。

不过话说过来，至少在当时，这后两位还是指望不上的。高拱同志依然在做他的抄写员，而张居正同学还在培训班认真刻苦学习。

所以徐阶依然只能靠他自己。

严嵩是一个警惕性很高的人，他十分清楚徐阶与夏言的关系，并非对此人毫无防备。但问题在于，这位徐侍郎似乎对他构成不了什么威胁，顶了天也就是个副部长，在皇帝面前也说不上什么话，翻不起天大的浪。

所以防备归防备，他并没有把徐阶放在眼里。

严嵩的判断很准确，现在的徐阶，是个不折不扣的小人物，即使你把刀交到他的手里，他也不知从何砍起。

但世界是不断变化的，嘉靖二十九年（1550），徐阶迎来了第一个机会。

具有讽刺意味的是，这次机会是由严嵩阵营中的仇鸾先生友情提供的。

蒙古也算是大明的老冤家了，来来回回已经搞了二百年，双方都精力充沛，再累再苦都不在话下，洗个澡睡一觉起来接着干。

事易时移，当年的瓦剌已经消停了，取而代之的是鞑靼。而在小王子之后，该部落又出了一位擅长杀人放火的优秀领袖——俺答。

关于这位兄台的事迹就不多讲了，只需知道这是一个很能杀，很能抢，善于破坏的人就行了。

嘉靖二十九年六月，这位仁兄估计是家里缺东西了，带领上万骑兵向明朝发动了进攻，他的目标是大同。

明军抵敌不住，全军溃败。一番混战后，总兵张达战死，于是大同向朝廷告急，指挥官死了，蛇无头不行，请你即刻再派一个过来。

大同总兵是一个级别很高的官阶，相当于边防军司令员。寻常时候，能够补到这个官，那是祖宗保佑，但在这个节骨眼上去大同，只能说是祖坟埋错了地方。

蒙古人还在城外，即使打退敌人，也未必有功，但如果丢了重镇大同，则格杀勿论。而且刀剑无眼，也不认你官衔高低，身为总兵不幸殉国，也只能算你背运。

这就是传说中的黑锅，谁也不想背。但就在众人推脱之时，严嵩站了出来，高兴地告诉大家，他有一个合适的人选，必定可以退敌。

他说的这个人就是仇鸾。

说实话，在这件事情上，严嵩也是个冤大头。他原本以为仇鸾是名将之后，就算不如曾铣，多少也有那么两下子，所以他推荐仇鸾，希望此人可以再立新功。

可是仇鸾先生实在难得，虽说干了多年的武将，却连一下子也不会。听说严嵩

参考消息 **先礼后兵的抢劫犯**

俺答的确特别能抢，特别能杀，但这个抢劫犯最初是抱着和平通贡的想法跑来大明的。嘉靖二十年，俺答派人到大同表示了通贡的愿望，不料明朝政府拒绝请求，扣了来使，还高价悬赏俺答的人头，俺答一怒之下，掠夺一通回了老家。第二年，俺答又派人出使大同，再次提出通贡的要求，这次更没面子，大同巡抚龙大有竟抓住所有来使冒功领赏。俺答很生气，举重兵进攻山西，两个月内抢掠十卫三十八州县，杀掳男女三十余万、牛羊豕畜二百万。

推荐了自己，顿如五雷轰顶，但是事已至此，不上也得上了，仇鸾壮着胆子去了大同。

似乎仇将军的运气还不错，他刚到地方，就得知俺答已经抢劫完毕，撤退了。兴高采烈的仇鸾顿时来了劲儿，他立刻向兵部上书，沉痛地表示，没能够与俺答交战，为国争光，实在是遗憾之至。

不要紧，仇鸾先生，机会总是有的。

七月，俺答又来了。

其实，这也怪不得俺答，他的部落没有手工业，也没有轻工业，除了抢，他没有第二条路。

仇鸾这回头大了，如果打了败仗，别说官位，脑袋也难保。但他也很清楚，以自己那几把刷子，想打败俺答，无疑是一个梦想。

但仇鸾实在是个了不得的人物，他竟然想出了一个解决问题的办法，不但可以赶走俺答，还不用大动干戈。

仇先生是一个懂得价值规律的人，他明确地意识到，俺答过来无非是想抢东西，只要给钱，让他满意而归，就万事大吉了。

于是在一个深夜，他暗中派出使者，给俺答送去了很多钱，希望他拿钱走人，不要妨碍自己当官。

要说俺答兄也真是好样的，拿钱就办事，当即表示，请仇总兵放心，我这就全军撤退。

仇鸾满意了，不用拼命，还送走了瘟神，没有更好的结果了。

可是自以为聪明的仇总兵忽略了关键的一点——俺答只是说撤退，没说要撤回家。

不久之后，大同副将回报，俺答已经撤走了。仇鸾十分高兴，但在准备庆祝之前，他突然想起了什么，便多问了一句：

“俺答退兵之后，去了哪里？”

“蓟州。”部下回答道。

当这两个字传进仇鸾耳朵里时，他几乎当场晕倒：

“大事不好！”

蓟州，是北京的门户。

当俺答攻破蓟州,破墙入关到达昌平（今北京市昌平区）的时候,他惊奇地发现，自己的铁骑竟然没有遇到任何抵抗，粮食、财物、人口都摆在他的面前，等待他去抢掠。

他自然是不会客气的，抢完了昌平，他又流窜到密云、怀柔，围着北京城一路抢过去，踏踏实实地搞了一次北京环城游。

杀完了，也抢够了，俺答却不走了。他留在了通州，窥视着这座雄伟的京城。因为他已经敏锐地意识到，在大明示弱的背后，似乎隐藏着某种不可告人的原因。

其实，事情没有俺答想的那么复杂，原因十分简单——没兵。

说来滑稽，当时的京城确实是个空架子。一百年前北京保卫战之时，在于谦的建议下，丧失战斗力的京城三大营被改造成了十二团营，兵力缩减为十四万人。

按说这个数字也不少了，但当兵部尚书丁汝夔清点人数准备作战时，才惊奇地发现，所谓十几万大军，其实只有五万多人！

而更为麻烦的是，其中很多人的年龄已足够进养老院了，只是拿着根长矛站在队伍里充数。

其实，丁汝夔并不觉得奇怪，此等现象再正常不过了，这就是传说中的军队贪污第一绝技——吃空额（多报人数冒领工资）。

丁大人熟悉潜规则，也不想去反贪，但问题是，敌人就在门口，你总得想个办法把人送走。

皇帝自然不可能再给俺答送礼，让他回去打大同。无奈之下，嘉靖先生只好下达总动员令，命令周围驻军前来勤王。

第一个赶到的，正是大同总兵仇鸾。

他是拼命赶过来的——不拼命不行，要知道，皇帝大人之所以如此狼狈地被人堵在城里，那完全是背了他的黑锅。如果不及时过来，难保俺答兄和皇帝和平谈判、讨价还价的时候，不会突然冒出这么一句：当初仇总兵和我谈的时候，价码是……

满头冷汗的仇鸾带着两万骑兵赶到了北京，嘉靖被他的热情感动，非但没有怀

京营人数变化

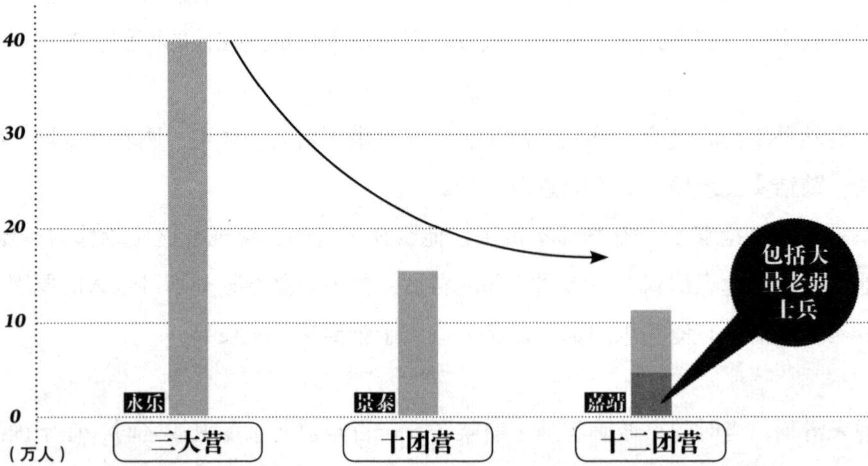

疑他，还极为信任地告诉他：

“京城的防务就交给你了。”

这下子是彻底完了，仇鸾悲愤之余，准备去跳护城河了，结果又被部下拉了回来。大同已经如此狼狈，何况是京城？

无计可施的他想来想去，竟然又找到了老办法——谈判。

他再次私下派人出城，找到了俺答。等到来人说明来意，连久经沙场的俺答先生也大吃一惊，刚刚在大同谈完，仇总兵又到了京城，竟然跑得比自己还快，速度实在惊人。

仇鸾提出了条件，只要不攻城，什么都好商量。

俺答也不含糊，不攻城可以，让我入贡就行。

虽然仇鸾已经决定要不惜一切代价，但这个要求却是他不能接受的。

所谓入贡，不过是肆意妄为、践踏国格的体面说法，如果答应了这个条件，俺答就能派出他的使者，到大明的地盘强拿强要，提出各种苛刻条件。

这是国家形象问题，换句话说，就算给得起钱，也丢不起人。

仇鸾不敢信口开河，只能立刻上报嘉靖。

太上老君也解决不了俺答的问题，于是嘉靖道长穿上黄袍，召开了内阁会议。

与会人员有内阁大学士严嵩、李本、张治，还有时任礼部尚书的徐阶。

皇帝大人也慌了神，他拿着俺答送交的入贡书，问大臣们怎么办。

李本不说话，张治也不说话，因为在内阁里他们说了也不算。

平日滔滔不绝、说话算数的严嵩却突然哑巴了，站在原地一动不动，也不出声。

但皇帝大人的工资不是白拿的，嘉靖直接向严嵩发问了：

“现在该怎么办？”

严嵩先生既不能治军，也不能治国，其主修专业是拍马屁和整人，可是俺答先生是要实惠的，不吃这一套，自然没有办法。

但他还是说出了自己的“办法”：

“这不过是一帮饿贼，抢掠完了自然会走，皇上不必担心。”

这是一个十分无耻的回答。

在严嵩先生的逻辑体系里，保住官位、安享富贵才是最重要的，至于城外的百姓，抢了就抢了，杀了就杀了，反正与己无关。

徐阶愤怒了，抛开个人恩怨不谈，他简直无法相信，这竟是一个朝廷首辅说出的话。虽然这里还轮不到他说话，却也忍无可忍：

“敌人已经打到了城下，杀人放火，无恶不作，怎么能说是一群饿贼！”

严嵩惊讶地回过头，看着这个毫不起眼的礼部尚书，他终于意识到，一直以来，自己似乎轻视了这个人的能量。

坐在皇位上的嘉靖霍然站了起来，他看着徐阶，赞许地点点头，然后又换了一副面孔，冷冷地盯着贪生怕死的严嵩：

“俺答的贡书呢？”

严嵩慌忙拿出了文书，准备呈交给皇帝。

嘉靖摆了摆手，他不打算研究文件，只问了一句话：

“你准备怎么办？”

在嘉靖逼视的目光中，严嵩却恢复了镇定，他从容地回答：

“这是礼部的事。”

所谓礼部的事，就是徐阶的事。在一般人看来，这只是一句推卸责任的话，但事实上，这句话却是极为凶险，暗藏杀机，无论徐阶如何回答，都将惹祸上身。

俺答入贡，说到底是个外交问题，严嵩推给礼部，虽说不大仗义，倒也算是合情合理，如果徐阶推托，皇帝自然饶不了他。

但如果徐阶满口答应，则必定会大难临头。因为入贡问题，也是个很丢脸的政治问题，嘉靖根本就不想答应，只是迫于形势，才找大臣商议，要是胆敢在这个时候搞包干，等到俺答一走，秋后算账，自然死罪难逃。

严嵩摸透了嘉靖的心思，他正静静地等待着徐阶进入陷阱。

徐阶愣了一下，立刻不假思索地作出了回答：

“此事是我礼部职责，臣愿一力承担！”

然而在严嵩露出笑容之前，徐阶就说出了下半句：

“但入贡之务为国家大事，一切听凭皇上做主，礼部必定遵旨照办！”

严嵩第一次感到惊慌了，站在眼前的这个礼部尚书，竟然是一个比夏言更为狡诈的对手。

嘉靖却没有严嵩的心思，他只想解决问题：

“你有办法吗？”

徐阶终于等来了机会，他开始侃侃而谈：

“以臣看来，敌军兵临城下，以目前京城的防务，既不能战也不能守。”

“那该怎么办？”

“目前唯一的办法，是拖延时间，等待援军到来，聚集力量，再对俺答发动反击。”

嘉靖高兴地连连点头，却也提出了一个实际的问题——如何拖延时间。

徐阶微笑着，拿起了那份被引为耻辱的俺答入贡文书，自信地告诉惊恐不安的皇帝陛下——办法就在这份入贡书里。

外交，是指处理国与国之间关系的方法，但它还有另外一个通俗的解释——用最礼貌的方式，说出最肮脏的话。

如果以后一种解释为标准，那么徐阶就是一个极为高明的外交家。他敏锐地在俺答的文书中发现了一个问题——只有汉文，没有蒙文。

按照惯例，外交文书是需要两种文字的，但这不过是个形式而已，并没有人认真遵守。

然而，大明这一次决定仔细认真地履行程序，于是俺答的使者得知，他要把入贡书带回去，重新加上蒙文内容。

听到使者的话，俺答的脑子有点乱了，他虽然打仗是把好手，但玩政治的能力实在差得太远。这位仁兄思前想后，也不知道只写汉文有什么问题——你们能看明白不就行了吗？

百思不得其解的俺答唯恐是自己没文化，不懂外交礼仪，被人取笑，还真的去找了一帮人搞公文。可还没等他的文书完成，新的邻居就到了。

北直隶地区前来勤王的军队及时赶到了，城外明军人数已经达到了八万余人，而俺答也终于明白，自己又上当了。

失去了锐气的蒙古军准备退却了，反正他们也抢够了，杀够了，算是满载而归。

但在城内的嘉靖并不是傻瓜，他虽然不懂军事，却是一个极为聪明的人，局势的变化逃不过他的眼睛。于是他召见了兵部尚书丁汝夔，命令他准备对鞑靼军发动反击。

丁汝夔接受了命令，但在发动反攻之前，他还必须去拜见严嵩。

在很多的书籍中，严嵩被描述为一个穷凶极恶的人物，他比山区的土匪更狡诈，比变态杀人狂更残忍，从贪污受贿、杀人放火到随地吐痰、乱搞男女关系无所不为，可谓是人渣中的人渣。

但如果客观分析史料，就会发现这位仁兄其实是个很胆小的人。他这一辈子的原则是能躲就躲，能推就推，只要自己的官位权势不变就行，百姓死活、社稷兴衰，与他毫不相干，他也不想管。

这种行为用今天的法律术语来形容，叫做“行政不作为”，又称占着茅坑不拉屎、磨洋工，等等。严嵩就是这样一个人，他不愿意惹事，不愿意管事，只关心他自己的利益。应该说，他确实是一个胆小的人。

但是胆小的严嵩，依然是人渣中的人渣。

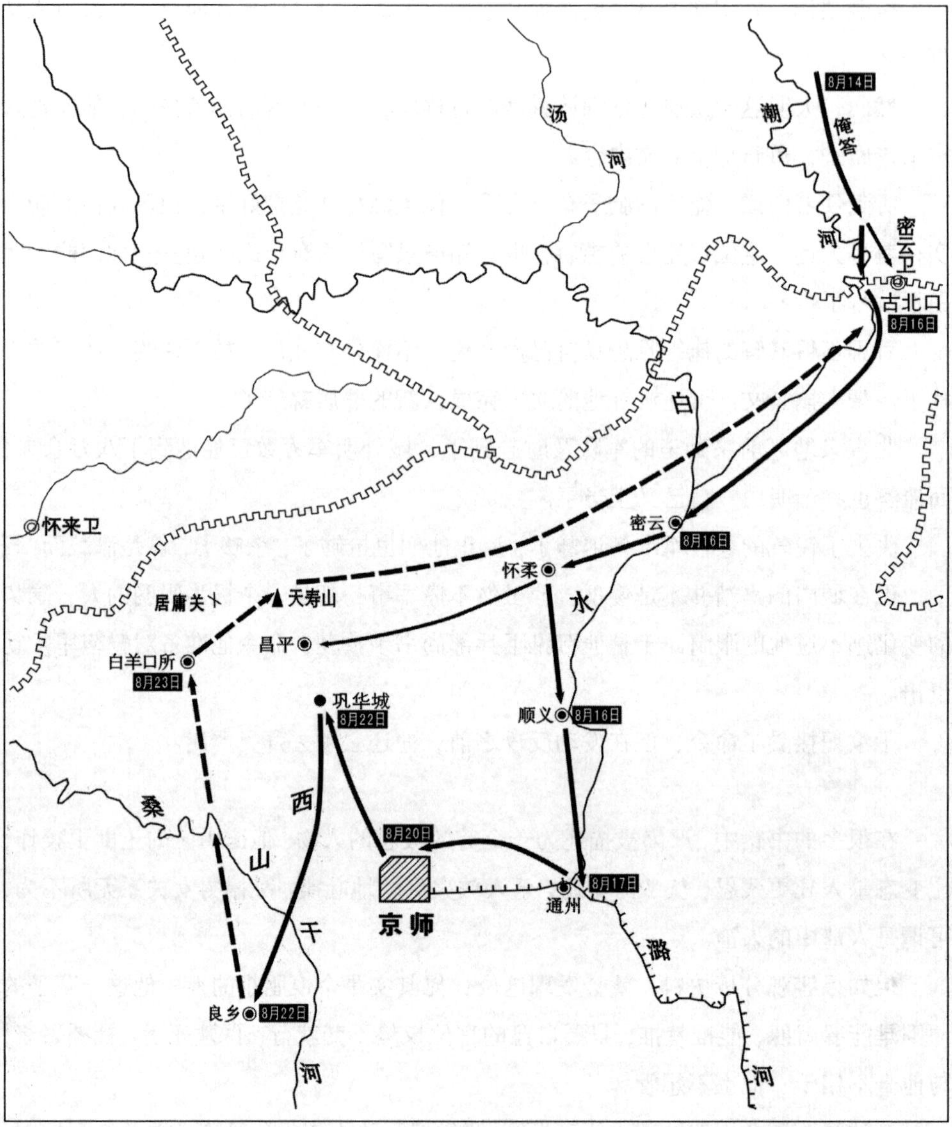

↑ 庚戌之变

★书内地图中日期皆为阴历

因为正是他的置若罔闻、大私无公，才使得朝中政务懈怠，大臣尸位素餐，敌人肆无忌惮、烧杀抢掠——皇帝在修道，您首辅也不管，那还有谁管？

不过，严嵩先生的不想管，并不是不管，只要关乎他利益的事情，他是绝不会坐视不理的。

丁汝夔了解这一点，他很清楚，如果没有得到严大人的首肯，擅自行动，夏言就是前车之鉴。

他向严嵩告知了皇帝的谕令，提出了自己的疑问：现在怎么办？

严嵩思索片刻，便说出了一个让他意想不到的答案：

“不要发动反攻。”

看着大惑不解的兵部尚书，严嵩为他的答复作出了解释，一个极端无耻的解释：

“如果发动反攻，就有可能战败，若在边界战败，还可以假冒胜仗报功，但在天子脚下，如果失败，皇上一定会知道，那时就不好办了。不如任俺答抢掠，不久之后他必将自己撤走，我们便不用负任何责任。”

这就是大明帝国内阁首辅的治国哲学，真可谓是流氓到了极点。

但丁汝夔毕竟也在官场混了多年，不是那么好糊弄的。他十分清楚，皇帝的命令是反攻，如果照严大人的话办事，到时候皇帝追究起来，那是要杀头的。

然而，严嵩拍着胸脯跟他打了包票：

“你放心，有我在，必定平安无事！”

丁汝夔安心回家睡觉了，他相信严长官是不会忽悠他的。

事实证明，严嵩先生的包票确实不是毫无价值——可以当废纸卖，五毛钱一斤。

在之后的几天里，城外的俺答军肆意抢掠，并开始打包，准备带走，带不走的就放火烧掉。而城内的驻军非但不去找蒙古人结账，连服务费都不敢收，只是眼睁睁地看着他们扬长而去。

俺答终于走了，嘉靖终于愤怒了。蒙古人大摇大摆地走了，正如他们大摇大摆地来，没有带走一丝云彩，却带走了财物、粮食和无数的大明百姓。

他紧急召见了丁汝夔，厉声讯问：

“为什么不出战？！”

丁汝夔沉默了，这是他唯一的选择。事已至此，即使摆出严嵩，自己也未必能免罪，而且还将失去所有退路，无论如何，他只能相信严长官了。

得不到回答的嘉靖火冒三丈，下令把这位兵部尚书关进了监狱。

严首辅似乎还是很够意思的，在狱中，丁汝夔不断接到严嵩的指示，让他放心坐牢，坚持挺住就有办法。

丁尚书就这样坚持挺了下来，一直挺到了刑场上。

当明晃晃的鬼头刀在尚书大人面前闪耀的时候，丁汝夔这才明白，自己被人卖了，还在帮人家数钱。

事到如今，他唯有仰天大呼一声：

“严嵩奸贼，你忽悠我啊（嵩贼误我）！”

但痛斥之后，他最终醒悟了自己的罪过。满目焦土，生灵涂炭，严嵩固然是主谋，他却也是帮凶。

于是他向站在一旁的人们问出了最后一个问题：

“王郎中现在何处？”

所谓王郎中，即兵部职方司郎中王尚学。前面说过，这个职方司相当于今天的总参谋部，按照明代律令，如果谋划错误打了败仗，职方司的长官郎中是要连坐负领导责任的（最穷最忙，还要背黑锅，所以没人去）。

应该说丁汝夔还是很够意思的，他在狱中曾反复表示，事情是自己一个人干的，不关职方司的事。

所以当他得知，王尚学已经逃过一死，发配充军的时候，这才终于舒了一口气，留下了最后一番话：

“当初王郎中曾反复劝我出战，但我为严嵩所误，没有听他的意见，这是我的错啊！”

嘉靖二十九年的这次风波在丁汝夔的叹息声中结束了。在这场劫难中，大明遭遇了惨痛的失败，京城被人围了一星期，京郊地区狼藉一片，俺答在大明的眼皮底下烧杀抢掠，无人可挡。

东西丢尽了，脸也丢尽了，这个建国以来少有的耻辱被后世称为“庚戌之变”，永远地记入了史册。

但就在一片哀鸣声中，某些事情正在悄悄地发生着变化。

徐阶无疑是胜利者。危难之际，他挺身而出，承担重任，在嘉靖的心里留下了深刻的印象，他这个不惹人注意的配角，终于走到了五光十色的舞台中央。

但伴随着机遇到来的，还有危险。因为那个可悲的失败者、胆怯者，已经意识到了这位政治新星的可怕，在今后的日子里，他将全力以赴，把这个足以威胁他的人扼杀在摇篮之中。

虽然在国家大事上，他是一个胆小鬼，但只要触及个人利益，他将变得比赵子龙先生更加勇敢。

徐阶，继续走吧，越往前走，你将越能感受到这场游戏的残酷。在前面等待着你的，是更狡诈的对手和更阴险的圈套。

当然了，除了政局的微妙变化外，大明王朝也并非毫无收获。

丁汝夔死后，吏部侍郎王邦瑞暂时代理兵部事宜，开始收拾残局。

在整理防务的工作中，他无意间发现，有一本叫《备俺答策》的书在军中广为流传，书中记载了对付俺答的各种方略，极有见地，合乎兵法。

王邦瑞立刻叫来了下属：

“此书作者何人，任何官？”

下属告诉他，此人是世袭将军，进京参加武进士考试，因遇到俺答进攻，临时参战，时任京城九门总旗牌官，战争结束后，已经调防蓟门。

王邦瑞感叹不已，在反复翻阅此书并打探此人情况后，他在兵部的档案中写下了这样的记录：

戚继光，山东东牟人，世袭登州卫指挥佥事，青年而资性敏慧，壮志而骑射优长。评：将才。

◆ 陷阱

自从“庚戌之变”后，徐阶的日子是越过越好了。虽然没有进入内阁，却享受着内阁成员待遇，被封为太子太保（从一品），还经常被叫到西苑，陪皇帝陛下聊天喝茶，成为了朝中的红人。

徐阶有点忘乎所以了，际遇的变化使他产生了错觉，皇帝的宠信。同僚的逢迎，这一切都让他相信，胜利似乎已经不再遥远。

事实上，真正的机会并未到来，而他的水平也还差得太远。

之后那场突如其来的打击，很快就将他从美梦中惊醒。

这件事是从死人开始的。不久前，孝烈皇后死了。按说死了就死了，开追悼会埋掉拉倒，可是嘉靖先生搞礼仪搞上了瘾，下文给礼部，要求让这位皇后进入宗庙(专用术语祔庙)。

这是违反礼仪规定的，坚持原则的徐阶先生随即上了一封奏疏，表示女后不能入庙，只能放到奉先殿。

当严嵩听到这个消息后，当即拍手称快，因为他知道，徐阶马上要倒霉了。

严嵩是对的，徐阶很快就为他的原则付出了代价，嘉靖先生大怒，当即把徐阶叫了进来，怒骂了一顿。

这个场景如果放在夏言身上，下一幕必然是对骂，夏先生一贯无惧无畏，为了原则，和皇帝干仗也是家常便饭。

参考消息　一举两得

孝烈皇后死后，嘉靖又想到了祔庙的老办法。消息一出，群臣纷纷反对，眼看又是一场腥风血雨。这时，严嵩想了个让帝君臣子都没话说的解决办法：“皇上圣明，您把烈皇后的牌位藏在睿皇后（嘉靖母亲）的牌位后面不就行了？”——好方法！正面看上去只有一个牌位，拜的时候可以顺手拜俩。嘉靖一听就乐了，这办法可行！朝上一宣布，谁也没有不同意见，于是臣子的面子有了，皇帝的里子也有了，严嵩也很高兴能为大家贡献一次创意。去掉拍马屁这一层不看，也算是免除了一次朝堂上的纷争和无数人的囹圄之灾。

徐阶和夏言一样，也是个坚持原则的人，但这熟悉的一幕却并未出现，徐阶只是低着头，听着皇帝那无理的怒斥。

他还记得，夏言就是这样死去的。那人头落地的场景回映在他的眼前。

于是，在旁侧严嵩那虎视眈眈的目光下，徐阶作出了决定：

“皇上圣明！”

牺牲尊严是不够的，要想在这场残酷的游戏里笑到最后，还必须背离原则，因为眼前的敌手，是一个不讲原则的人。

而要战胜一个无原则的对手，唯一的方法就是放弃所有的原则。

称宗也好，祔庙也罢，哪怕你自封玉皇大帝，哪怕你把自家的奶妈、用人都放进宗庙，我也不管了。

在时机到来之前，这是必须付出的代价。

徐阶及时察觉到了即将到来的危险，赞同了皇帝的意见，躲过了一劫。然而，他没有料到，自己曾经的一个无意举动已惹下大祸，而更为不幸的是，严嵩已经抓住了这个破绽。

在这之后的一天，嘉靖在西苑单独接见严嵩。双方有意无意地开始闲聊，聊着聊着，话题就转到了徐阶的身上。

出人意料的是，严嵩在谈到徐阶的时候，竟然是赞不绝口，反复夸奖这人勤于政事，用心干活，而且青词写得也很好。一番话说得嘉靖连连点头。

当然，你要是指望严嵩先生突发精神失常，那是不现实的，精彩的在后面：

“徐阶这个人确实不缺乏才能啊，”严嵩叹息一声，补上了最为关键的一句，“只不过是多了点二心而已。”

这就是传说中骂人的最高境界——先夸后骂，夸骂合一。

嘉靖收起了微笑，沉重地点了点头，他赞同严嵩的意见。

这句话是有来由的，嘉靖三十年（1551）二月，徐阶曾经向皇帝上书，请求早立太子。

这已经不是他第一次上书建议了，之前还有几回，只不过都被嘉靖压了下来。在礼部尚书徐阶看来，立太子是必须的，既是出于礼仪需要，当然也有潜含意思：您每天都炼丹服丹，哪天突然食物中毒挂了，咱们也得有个准备吧。

不过，这个要求在嘉靖看来，就变成了另一个意思——我还没死，你就准备另起炉灶了。

就这样，老谋深算的严嵩只用一句话，就粉碎了徐阶在皇帝心目中的美好形象，使他再次沉入了谷底。

这之后，皇帝对徐阶的态度越来越冷淡，很少召他进入西苑，也不再好言相向。

虽然皇帝没有明确的表态，敏锐的徐阶依然感受到了这种疏远，用不着去打听，他也知道是严嵩搞的鬼。

同僚们的嗅觉是十分灵敏的，之前处于事业上升期的徐阶是凤凰，但涅槃之后，自然就变成了野鸡。众人就此纷纷离去，徐阶又一次回到了孤立无援的起点。

残酷的事实教育了徐阶，他终于明白，自己虽然得宠，但在皇帝心中的地位还远远赶不上严嵩。而他要挑战的，是朝中第一大政治集团——严党，有着数不清的关系网和锦衣卫的帮助，更重要的是，在严嵩这位政治厚黑高手面前，他的功力还差得太远。

但是不要紧，现在还来得及，我将重新开始。

从此，徐阶变得更加沉默寡言，不再随便议论朝政，可嘉靖却似乎并不领情，对他仍十分冷淡。但徐阶并没有慌张，在仔细分析形势后，他终于发现了一条制胜之道。

参考消息 **为儿子服孝**

徐阶和嘉靖因为太子的问题已经产生过不只一次的矛盾了。嘉靖二十八年，刚刚行完冠礼才两天的太子薨逝。虽然冠礼只过去了两天，但很久之前就已经进行了册封，依照礼制，百官须服丧，还要嘉靖作陪。可嘉靖不光看着丧服别扭，就连想起来都觉得这事特别别扭，于是不许百官穿丧服。徐阶这时刚当上礼部尚书一个月，自然要站出来主持正义。虽然嘉靖有严嵩的附和，但最后还是不得不妥协了，小心眼儿的嘉靖自然默默记住了这件事。

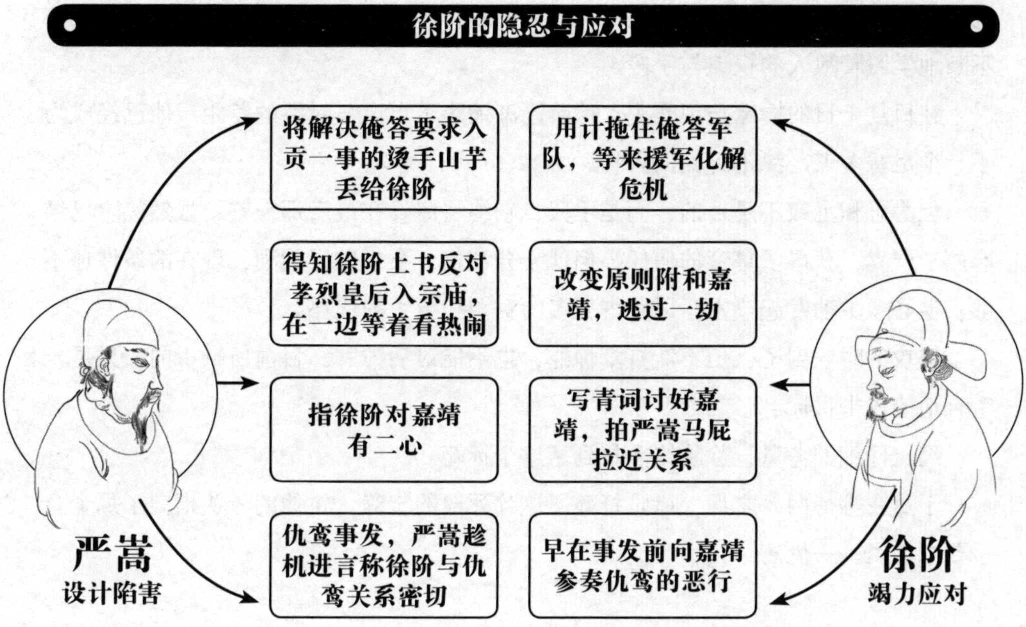

而这条道路，正是死去的夏言用生命告诉他的。

受到严嵩蛊惑的嘉靖已经厌烦了徐阶，然而，他却没有发现，自己四周的人已经悄悄改变了态度，经常会夸奖徐阶的才德（左右多为言者）。久而久之，他慢慢地改变了对这个人的看法。

从某个角度来看，夏言正是死在了那些被他怠慢的太监手中，而徐阶绝对不会再犯同样的错误。

此外，沉默的徐阶开始认真在家里写青词，用心搞好文学创作，而满意的嘉靖也终于改变了态度，经常叫他上门聊天。

另一方面，不管在人前人后，只要说到严嵩，徐阶总是赞誉有加，还经常上门联络感情。虽说严老狐狸还把他当对手，但徐阶的行为却也或多或少地打动了他。

毕竟只是个小角色而已，不用再费多大力气。严嵩依然相信自己的判断。

于是在经历了大起大落之后，朝局又一次恢复了平静，双方暂时处于休战状态。

然而，在这片寂静的背后，徐阶正密切注视着严嵩的一举一动，上朝、退朝、应酬、结伙。他耐心地审视着这位老江湖的各种举动，在寻找破绽的同时，他也在不断地学习着敌人的权谋与手段。

在日复一日的揣摩与观察中，徐阶渐渐缩小了自己与对手的差距，他已经成为了一个足智多谋、深不可测的人物。

但隐忍和沉寂不是目的，而是手段，它终将爆发在最后那一刻。虽然徐阶已经麻痹了严嵩，获得了皇帝的信任，但他十分清楚，要想取得胜利，现在的条件还不够，他必须主动发起攻击，以获得更多的资源和更大的优势。

进攻的时候到了，但不能打草惊蛇，也不能最后摊牌。目前所缺少的，只是一个合适的攻击目标。

经过仔细的考量，徐阶终于找到了这个标靶。

于是在等待两年之后，徐阶打破了这片死般的宁静，将他的矛头指向了那个合乎要求的人——仇鸾。

第六章 勇气

○用死来表达他的愤怒 用死来唤醒胆怯的人们 如同春秋时的铸剑师那样 杨继盛用他的生命铸就了那柄斩杀奸邪的利剑

◆ 气势

仇鸾的这一生可以用一个词来形容——无奈。

这位兄台是世袭的侯爵，这个爵位得来实属不易。他的先辈仇钺先生东奔西跑，南征北伐，平定安化王之乱后，又跑到京郊去打刘六、刘七（农民起义），最后还被分配去边界站岗喝风，才混到了这张长期饭票。

仇鸾接替了爵位，本也想好好干，可是无奈啊，他实在不是那块料。守甘肃，玩忽职守坐了牢；守大同，要靠谈判；守北京，还是谈判。

这已不是单纯的态度问题，而是能力问题，仇先生用事实证明，他本来就是个窝囊到底的废物。

当然，其实仇鸾偶尔也想雄起一次，他也曾经做过尝试。比如嘉靖三十一年（1552），他带领大军出塞，在经过一个叫猫儿庄的地方时，遇上了敌人，仇鸾从容不迫地参加战斗。在他的英明指挥下，最终此战以明军阵亡二百余人、伤二百二十人的战绩告终。

事后，仇鸾自豪地上报朝廷请功，因为他认为自己的战功还算显赫——斩杀敌人五个。

人贱到这个地步，可算是天下无敌了。

可这位贱兄运气竟然还不错，“庚戌之变”后，最该被追究责任的他竟然逃了过去，还被封为大将军，皇帝也十分信任他。

风光无限的仇鸾越发骄横，连严嵩也不放在眼里，见到他竟敢呼来喝去。悔青了肠子的严嵩万没料到，这头白眼狼竟反咬一口。但此人正当红，无论如何也惹不起，只得忍气吞声。

政坛就如同股市一般，暴涨必然暴跌。仇鸾耍威风的时候，高拱正在东宫当教书先生，张居正还在新单位打扫卫生，其余四位绝顶高手都在一旁装孙子。而以仇先生这样的白痴资质，竟然如此嚣张，是因为他根本不懂官场的第一原则——稳。

不稳就必然倒霉，仇鸾兄的厄运很快就到了。

他虽然已经位极人臣，但毕竟是武将，不能光荣退休，受到表扬之后还得回去卖命。可是仇兄实在太不坚挺，总是在边界上被俺答追着跑。为一劳永逸，他创造性地提出了马市的建议。

这一建议的提出充分证明，仇鸾先生没有鹰的眼睛、豹的速度，却有着猪的脑子。

所谓马市，就是明朝给俺答货物，俺答给明朝马。看上去很公平，实际上是一种勒索。因为仇鸾没有实力，俺答随便给几匹烂马，就敢狮子大开口，不给就打你，而仇先生被人打落门牙，也只能往肚里吞。

更让他始料不及的是，俺答兄没有受过文化教育，也不懂得诚信两字怎么写，虽然签了合同，却从不执行，拿了大明的东西，该抢的还去抢，星期天也不休息。

边界越来越乱，财物越丢越多，局势已经无法控制了，仇鸾头晕脑涨，得了重病。不过，这位仁兄在病中神志依然清醒，兵部侍郎蒋应奎奉命暂时执掌大将军印，病得半死不活的他竟然还拖着不给。

赖账是暂时的，不久之后，他会连自己的命一起交出去。

很快，他就收到了皇帝的谕令，全文意思简明扼要——没收兵权，回京候审！

而更让他想不到的是，根据内线通报，向皇帝告状的人竟然是和他一同升官，且关系密切的徐阶。

仇鸾连气带病，就此一命呜呼，跑到地府去跟阎王大人谈判了。

仇大将军其实并不知道，在徐阶的眼中，自己只是一块大肥肉。徐尚书对人一贯和气，而且越是深仇大恨，越是和蔼可亲。而仇鸾受到的礼遇程度，仅次于严嵩大人。

徐阶之所以想除掉仇鸾，原因是这个家伙太可恨，明明啥也不会，却冒功请赏祸害国家，而且他也是当年害死夏言的帮凶之一，收拾他自然不在话下。

而更重要的是，打倒仇鸾可以获取更多的资本，不但能赢得皇帝的信任，还能增加威信，拉拢百官，壮大自己的政治势力。

于是打定主意的徐阶看准了时机，一口气把甘肃失职、大同谈判、北京密谋全都抖了出来，算了总账。

嘉靖愤怒至极，马上下令让仇鸾回京交代问题，并收缴其兵权。

紧盯着仇鸾的，还有严嵩。当他得知仇鸾已经失势时，立刻找来了陆炳，准备把仇鸾一举解决。

陆炳不愧为第一锦衣卫，办事效率极高，在锦衣卫特务的努力挖掘下，仇鸾先生从小到大干过的坏事全都被挖了出来，什么通敌卖国、贪污受贿、调戏妇女等无所不包。

胜券在握的严嵩觐见了嘉靖，一五一十地将以上罪状详细告知，嘉靖气急败坏，当即下达命令：

将仇鸾的尸首（此时已病死）挖出来，砍掉脑袋，巡视九边！

看着满脸杀气的皇帝，严嵩决定趁热打铁，借刀解决自己的心头之患：

“据臣所知，徐阶与仇鸾平日关系紧密，陛下不可不察。”

可严嵩万万没有想到，听到这句话的皇帝突然消弭了愤怒，展露出一副阴晴不定的表情。

他拿出了那封密疏，笑着交给了严嵩：

“你看看吧。”

严嵩打开了文书，看到了那个醒目的落款——徐阶。

文渊阁大学士、内阁首辅、少师严嵩终于害怕了。他打了个寒战，哆哆嗦嗦地交回了奏疏，在嘉靖嘲讽的笑容中离去。

他已经明白了，那个沉默的人，那个不起眼的吏部侍郎，那个对他毕恭毕敬的人，并不是一个政治暴发户，更不是投机者。

他是一个有企图的权力野心家，是一个不亚于自己的权谋高手。他所谋夺的，并不只是一个尚书或是内阁学士的官位，而是自己的位置——内阁首辅。

必须彻底地消灭他，在他取代自己之前。

事后证明，严嵩正确地判断了徐阶的能力，却错估了他的目的。这位徐兄弟想要的绝不只是他的官位。

严嵩回到家里，将自己的意图告诉了奇才严世蕃，可是出乎他意料，这位独眼儿子竟然告诉他，不要和徐阶公开对抗了。

“为什么？”

“他已成气候，动不得了。”

严世蕃确实不负才名，这个论断十分准确。此时的徐阶已今非昔比，他现在的头衔全称是：礼部尚书、东阁大学士、太子太傅（从一品）、内阁次辅徐阶。

天子之下的第二号人物，斗败仇鸾的英雄，皇帝的贴身亲信（近期），不怕死的大可以去试试。

很难对付，但并非不能对付，严世蕃客观分析形势后，想出了一条对策——压制。

毕竟严嵩仍是首辅，不但有皇帝的信任，还有为数众多的同党和特务，只要死死盯住徐阶，束缚住他的行动，无须大动干戈，等到风头一过，这位政治新贵就将被彻底扼杀。

这条策略充分地表现了严世蕃先生的斗争水平。事实证明，这个软刀子杀人的计谋十分有效，扶摇直上的徐阶没有对手，也没有人和他公开作对，但在暗地里，却有无数双眼睛监视着他的一举一动。

更让他郁闷的是，在处理朝廷公务时，无论他提出什么意见方案，总是被无理驳回，而面对这一切，他毫无办法。

因为在明代的内阁中，首辅和次辅虽然都是内阁成员，但说话算数的只有首辅。如果摊上个难伺候的首辅，其余的内阁成员就只有端茶倒水的份儿了，不服还不行，官大一级压死你。

就这么来来往往，徐阶被压得喘不过气，严嵩也无法赶尽杀绝，政局再次进入了僵持状态。

◆ 旁观者

当徐阶竭尽全力与严嵩生死相搏的时候，其余五位绝顶高手却有着不同的表现。

徐阶的最大敌人是严世蕃。要知道，嘉靖三十一年时，严老先生已经七十多岁了，虽然精神还行，没有老年痴呆的迹象，但论斗智水平，是无法与徐阶相比的。而他那精妙的策划和毒辣的手段，全部出自于严世蕃，如果没有这个独眼儿子，估计他早就完蛋了。

最悠闲的人是杨博，他已经暂时脱离政坛，调任兵部左侍郎，专职干起了军事。不过，这位仁兄平生有一个最讨厌的人——仇鸾，为此，他曾收集材料，上书弹劾仇先生三十条罪状（比陆炳还多）。恨屋及乌，对严嵩一伙，他从来就没有什么好感。

虽然在个人感情上，他偏向徐阶，但也仅此而已，杨博先生是官场老油条，知道自己实力不足，也不想和严嵩公开作对。不过无论如何，他还是支持徐阶的（仅限于精神层面）。

最愤怒的人，是张居正。庶吉士毕业后，他就被分配到翰林院当上了编修，在亲眼目睹了朝政懈怠、俺答烧杀的一幕幕惨象后，这位二十多岁的翰林官已然成为了一名标准意义上的愤青。

作为徐阶的学生，他曾多次写信给自己的老师，希望他挺身而出，对抗铲除祸国殃民的严党，却从未得到明确的答复。他不了解徐阶，也不了解自己：此时的他，不过是个微不足道的小人物，而小人物的愤怒是毫无用处的。

相对于张居正而言，高拱就要聪明得多了。刚满四十岁的他虽然外表沉默寡言，却工于心计，城府极深，他十分清楚斗争形势和政局走向。在这六个人中，只有他才是真正的中间派。

他既不投靠占优势的严嵩，也不理会隐忍的徐阶。外面风高浪涌，他却纹丝不动，因为他早已在错综复杂的局势中，找到了最终制胜的法宝。

嘉靖三十一年，饱读诗书的高拱离开翰林院，成为了裕王的讲官。他十分努力地工作，用心教导裕王，日夜不离，深得裕王信任。

无利不起早，高拱如此尽心尽力，其实原因十分简单。三年前（嘉靖二十八年，1549），嘉靖的太子去世了，剩下的只有两个儿子——裕王和景王。

两人都生于嘉靖十六年（1537），而裕王比景王早出生一个月。

出乎很多人的意料，这六人之中，最为苦恼的人其实是陆炳。

在许多人眼里，陆炳是严嵩的爪牙，听从严党的指挥，实际情况绝非如此。

事实上，陆炳的势力远远超出一般人的想象。此人不但心思缜密，精明强干，还善于在朝中结交朋友，人脉甚广。

更为重要的是，这位手握锦衣卫重权的特务头目，还担当着一个极为机密的任务。

要知道，嘉靖先生二十多年都待在小黑屋里炼丹，也不上朝，可大到朝廷政局，小到大臣娶小老婆、逛妓院，他都了如指掌，其关键就在于陆炳。

在这位兄弟的统领下，锦衣卫昼伏夜出，四处打探小道消息，朝中重臣的府邸中，都有他安插的锦衣卫卧底，连严嵩、徐阶等人也不例外。

所以每次严嵩来求他帮忙的时候，总是十分客气，时不时还得给他送礼，唯恐得罪了这位大特务，哪天心血来潮，在他的院子里塞几件龙袍兵器，那麻烦就大了。

深得皇帝的信任，掌握大臣的隐私，然而强势的陆炳，却并不是一个作恶多端的人。

身为名门之后，陆炳自幼就接受了严格的教育，忠奸善恶，是非分明。而在进入官场后不久，他便依照最原始的准则作出了判断：严嵩是坏人，夏言是好人。

然而，现实是残酷的，在权力和利益面前，他改变了自己的初衷，与严嵩合谋，最终害死了夏言。

对于这件事情，严嵩自然是心安理得，陆炳却是引以为耻，羞于提及。

严嵩和陆炳都是搞经济的高手，具体手法却大不相同。严嵩贫富通吃、老少咸宜，陆炳却只向为富不仁的大户下手，从不为难穷人。而且他还经常拿钱出来接济一些正直的大臣，遇上皇帝发怒要整人，他会站出来说情保全，绝不落井下石。

应该说，陆炳大致还是一个有良心的人，可是在残酷的政治斗争和现实的利益面前，良心实在不太值钱。

随着严党的不断壮大，国家祸患的日益严重，陆炳的立场也在不断摇摆着。但作为一个既得利益者，他仍然保持着与严党的合作关系，直到沈鍊事件的发生。

沈鍊，是一位锦衣卫。嘉靖十七年中进士，在地方干了几年县长，几经曲折之后加入锦衣卫，成为了陆炳的手下。

在众多的锦衣卫中，沈鍊算是个十分奇特的人，他为人刚正，疾恶如仇，明明是个特务，却比言官还积极，经常上书议论时政。一般说来，这种性格的人很难在特务机关混下去，可更为奇特的是，最高长官陆炳居然十分欣赏他的个性，认定他是个人才，不但不难为他，反而处处加以维护。

当时的沈鍊任职锦衣卫经历，只是锦衣卫中的一个基层干部，长得也没啥特点，丢到人堆里就找不着了。但事实证明，陆炳的眼光没有错，沈鍊确实是个不同凡响的人。

在“庚戌之变”中，他崭露了头角。

当时俺答围城，要求入贡，而那封所谓的入贡书，跟勒索信属于同一性质，措辞蛮横，极端无礼。

可是当皇帝传旨，要大臣讨论入贡问题时，只有司业赵贞吉（王门弟子）挺身而出，表示反对，在内阁意见没有下达前，其余的老狐狸们都保持了沉默。

正是在这片沉默中，沈鍊站了出来，公开支持赵贞吉的意见。

沈鍊的出现让众人吃了一惊，而之前打死也不说的吏部尚书夏邦谟此刻却突然跳出来，用讥讽的口气问道:

“阁下现任何官？”

这意思很明白: 你算是个什么屁官，哪有你说话的份儿!

沈鍊镇定自若地大声答道:

“我是从七品锦衣卫经历沈鍊，诸位大人不言，小吏自当言之！”

浩然正气，声震寰宇。

正二品的尚书无颜面对从七品的经历，羞愧地退了下去。

沈鍊用他的直言征服了在场的人，也赢得了陆炳的尊重。此后，陆炳安排沈鍊作为他的贴身侍从，随同进出各处。

陆炳这样做，除了表示器重外，也是为了保护这位直性子的下属，免得他到外面惹事。

可是他万没想到，这个安排却惹出了更大的麻烦，因为他经常出入的地方，正是严嵩的家。

沈鍊秉性刚直，遇到小奸小恶都要去插一脚，眼睛里容不得沙子，更何况是严嵩这种大奸大恶的巨型花岗岩。所以每次到大贪官严嵩家吃饭，他总是“不忿”，用今天的话说，就是不爽，非但不苟言笑，还跟严世蕃干过几仗。但他毕竟是陆炳的人，严氏父子也不敢把他怎么样。

然而事情最终激化了，在亲眼目睹“庚戌之变”的耻辱，百姓家破人亡的惨剧后，沈鍊终于忍无可忍。一次醉酒之后，他愤然写下了那份著名的奏疏，历数严嵩十大罪状，喷射出心底的怒火：

“大学士嵩，贪婪之性疾入膏肓，愚鄙之心顽于铁石！”

于是神仙也保不住他了。

沈鍊的结局又一次证实了严嵩对皇帝的巨大影响力。文书刚送上去，谕令就下来了：锦衣卫沈鍊，处以杖刑，发配居庸关外。

得知消息的陆炳焦急万分，却又无计可施，只能跑去给沈鍊送行。

看着这位即将发配边疆的属下，陆炳感叹良久：

“你这又是何必呢？”

参考消息 **不陪小人喝酒**

沈鍊非常厌恶严嵩和严世蕃，而且厌恶得毫不留情面，却不得不出入严家的酒桌。而严世蕃又有个借酒装疯的毛病，每次跟人喝酒，几杯黄汤下肚就开始拉着客人强行灌酒。沈鍊特别瞧不惯这个习性，不但不赏脸陪酒，还心怀不平，怒斥严世蕃。但由于沈鍊是陆炳的人，严世蕃也不方便说什么，要酒疯的时候绕着这位尊神就是了。不得不说，这也为沈鍊后来的蒙难埋下了祸患。

然而身受杖伤，已然一无所有的沈鍊却依旧昂起了头：

"扫除奸恶，天理！"

看着那单薄却坚毅的背影，陆炳发出了最后的叹息："我不如沈鍊啊！"

在勇敢的从七品锦衣卫经历沈鍊的面前，从一品少保兼太子太傅、左都督陆炳，是一个软弱的人。

六年后，在严世蕃的指使下，沈鍊被杀害于宣府，他的两个儿子沈衮、沈褒也被关入监牢，并活活打死，是为斩草除根。

对于庞大的严党而言，这次事件不过是一场小小的风波，沈鍊那徒劳无益的努力什么都没能改变。

然而这徒劳无益的努力，却是一个普通人无畏的证明。沈鍊这个平凡的名字就此被镌刻于史册之上，永不磨灭。

他并不需要改变什么，因为他的勇敢已经说明了一切。

勇敢的沈鍊死去了，胆怯的陆炳还活着，他仍旧看重自己的利益，不愿也不敢去对抗那股可怕的势力。但他依然被深深地触动了，在不知不觉中，他已悄然改变自己的立场，向着另一个方向迈出了关键的一步。

嘉靖三十一年的政局就是这样，大家都知道严嵩贪婪腐化，严党为祸国家，但大家也知道，严嵩奸诈狡猾，严党权大势大，反对它必定遭殃，投奔它必定发达。

而沈鍊之举之所以能名留史册，是因为仅此一位，毕竟大多数人都是利益动物。于是严党的成员越来越多，势力越来越大，而那个隐忍的徐阶依旧隐忍着。

对于严嵩而言，嘉靖三十一年是个好年份。皇帝大人安心修道，将国事完全托

参考消息　沈鍊的结局

沈鍊被发配之后，无以为生。当地老少听到沈鍊的大名，都带着孩子来向他求学。塞外人性情直爽，常在沈鍊面前大骂严嵩，以博一时的快意，沈鍊自己也乐于参加骂战，一天不骂严嵩都觉得不习惯。他还扎了三个稻草人，分别以秦桧、李林甫、严嵩命名，用这三个稻草人让学生练习射箭。本来凭着他跟陆炳的关系，在外面流放几年再回家也不是不可能的。偏偏严嵩知道了这件事。为了报复，他诬告沈鍊以白莲教众为徒，不但杀了沈鍊，还杀了他的两个儿子，一些沈鍊的学生也因替他说了好话而遭殃。

嘉靖三十一年的政局

嘉靖三十一年，严祸猖獗，传闻中的朝堂六大高手此刻尚未尽数现身

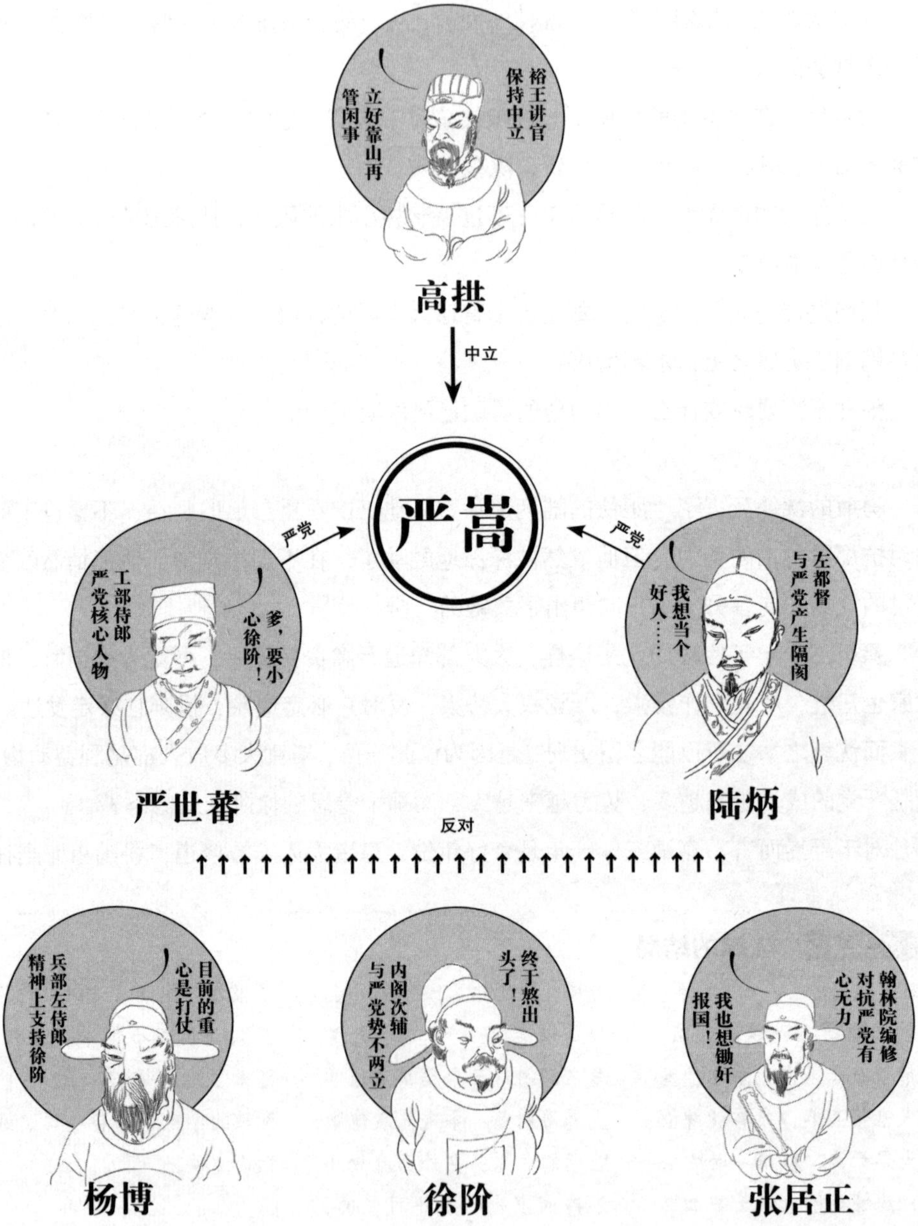

付给他，百官臣服，那几个不服气的也都被收拾了，沈鍊被赶跑了，仇鸾被打倒了，而他唯一的对手徐阶也被压得毫无招架之力。

不会再有人敢与我作对了。这是严嵩最为自信得意的时刻。

然而，他错了，无须等待多久，他将迎接自己从政以来受到的最为猛烈的攻击，而这次攻击，正是他覆灭之路上的第一声丧钟。

与之前的沈鍊如出一辙，这次攻击的发起者也是一个小人物，不过，在明代历史上，这位小人物却有着一个让人望而生畏的称号。

◆ 明代第一硬汉

嘉靖二十六年是一个极不平常的年份，其特别之处就在于那一年的科举。

因为在这次进士考试录取的名单中，有着这样几个名字：张居正、李春芳、殷士儋、王世贞。

张居正就不用说了，李春芳和殷士儋也都是后来的内阁重臣、风云人物。而这位王世贞先生更是值得一提，此人是明代“后七子”的领军人物，引领文坛二十余年，无人可比，而更具传奇色彩的是，据说他闲来无事，曾写就一书，书名《金瓶梅》。

当然，王世贞先生只是此书的作者嫌疑人之一。但此人名声之大、影响之远，可谓惊世骇俗。这是年代久远，要换现在，王先生就是超一流的明星人物。

而当新科进士们整齐列队，带着荣耀和笑容大步迈出大明门的时候，这四位仁兄正占据着前列最风光的位置。

能走在队伍的前面，是因为他们有着足够的资本：李春芳是那一科的状元；张居正、殷士儋都是庶吉士；王世贞更不在话下，他的父亲王忬是都察院右都御史，二品大员。在当时人们的眼中，这是一群注定建功立业、名留青史的人。

然而，在那支队伍的后列，还走着一个沉默寡言的人，与前面那四位相比，此人着实不值一提，他家境贫寒、没有背景，考试成绩也一般，不是庶吉士。一般说来，这号人的最终命运也就是外派县官或是在六部混个职位，苦熬资历直到退休。

嘉靖二十六年进士

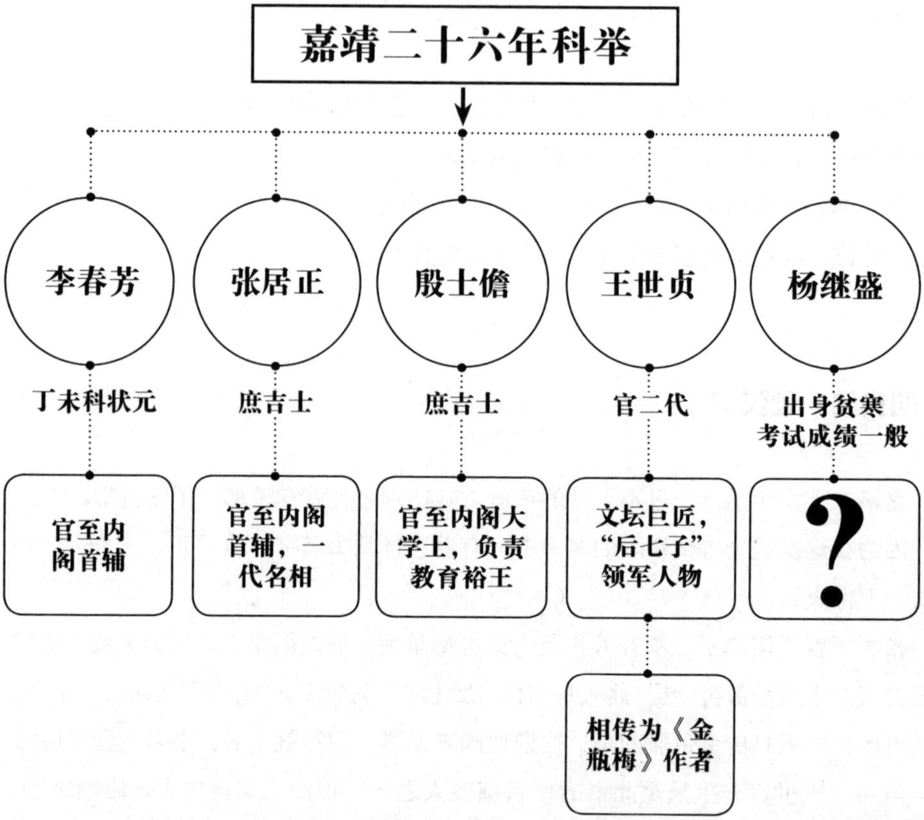

历史是喜欢开玩笑的，这个被所有人忽视的人却最终成为了一个不折不扣的伟人。当李春芳、殷士儋、王世贞这些昔日的风云人物，被历史的黄沙淹没，被无数人遗忘的时候，几乎所有的历史教科书都记下了他的名字，他的光芒只有张居正堪与比拟。

杨继盛，即使再过五百年，这个名字仍将光耀史册。

杨继盛，字仲芳，河北容城人，正德五年（1510）生，家里很穷。

杨继盛不但穷，还很苦。因为他七岁的时候，母亲就去世了，父亲也没闲着，给他找了个继母，更不幸的是，这位继母也不是省油的灯，缺少博爱精神，没把他当儿子，只让他做杂役。

在苦难的童年中，杨继盛开始成长。

童工杨继盛的主要工作是放牛，他没有父母的疼爱，也没有零花钱，犯了错还要挨打。然而杨继盛没有办法，日子只能这样一天天地过。

突然有一天，他牵着牛回家的时候，对家里人说了这样一句话:

“我想读书。”

在没有希望工程的明代，这句话对于杨继盛的家人而言，大致是一个笑话。

家里没有钱，即使有，也轮不到你。

杨继盛的哥哥随即给了他一个轻蔑的答复:

“你才多大年纪，读什么书？”

“我能放牛，就不能读书吗？”一个倔犟的声音这样回答。

然而，倔犟不能解决问题，杨继盛还是不能去上学，但在他的坚持下，父母最终准许他去私塾旁听，但前提是必须干好本职工作（放牛）。

于是每天放牛之后，杨继盛都会把牛系在学堂门前，然后站在窗外或是躲到角落里，忍受着那些交过学费的学生鄙视的目光，认真地听着课。

这对他而言，已经是一种奢侈的享受。

站了六年之后，杨继盛的热情终于感动了他的父母，于是他们把十三岁的儿子送进了私塾。在这里，杨继盛努力学习，不负众望，先后考中了秀才和举人。

可是举人杨继盛依然是个穷人，虽然不用再交赋税，但他不会钻营，生活依然窘迫。为了节省费用备考，他进入了有国家补贴的国子监。

在这里，他遇见了那个和蔼的国子监校长（祭酒）徐阶。

如以往一样，徐阶认真细致地询问每个学生的情况，当然，也和以往一样，他并没有记住其中的大多数人。

杨继盛就在被忽视的大多数人中。作为一名国子监的普通监生，他没有官僚的背景，也没有庶吉士的前途，自然也没有被徐阶牢记的理由。

但徐阶没有想到，十年之后，这个贫寒而不起眼的学生，将牺牲自己的生命，为他打开那道胜利之门。

在明代，要想升官，是要考试的。但这一关实在太难，官僚子弟吃不了苦，只好另觅他途,而要继承父亲的世袭官位,必须等到老爹死掉或是退休,是不太靠谱的。

所以国子监就成了最好的选择，因为监生可以直接做官，虽然名额极少，但总比没有强。

于是在官僚子弟汇集的国子监，杨继盛成为了一个孤独的异类。同学们奢侈享乐，挥霍无度，杨继盛却只能每日读书，按时就寝，因为他没有钱，只能靠监生那点可怜的补助。

但杨继盛从未自惭形秽，他相信自己的能力，他不需要依靠任何人。

当权贵子弟为了那几个可怜的名额争得头破血流的时候，杨继盛却在嘉靖二十六年的科举中一举中第，成为了一名进士。

杨继盛的运气实在一般，他被分配到冷衙门南京吏部，当上了六品主事，之后又改任兵部员外郎。和他的同学相比，既没有庶吉士的光辉前景，也没有地方官的油水实惠。

然而，杨继盛没有怨言，他只是默默地工作，努力地干活。

他不是一个聪明人，至少比张居正还差得远，虽然他很勤奋，但勤奋是永远无法弥补天分的。他缺乏大局观,不会搞同事关系,不会拉帮结派,政务能力也很一般。

他很清楚自己的能力，但他不以为意，因为对于出身贫寒的他而言，这一切已经足够了。

虽然这个世界很复杂，官场很狡诈，但在杨继盛那里却十分简单，因为他的为官之道只有一条：报效国家，体恤百姓。

这是大多数新官员们的口头禅和必喊口号，很多人喊得比他更响亮，却没有记住。

杨继盛记住了，而且他照做了。作为一个穷人家的孩子，他很知足、很感恩，他所期望的，只是踏踏实实地为国为民做几件事而已。

所以当“庚戌之变”后，仇大将军要开马市再次妥协退让的时候，杨继盛当即站出来，愤然上书，反对马市。

仇鸾十分恼火，就告了杨继盛的黑状，将其关进诏狱，并贬官发配到偏远地区——狄道。

狄道十分荒凉，少数民族聚居，本地人不爱好读书，只喜欢闹事。到这里做官基本等同于劳改。

然而，杨继盛毫无畏惧，因为他是一个简单的人，用简单的方式，过简单的生活。

他吃粗茶淡饭，住简陋的房子，教当地人识字读书，解决纷争，不收一文不取一物，连蛮夷之地的乡民也被他感化，大家都称他为“杨父”。

居庙堂之上，处江湖之远，皆忧其民者，方可为官。

不久后，仇鸾密谋败亡，嘉靖想起了杨继盛的忠言，便诏令他复官，先升他为知县，一月后升南京户部主事，三天后升刑部员外郎。

坐着直升飞机的杨继盛还没有到顶，很快他又回到了京城，这一次他的任职地点是兵部武选司。

兵部最穷的地方是职方司，而最富的无疑是武选司。武将升迁谪降，手中大笔一挥即可，又闲又富，肥得流油。

而毫无背景的杨继盛之所以能够得到这个职位，完全是因为严嵩的推荐。

严嵩之所以保举杨继盛，自然不是欣赏他的正直无私，只是因为仇鸾是自己的敌人，而杨继盛曾经反对仇鸾，在严嵩看来，敌人的敌人就是自己的朋友。

可是严嵩并不知道，在杨继盛的敌人名单上，仇鸾只排第二，第一名的位置一直是留给他老人家的。

严嵩认为自己能够利用杨继盛与仇鸾的矛盾，能够用官位和利益收买这个人，能够将他收为己用。然而，他错了，因为他并不了解杨继盛。

这是一个没有私仇的人，他的心中只有公愤，即使整他个人，只要有益于国家，他也毫无怨言，此即所谓大公无私。

大私无公的严嵩自然是无法理解这种品格的，他正在家里等待着新同党的加入，却没有想到，毁灭之路已然就此打开。

当严嵩自信十足的时候，杨继盛却已看清了事情的真相，朝局黑暗，民生凋敝，这一切的罪魁祸首正是严嵩。这位本应用心勤政的内阁首辅忙着贪污受贿，结党营私，干过的好事可谓罄竹难书（不是写不完，是不太好找），心中装着他自己，唯独没有全世界。

于是杨继盛决定上书弹劾这个人。

在明代，弹劾可谓是家常便饭。比如你看某人不顺眼，可以上书弹劾；和某人有仇，可以上书弹劾；政治斗争需要，可以上书弹劾；闲来无事找点活干，也可以上书弹劾。弹劾的理由也是千奇百怪，比如不讲个人卫生，衣服没穿对，腰带没系好，连长相难看也可以弹。总之是只要想得到，就能弹得了。

而在这种环境下，明代的官员们已经养成了习惯。但凡一个官员干到三品副部级，如果档案里没有十几份弹章，那就是件极不正常的事情。

你弹劾我，我弹劾你，幸福的日子一天天地过，几十年混下来，一次也没被弹劾过的，不是人，是神。

在弹劾如吃饭穿衣的时代，平凡而不起眼的杨继盛却因此万古流芳，是因为他使用了最为特别的一种弹劾方式——死劾。

在很多情况下，弹劾是一种政治手段，是为了达到某种目的，大家同朝为官，混个功名也不容易。弹劾贪污，下次就少贪点；弹劾礼仪，那就注意点形象；就算是弹劾长相不佳，最多不过是去整容。你来我往，相敬如宾。

而死劾，并非是简单的文书，它是一种态度、一种决心，弹劾的罪状是足以置对方于死地的罪名，弹劾的对象是足以决定自己生死的人，弹劾的结果是九死一生。

知无不言，言无不尽，以生命为赌注，冒死上劾，是为死劾。

死劾，不是你死，就是我亡！

若非杀父之仇、夺妻之恨这类的纠纷，是断然不会有人用这一招的。严嵩没有杀杨继盛的爹，更不会抢他的老婆，相反，他提拔了杨继盛，并希望将他收入门下。

然而，杨继盛拒绝了升官发财的机会，他已经下定决心，死劾严嵩。

严嵩不是他的仇人，他却依然不忿，为夏言不忿，为朝局不忿，为死在蒙古马刀下的万民不忿，为天下不忿！

以天下为己任者，是然。

他并非不知道这样做的下场，沈鍊的遭遇就在眼前。并非没有人劝过他，深通王学、熟悉斗争之道的唐顺之及时看出了苗头，作为杨继盛的朋友，他曾写信劝告："愿益留意，不朽之业，终当在执事而为。"

作为王学左派的嫡传弟子（聂豹、徐阶属右派），唐顺之十分清楚当时的政治环境，所以他苦口婆心相劝，希望杨继盛不要出头，以避祸患。

杨继盛看了信，却只是笑而不答。

他的人生只剩下了一件事情。

在上书弹劾之前，杨继盛斋戒了三天。

这是他一生中最后的自由时光。四十二岁的杨继盛回顾了他的过去，从童年的贫寒，到青年的求索，熬过了继母的虐待，熬过了仇鸾的陷害，现在的他，是兵部武选司员外郎，前景光辉，仕途远大。

然而，现在他准备放弃所有一切，去完成那件必死无疑的大业。

因为放牛的杨继盛、历经磨难的杨继盛、看尽官场黑暗的杨继盛，依然是同一个杨继盛。

在黑暗中的杨继盛，是一个纯洁的人。而面对这片令人窒息的黑暗，他无力反抗，只能发出那最后的呐喊。

杨继盛虽然不聪明，却也不笨，他十分明白，唐顺之的话是对的。

死劾确实并不是一个好的方法，但他没有更好的方法。他没有钱财，没有权势，没有庶吉士的背景和入阁的希望，更没有张居正和徐阶的智慧。归根结底，他只是个出身农家、天赋平凡的普通人。

他唯一拥有的，只是他的性命。

而弹劾后的流程他也很清楚，严嵩的诬告、锦衣卫的拷打、诏狱的长期关押，如果运气好，可能还有行刑人的大刀。在这样恐怖的环境下，根本不用指望什么九死一生，只有十死无生。

然而他依然决定这样做。

明知不能成功，明知必死无疑，依然慷慨而行。一般说来这种行为有着很多称呼，比如愚蠢、不自量力、飞蛾扑火等，在西方人的眼中，这更是一种不可思议的违反逻辑的行为。

而在中国古老的哲学中，这种行为有着一个恰如其当的名称:

知其不可而为之。

我深信，这正是我们这个伟大民族的魂魄。

◆ 勇往直前

杨继盛已经了无牵挂。

他拿起了笔，在铺开的纸张上写下了悲愤的心声:

臣孤直罪臣杨继盛，请以嵩十大罪为陛下陈之！

当杨继盛将这份千古名疏封存妥当，递送内阁转交西苑之时，他已经完成了一个伟大的转变，昔日那个放牛的贫农子弟，历经几十年的风雨，终将成为一位不朽的英雄。

就在嘉靖收到这份奏疏后不久，消息灵通的严嵩便从皇帝的侍从那里得知了奏疏的内容。

面对这个从五品小官义正词严的控诉，严嵩害怕了，他虽然是内阁首辅，虽然是皇帝的宠臣，却依然害怕这个来自最底层的无畏的声音。

而且根据多年的从政经验，他迅速作出了判断——这人是来玩命的。

但就在他惊惶不定的时候，独眼龙军师严世蕃又出场了，听完那慌不择言的讲述后，他却只是镇定地说了一句话:

“奏疏在哪里，拿给我看。”

仔细阅览之后，严世蕃露出了笑容，他告诉自己那慌张的父亲，不用害怕，其实这是一个千载难逢的机会。

几乎就在严嵩知晓奏疏内容的同时，徐阶也知道了。这也是没办法，16 世纪是信息的时代，想保住脑袋、混碗饭吃，就得时刻掌握朝廷的最新动态。

徐阶惊叹于杨继盛的勇气，他万没想到，当年那个沉默的学生竟然有如此的血性，如此的勇敢，孤军突起，去挑战那个他绝对无法战胜的对手。

他敬佩这个人，因为这个人做了连他都不敢去做的事情。

但很快，他就意识到一个严重的问题——危险已向自己逼近。

因为杨继盛是他的学生，而在那年头，师生关系就是政治关系，杨继盛上书，他虽然并不知情，却也绝对脱离不了关系。而目前政局敌强我弱，还远不到摊牌的时候，如此时与严党开战，必定功亏一篑。

徐阶坐卧不安，直到他拿到奏疏全文，才松了一口气。

因为在这份奏疏的末尾，杨继盛还加上了这样一句话："大学士徐阶蒙陛下特擢，乃亦每事依违，不敢持正，不可不谓之负国也。"

真糊涂也好，假聪明也罢，这句关键的话最终挽救了徐阶，保存了他的实力。

政坛的地震看似已经不可避免，严嵩惊慌失措，徐阶忐忑不安，而杨继盛却只是镇定自若，静候处理。

不过出人意料的是，在这件事情中，最为恐慌的并不是以上三位，而是另一个似乎毫不相关的人——高拱。

无论对严嵩还是徐阶，高拱都是以礼相待，所以这件事对高拱并没有太大的影响。然而，就在他抱着看热闹的心态，打开奏疏的抄本，看到那句要人命的话时，顿如五雷轰顶，马上抄起文书去找徐阶。

他所看到的那句话，正是严世蕃所注意到的那一句。

看着面无人色、气喘吁吁的高拱，徐阶十分纳闷，然而，当他顺着高拱的指向，仔细研读那句话时，立刻意识到了问题的严重性。

这句让严世蕃笑逐颜开，让高拱吓破胆的话是这样写的——愿陛下听臣之言，察嵩之奸，或召问裕、景二王。

徐阶的脸白了，他很清楚，这是一句授人以柄的话，很容易被理解为裕王指使杨继盛，借攻击严嵩之名逼宫犯上。若被严党利用，后果不堪设想。

高拱之所以跑来找徐阶，原因在于他认为杨继盛是徐阶的学生，上书必定是徐阶指使，准备借此和严党决战。

而徐阶敢于摊牌，必然有着全盘计划，但无论你徐兄有何打算，也得给兄弟划个道出来，让我早有准备，免得无故遭殃。

然而，徐阶诚恳地告诉他，自己并不知道这件事，也没有后着。

这下子高拱傻眼了。一直以来，裕王和严党的关系并不好，而皇帝宁可信任他身边的道士，也不愿相信自己的儿子，以严世蕃的智商，绝不会放过这个一网打尽的机会。

看着团团乱转的高拱，徐阶也是焦急万分。至少到目前为止，他们还算是某种程度上的盟友，裕王如果倒了，对他只有坏处没有好处。

但事已至此，又能如何？

千钧一发，面对几近绝望的高拱，徐阶绞尽脑汁，终于想出了最后的办法：

“事已至此，只能去找那个人了，听天由命吧。”

徐阶和高拱到底是政治老手，此时的严世蕃确实正打着裕王的主意，准备一箭双雕，借刀杀人。在他的指点下，严嵩把祸水引向了二王。

这个话题彻底触痛了嘉靖的神经，他立刻派人前去诏狱质问杨继盛（此时已经下狱）：与二王有何种关系，为何要引出二王？

杨继盛虽然耿直，却并不笨，他意识到了问题中隐含的巨大风险，大声答道：

“除了二王，朝中还有人不怕严嵩吗？！”

听到答案的嘉靖这才松了口气。但危机还远未结束，因为严世蕃先生从来就不是一个理想主义者，他也从未期盼杨继盛会头脑发热，主动配合。事实上，他的计划才刚刚开始。

严世蕃深知，虽然朝中严党势力庞大，但要想除掉杨继盛，拉裕王下水，必须借助另一个人的力量，而对于那个人，他是有把握的。

算盘打得确实不错，可惜他的对手是徐阶。

据说在象棋中，能看到后两步的就是高手，看到后三手以上的就是大师水平。而在政治这种特殊的游戏中，徐阶是当之无愧的特级大师。他不但算出了严世蕃的企图，还算准了他的预定目标。

于是在严世蕃动手之前，他抢先一步，找到了那个关键的人——陆炳。

杨继盛和裕王的命运，就握在陆炳的手中。因为这位仁兄不但是特务头子，还是诏狱的监狱长，在监狱里做点手脚，搞份假口供，然后派出个把锦衣卫，深更半夜栽赃一下裕王，是再简单不过的事情。

陆炳是严党的同盟，无论如何，他没有拒绝严世蕃的理由。然而，徐阶依然登门拜访了，抱着姑且一试的心态。

因为他相信自己的判断——陆炳还是一个有良心的人。更重要的是，他已没有别的方法。

面对陆炳这样的老江湖，讲客套或是谈交情，无异于是自取其辱，徐阶开门见山：

"此事不宜牵涉过广，望三思而行。"

陆炳看着徐阶，沉默不语。

他明白这句话的意思，但他不愿表态，也不能表态。

反正已经说了，徐阶又提出了另一个要求：

"那个人还望老兄多加保全。"

听到这句话，陆炳终于开口了：

"此人之事上通天子，非我所能为。"

意思是，这件事情已经通天，我是罩不住的。

这是句实话，徐阶也只能叹气了：

"唯望老兄多加留意。"

陆炳点了点头，这个要求并不过分。

徐阶走了，严世蕃来了。

当然，他的来意和徐阶完全相反——把杨继盛整死，顺带捎上裕王。

陆炳热情地接待了他，还不断点头表示同意。

严世蕃满意地走了，然而，事情的发展并非如他所料。

杨继盛死劾激起波澜

此后严嵩父子天天在家里等待着好消息的到来，可是日子一天天过去，陆炳那边却毫无动静。

严世蕃没有再去找过陆炳，作为官场老手，他很清楚对方的这种态度所代表的意义——拒绝。

沈鍊离去时的背影，是陆炳永远无法忘怀的，所以在关键的时刻，他作出了这个关键的抉择。

他虽然没有挺身而出的勇气，却依然坚守着仅存的良知。

外面大风大浪，斗得你死我活，而事件的中心人物杨继盛却是异常的平静，他镇定地待在牢房中，等待着即将来临的暴风骤雨。

在陆炳的授意下，诏狱的看守并没有难为杨继盛，但严嵩的能量却并不是陆炳可以左右的，很快，杨继盛就为他的勇敢付出了代价。

他被拖出了牢房，接受了廷杖一百的处罚。

廷杖是用大棍子打屁股。一般说来，如果是所谓“用心打”，六十廷杖就足以将人活活打死，即使不死也脱层皮，极为痛苦。

一位同僚实在看不下去了，他托人送给杨继盛一副蛇胆，告诉他：用此物可以止痛。

然而，杨继盛再次表现了他的无畏与勇气：

“我杨椒山（杨继盛号椒山）自己有胆，用不着这个！”

有种，实在太有种了。

杨继盛没钱买通行刑人，又得罪了财雄势大的严嵩，一般说来是必死无疑了。

可让人惊叹的是，杨继盛挨了一百杖，虽说皮开肉绽，伤筋动骨，竟然还是保住了一条命。除了他身体好外，估计也有某些场外因素——行刑者是锦衣卫。

不过一百杖还是结结实实的一百杖，不是打在棉花上的，杨继盛依然只剩下了半条命，等待着他的不是救护车或高干病房，只有潮湿而散发着恶臭的诏狱。

然而，正是在这个恐怖阴森的地方，杨继盛干出了一件耸人听闻、挑战人类极限的事情。

虽说是硬汉，但毕竟不是铁人，廷杖打折了他的腿骨，腿肉被打掉，一片血肉模糊。已经昏迷的杨继盛被拖回了牢房，没有人给他包扎，在蝇虫滋生、肮脏阴冷的空气中，他的伤口开始恶化感染。

在那个深夜，杨继盛被腿上的剧痛唤醒，借着微光，他看见了自己的残腿和碎肉，却并没有大声呻吟叫喊，只是叫来了一个看守：

“这里太暗，请帮我点一盏灯借光。”

这是一个比较合理的要求，看守答应了，他点亮一盏灯，靠近了杨继盛的牢房。

就在光亮洒入黑暗角落的那一刻，这位看守看见了一幕让他魂飞魄散、永生难忘的可怕景象：

杨继盛十分安静地坐在那里，他低着头，手中拿着一片破碎碗片，聚精会神地刮着腿上的肉，那里已经感染腐烂了。

他没有麻药，也不用铁环，更没有塞嘴的白毛巾，只是带着一副平静的表情，不停地刮着腐肉。碗片并不锋利，腐肉也不易割断，这是令人难以忍受的剧烈疼痛，然而，杨继盛没有发出一点声音。

在这个深夜，单调的摩擦声回响在监房里，在寂静中诉说着这无与伦比的勇敢与刚强。

在昏暗的灯光下，杨继盛独立完成着这个前无古人、后无来者（可以肯定）的手术。当年关老爷刮骨疗毒（真假还不一定），也还有个医生（特级医师华佗），用的是专用手术刀，旁边有一大群人围着，陪他下棋解闷。

相比而言，杨继盛先生的手术是自助式的，没有手术灯，没有宽敞的营房，陪伴他的只有苍蝇、蚊子，他没有消毒的手术刀，只有往日吃饭用的碎碗片。

杨继盛继续着他的工作，腐肉已经刮得差不多了，骨头露了出来，他开始截去附在骨头上面的筋膜。

掌灯的看守快要崩溃了，看着这恐怖的一幕，他想逃走，双腿却被牢牢地钉在原地，动弹不得。

他曾见过无数个被拷打得惨不忍睹的犯人，听到过无数次凄惨而恐怖的哀号，但在这个平静的夜里，他提着油灯，面对这个镇定的人，才真正感受到了深入骨髓的恐惧和震撼。

于是他开始颤抖，光影随着他的手不断地摇动着。

一个沉闷的声音终于打破了这片死一般的寂静：

“不要动，我看不清了。”

二十年前，曾有一部极为轰动的电影《第一滴血》，后来还拍了续集。里面的兰博兄极为彪悍，曾把火药洒在伤口上，给自己消毒，国人为之侧目，皆视其为硬汉偶像。

然而，许多人并不知道，在四百多年前，有一个叫杨继盛的人曾经比兰博还要兰博，而他们之间的最大区别在于：兰博是假的，杨继盛是真的。

杨继盛就这样活了下来，就这样名震天下，就这样永垂青史，因为他的坚忍、顽强以及正直。

严嵩明白，陆炳是指望不上了，但刻骨的仇恨与畏惧是不会消弭的，杨继盛非杀不可！

此时案件已经转到了刑部，侍郎王学益是严党成员，严嵩指使他从速解决杨继盛。因为骂人是没法杀头的，严大人送佛送上天，指定了罪名：诈传亲王令旨。

可是副部长报上去，部长何鳌却不批，郎中史朝宾还明确表示，绝不执行。

严嵩发怒了，他撤了史朝宾的官，并托人告诉何鳌，再不听话，你就跟史郎中一起走。

何鳌妥协了，刑部就此递交了处理意见——依律处决。

然而，严嵩万万没有想到，他费尽心机的这份文书竟然还是无法执行，而他也无可奈何——皇帝不批。

嘉靖已经不是当年的那个锋锐少年了，他已经做了三十年皇帝，经历了无数风波，斗倒了无数权臣，该吃的吃了，该玩的玩了，该整的也整了，剩下的唯一愿望就是多活几年。

所以，他全身心地投入到修道事业中去，把国事交给手下的大臣。而这位聪明的皇帝之所以敢于放权，是因为在过去的二十多年里，所有的大臣都被他玩弄于股掌之间，没有人是他的对手，没有人能猜透他的心思。

一般说来，老板越聪明，员工也就越难受。嘉靖老板是不好伺候的，他不但天资聪慧，而且善于耍诈，你说东，他就偏往西，你让他吃饭，他偏要睡觉，总之是让你摸不着他的谱。

然而，情况发生了变化。在这种日积月累的折腾中，大明公司的几位顶尖员工终于超越了老板的水平，成为了真正的领导者。

在这些足以掌控老板的超级员工名单中，有严嵩和严世蕃的名字，当然，还有徐阶。在此之后不久，两个更为厉害的人也将被列入这个名单，而他们所掌控的，将是天下。

耍猴的时代即将结束，被猴耍的时代即将开始。

但至少在杨继盛的问题上，嘉靖暂时还没有被耍弄，他十分清楚此案奥秘，毕竟杨继盛的目标只是严嵩，严嵩想借刀杀人，他却不想被人当枪使。

杨继盛的案子就这么拖了三年，悬而不决，直到三年后的那起意外事件。

嘉靖三十四年（1555），杨继盛仍在狱中顽强地坚持着，外面的同僚们却忍耐不住了，人关了这么久，吃了这么多苦，连个说法都没有，你当言官们是饭桶不成？

于是一时之间群臣上书，要求释放杨继盛，声势浩大，甚嚣尘上。

严嵩沉不住气了。此时，严党的中坚人物，著名贪官鄢懋卿向他进言：

养虎为患。

严嵩点了点头。

恰在此时，严嵩看到了他的干儿子，严党的另一干将赵文华送来的一份论罪奏疏，在这份奏疏上，写着两个人的名字。

严嵩思索片刻，拿起了笔，在这两个名字的后面，又加上了三个字：杨继盛。

因为他十分清楚，名列这份奏疏上的人，必死无疑。而皇帝在盛怒之下，是不会注意到这个小小的笔误的。

严嵩充分地发挥了他的聪明才智，历时三年，用尽手段，他终于把自己的死敌杨继盛送上了黄泉之路。

然而，他万万不会想到，在他写下杨继盛名字的那一刻，他已犯下了一个最为致命的错误，覆亡之门就此打开。

在隐忍的日子里，徐阶时刻注意着严嵩的言行，而他迟迟不动手，是因为他一直未能发现严嵩的破绽。

纵横官场四十余年的严嵩是真正的精英，他虽然贪污受贿，虽然结党营私，却无人能抓住他的把柄。因为他知道哪些钱可以拿，哪些不能拿，哪些人要打，哪些人要拉。

所以这么多年来，他只受到过一次真正的威胁，然而，那位慈悲为怀的夏言先生放过了他，此后他变得更加谨慎小心、狡诈无情。

然而，他终于大意了，杨继盛的死劾激起了他的愤怒，混淆了他的思维判断，于是他作出了一个错误的决定——杀死杨继盛。

杨继盛就是奔着死来的。

他不受严嵩的收买，不听朋友的劝告，明知毫无胜利的希望，却依然押上自己的一切，以死罪弹劾严嵩，因为他的目的很明确：

只求一死。

用死来表达他的愤怒，用死来唤醒胆怯的人们，如同春秋时的铸剑师那样，杨继盛用他的生命铸就了那柄斩杀奸邪的利剑。

事实证明，杨继盛的死是一个不折不扣的圈套，而严嵩义无反顾地跳了进去。

嘉靖三十四年九月，正如严嵩所预料的那样，愤怒的嘉靖批示了这份奏疏：秋后处决。

消息传出之后，一个女人在自己简陋的房中，完成了另一份奏疏。

这个女人是杨继盛的妻子。伟人的老婆自然也不是常人，在奏疏里，这个弱女子提出了一个公平的交换条件——倘以罪重，必不可赦，愿即斩臣妾首，以代夫诛。

一命换一命，很公平。

严嵩看到了这份奏疏，然后扔进了文书堆里。

杨继盛的妻子文化不高，这份文书是她口述，由王世贞代写的。在临刑前，王世贞再次来到狱中，去向他的同年兼好友告别。

王世贞是个讲义气的人，之前他曾多次探监，给杨继盛送来汤药，帮助他熬了下来。

可是事已至此，回天乏术。于是在诏狱中，王世贞和他的朋友见了最后一面。

眼前的杨继盛已经不成人形了。他没有父母的疼爱、众人的追捧，他很平凡，即使在那支光荣的进士队伍中，他也只是一个为人忽视、沉默寡言的人，辉煌显赫从未属于过他。

而今的他，只剩下了残肢破衣、遍体鳞伤，还有即将到来的死亡命运。

杨继盛却只是平静地提出了最后的要求:

“我的后事，就劳烦你了。”

杨继盛没有钱，他的妻子也没有钱，对他而言，要想找口棺材入土为安，是比较困难的。

王世贞用力地点了点头，这已是他唯一能做的事。

所有的事情都交代完了，杨继盛即将走向他人生的最后舞台——刑场。

在这最后诀别的时候，王世贞终于不禁放声大哭:

“椒山，事情怎么会到这个地步啊！”

然而，此时的杨继盛笑了，他倚着墙壁，用残腿支撑着自己的身体:

“元美（王世贞字元美），不必如此。”在昏暗的牢房中，他的脸上映射出无比自豪的光芒:

“死得其所，死又何惧！”

嘉靖三十四年十月初一，杨继盛英勇就义。

在这场实力悬殊的战斗中，手无寸铁的杨继盛，坚持到了最后一刻，只凭借他的信念和勇气。

临刑前，他赋诗一首：

浩气还太虚，丹心照千古。
生平未报恩，留作忠魂补。

历经磨难，矢志不移，叫做信念。

不畏强权，虽死无惧，叫做勇气。

在这一天，严嵩在他的府邸里欢庆自己的胜利，而嘉靖依然在西苑继续着他的修道事业。

在这一天，杨继盛用他的死向全天下人揭示了严嵩的真面目，之前威风八面、不可一世的严党就此走上灭亡之路。因为有这样一句古话——众怒难犯。

也就在这一天，努力营救却终未如愿的徐阶，在他学生血淋淋的尸首前，领悟了政治斗争的最终秘诀：

对付流氓，要用流氓的方法。

参考消息 **千古名句**

杨继盛临刑前写了一首《就义诗》，其中“浩气还太虚，丹心照千古”两句成了千古名句。除此之外，他还留下一副对联：“铁肩担道义，辣手著文章。”几百年后，一个叫李大钊的青年把这副对联改成“铁肩担道义，妙手著文章”，并作为他的座右铭时刻铭记。

第七章

东南的奇才

○因为在他的心中 有着报效国家的使命 有着救济黎民的责任 因为在他接受诏令前往浙江之前 曾立下这样的誓言 此去浙江 不平倭寇 不定东南 誓不回京

严嵩之所以能够肯定那份奏疏上的两个人必死无疑，是因为整治这两人的幕后黑手正是他。

这两个人分别是闽浙总督张经和浙江巡抚李天宠。

而这两位位高权重的封疆大吏之所以会人头落地，只是因为一个无聊的人，去出了一趟无聊的差。

嘉靖三十二年（1553）十一月，都察院右都御史兼兵部右侍郎，正部级官员张经，被任命为总督前往浙江，他肩负着一个特殊的使命——抗倭。

不久之后，都察院右佥都御史李天宠，奉旨来到浙江，取代驻守当地的王忬（王世贞的父亲），成为了新的浙江巡抚，张经的下级。

这两位仁兄都是都察院出身，合作得也还不错，面对着日益严重的倭寇之乱，尽心竭力，日夜勤勉。

嘉靖三十三年（1554），就在他们埋头苦干的时候，另一个人也来到了浙江，他就是通政司通政使兼工部右侍郎，副部级官员赵文华。这位兄台既不是总督，也不是巡抚，之所以千里迢迢跑来这里，除了观光旅游外，倒也背负着一个特殊的使命——祭海。

让你去祭海，你就老老实实地祭海，完事后带点土特产回京也就行了，可赵侍郎偏偏是个有抱负的人，他对倭寇产生了极大的兴趣，也想掺和一把。

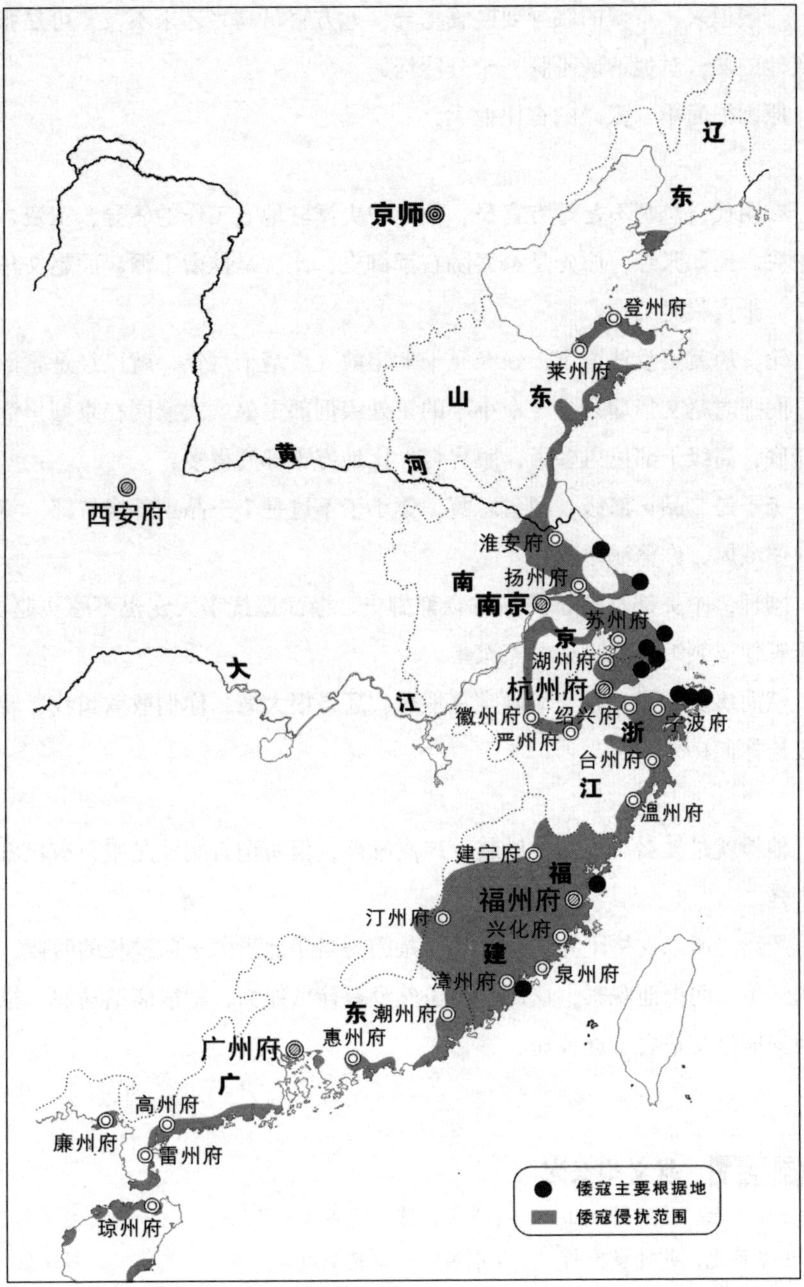
辽
东
京师
登州府
莱州府
山
东
黄
河
西安府
淮安府
南
扬州府
南京
苏州府
京
湖州府
大
江
杭州府
徽州府
绍兴府
宁波府
严州府
浙
台州府
江
温州府
建宁府
福
福州府
汀州府
兴化府
建
泉州府
漳州府
东
潮州府
广州府
惠州府
广
高州府
廉州府
雷州府
琼州府
倭寇主要根据地
倭寇侵扰范围

↑ 沿海抗倭形势图

一般说来，京城的领导要亲临指导，地方官员高兴还来不及，可是张经总督却不买他的账，对他不理不睬，十分冷淡。

原因很简单，张经的官比他大。

在明代，总督不是地方官员，而是中央派驻地方工作的领导，工资、户口都挂在中央。比如张经，原先是都察院右都御史，此次是挂衔下派。而赵文华只是奉命出差，干点临时工作。

论资历就更没法说了，张经兄十七年前（嘉靖十六年）就已经是副部级兵部侍郎，而那时赵文华却只是一个小小的正处级刑部主事。大家同在京城里混，互相知根知底，高级干部见得多了，眼界自然比地方干部高得多。

老子是二品正部级，两省总督，你小子不过是个三品副部级侍郎，竟敢在老子面前耍威风，你算哪根葱？

同理，中央都察院正四品右佥都御史、浙江巡抚李天宠也不愿买赵文华的账，每天管他三顿饭，就盼他早点滚蛋。

然而事实证明，赵文华确实算根葱，还是根大葱。你们敢欺负我，我就让我爹来收拾你们！

他爹就是严嵩。虽然他姓赵，严嵩姓严，但所谓有奶就是娘，有权就是爹，不必奇怪。

严嵩之所以支持干儿子赵文华，是因为当年他当国子监校长的时候，赵文华是他的学生。而据他观察，这位学生虽然没有什么能力，却很能拍马屁，很听话，于是他安插赵文华去了通政司。

参考消息 **赵文华祭海**

嘉靖三十三年，倭寇转战江苏、山东等地，并焚烧抢劫盐场，朝廷震动，兵部、漕运司纷纷上书，剿灭倭寇的呼声很热烈。赵文华也在此时上书，陈上“备倭七事”，其中第一条就是祭海神。虽说自明朝建立之初，倭寇就不时跑到沿海骚扰一下，但嘉靖年间的倭患数量是史无前例的，偏又怎么打都打不跑他们。嘉靖以为自己得罪了海神，于是本着礼多神不怪的宗旨，便派赵文华前往祭海。

严嵩是不做慈善事业的，他让赵文华当通政使，其中有着很深的用意。

通政司是一个副部级部门，最高长官通政使也只是三品，但这个部门对严嵩而言却极为重要，因为它主管全国各地送入京城的公文。

由于名声太差，全国的众多御史官员经常上书弹劾严党。虽说有严嵩在内阁压阵,但这位仁兄已经七十多岁了,难保有漏网之鱼,万一捅到皇帝那里,事情就麻烦了。

而赵文华兄的主要工作就是每天在机关蹲守，发现可疑邮件即刻予以删除（销毁或是压住），他兢兢业业，工作完成得很好，也由此成为了严党的第一号骨干。

接到儿子的告状信，严老爹却作出了一个出人意料的回复，他托人告诉赵文华，张经并不好惹，在没有十足的把握之前，最好还是乖乖听话。

赵文华无计可施。但这位仁兄是个比较执著的人，又从中央要了一个观察敌情的名义，硬是赖着不走。他要留在这里，等待张经的失误。

而不久之后，他就发现了一个奇怪的现象。

当时的浙江沿海，倭寇气焰已经十分嚣张，有两万余人盘踞于此，根本不把明军放在眼里。张经也并非等闲之辈,他四处调兵,积极部署数月之久,却迟迟不动兵。

赵文华反复催促，张经依然纹丝不动。

而张总督之所以有如此举动，和他之前的一段经历有着很大的关系。

嘉靖十六年，总督两广军务、兵部侍郎张经，奉命去平定广西断藤峡叛乱。在长期艰苦的山区作战中，他养成了稳重进兵的习惯，更重要的是，在这次战争中，他还发现了一个十分可怕而且特别的战斗群体——狼土兵。

狼土兵以少数民族为主，大都不习文化，好勇斗狠，战斗力十分强悍，当年曾让张经吃尽了苦头，给他留下了深刻印象。

而到了浙江之后，张经才发现，那些被朝中大臣轻视、所谓乌合之众的倭寇，却是一帮前所未见的强敌。

在皇帝同志专心修道、大臣们专心斗争的时候，日本正处于极度混乱的战国时期，全国分成三四十个诸侯国，你打我，我打你，打赢的自然风光，打输的就只能跑路。日本就那么大，土地又不多，还时常喷火山闹地震，实在不是个人待的地方。于是众多讨生活的倭人就不远万里，为了日本人民的致富事业跑到了中国。

狼、土兵

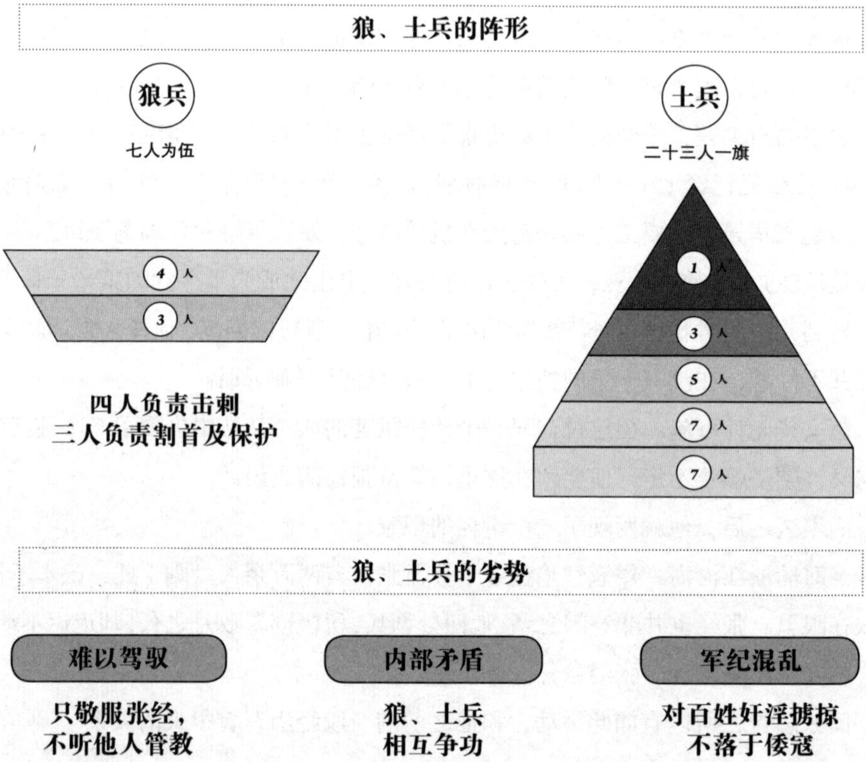

这帮倭人不请自来，而且烧杀抢掠，无恶不作，故文言有云：

倭人为寇，是为倭寇。

但恶劣的品行并不能否定他们的战斗力。且不说这帮人的武艺和战术水平，单说人家冒着掉进海里喂鱼的危险，跑上千里路来抢劫，就能充分说明他们的犯罪决心和毅力。

而与倭寇相比，张总督手下的大都是浙江、山东等经济发达地带的兵，他们当兵是为了混碗饭吃，就算不当兵还能种田，犯不着去拼命。

于是张经决定，调狼土兵进入浙江，抗击倭寇。

这个决定为他赢得了暂时的胜利，却永远地送了他的命。

↑ 倭寇

张经万万没有想到，就在他费尽心力调兵遣将的时候，赵文华已经设计好了一个圈套，准备将他置于死地。

张总督久经官场，并不是个善茬，上任一年多来，他已在当地安插了自己的亲信，而对赵文华，他也安排了专人监视。总而言之，整个浙江已然成了他的地盘。

然而,就在这样的环境下,赵文华依然找到了一个盟友,这个人的名字叫胡宗宪。

胡宗宪，字汝贞，徽州人，嘉靖十七年进士。

胡宗宪的考试成绩很一般，运气却不错。他没能选上庶吉士，分配到地方当了县官，不久后因年度考核优良，升为御史，巡视宣府、大同。

之所以说他运气好, 是因为在明代朝廷, 御史是个不错的行当。以骂人为主业，天不怕地不怕，想骂谁就骂谁，如果运气好，摸准了政治方向，骂对了人，没准儿还能官运亨通，一飞冲天。

不过, 胡宗宪的这份御史工作却有点特殊。因为宣府和大同是当时的军事前线，

胡宗宪

1512 年生人
安徽绩溪人
与海盗汪直、徐海同是安徽老乡

1551 年，任浙江巡按御史，后升任为总督，总制七省军务，开始剿倭事业

主要功绩
|
平定倭寇，肃清东南海疆

强悍的班底
|
主力军：戚继光、俞大猷
军师：徐渭

刀光剑影，待在这儿的都是些粗人武夫，如果胡乱告状，没准儿晚上就被人趁黑给剁了。

于是胡宗宪在那里老老实实地啃了几年干粮。这段经历最终成就了他，因为正是在那个地方，这位安静的御史开始进入另一个新奇的领域——兵法。

在血肉横飞、生死悬于一线的战场上，胡宗宪懂得了战争的法则。而蒙古骑兵烧杀抢掠，难民家破人亡、哭天抢地的惨象，也让他了解了战争的残酷。在经历了血与火的洗礼后，那个曾经喋喋不休、满口圣人之言的书呆子，已然变成了一个沉默寡言的实用主义者。

因为在边关表现良好，胡宗宪奉调前往浙江，担任浙江巡按。似乎是为了考验他的能力，就在他离开这里之前，上天给他安排了一次毕业考试。

当时驻守大同的左卫军突然接到谕令，命令他们即刻转移驻防至阳和一带，事实证明，这是一道要人命的谕令。

大同已经是前线了，而阳和不但更为靠前，且条件极其艰苦。当兵的过得苦，好不容易在当地安个家，转眼间又要妻离子散，自然是打死不搬。

可是命令不能不执行，于是大伙一合计，索性闹事不干了，哗变！

这下子问题严重了，情况报到大同参将那里，开会征集意见：这事怎么解决，谁去解决？

没人应声。

因为大家都知道，这是个超级黑锅。这不是农民起义，而是士兵哗变，全部都是抄家伙的职业打手，也不讲道理，要是跑去谈判，十有八九就把自己捐给了国家(学名是为国捐躯)。

但如果放任不管，这帮人万一成了叛军，对大同知根知底，带着蒙古人回来抢劫，麻烦就大了。所以黑锅总得背，具体说来是总得有人去背，可是谁也不背。

这时胡宗宪站了出来，他说：我去。

参将大喜，问：你要带多少人？

胡宗宪答：不用，我一个人去。

在短暂的目瞪口呆、鸦雀无声之后，大家集体起立，走到营帐外，热情地为勇敢的胡御史送别，感谢他牺牲小我，成全大家的背锅精神。

胡宗宪不是白痴，也没有背黑锅的嗜好，关键时刻挺身而出，只是因为他有十足的把握。

他一个人骑着马跑到了哗变士兵的营地，对那些手持兵器、情绪激动的人们说了几句话，奇迹就发生了，士兵们停止了吵闹，安静地回到了自己的营帐。

当大家再次看到胡宗宪时，都极为惊讶，踊跃上前询问，他到底用了什么方法，解决了如此棘手的事。

胡宗宪一脸轻松地回答道：没什么，我只是告诉他们，谕令已经取消，他们不用迁移了。

于是大家又懵了，迁移是上级的命令，总兵（相当于军区司令）都没发话，你怎么敢信口开河？今天你忽悠过去，过两天没准儿就直接造反了！

然而，胡宗宪镇定地看着惊恐的同僚们，告诉他们：丝毫不必担心。

事实证明了胡宗宪的预言，很快，上级下达指令，之前的谕令取消，军队仍在原地布防。

准确的人心洞察力，惊人的局势判断力，这就是胡宗宪的卓越才能。

嘉靖三十三年，奇才胡宗宪来到了浙江，他将在这里开创自己的伟大事业。

其实在当时的浙江，胡宗宪只是个小人物，因为他的级别太低（浙江巡按）。

巡抚和巡按虽只有一字之差，品级却差很远。胡宗宪是都察院监察御史，奉命巡按浙江，负责监察纪检事务，他的品级只有七品，而李天宠则是四品都察院右佥都御史，奉命巡抚浙江，负责浙江全省的管理事务，相当于省长。

赵文华好歹是个副部级，之所以对胡宗宪一见如故，称兄道弟，实在是因为他太过孤单。在张经的阴影下，没人愿意陪他玩，只有胡宗宪对他礼遇有加。

于是他向这个新朋友和盘托出了自己的计划，并许下了一个美好的祝愿，只要计划成功，你就是新的浙江巡抚！

赵文华是一个坏人，是一个不折不扣的坏人，但一个坏人，能够干到副部级侍郎，说明他是一个有能力的坏人。

赵侍郎的计划是这样的，他准备告张经的黑状，罪名是张经畏惧倭寇，拿了朝廷的钱，不帮朝廷办事，消极避战。

看上去很简单，实际上不简单。

张经不是吃素的，赵文华上书后不久，他就得到了消息，但他的反应却十分怪异，不但没找赵文华算账，也不上书辩解。

因为他已有了绝对的把握，筹划已久的行动即将开始，狼土兵已经到位，各路大军也已到齐，只等他一声令下，就发动总攻。

有凶悍的狼土兵助阵，张经相信他会取得胜利，而到那时，捷报将是对赵文华攻击的最好回应。

看上去是正确的，实际上是错误的。

志得意满的张经没有想到，在这个看似天衣无缝的应对中，有着两个小小的疏漏：他并没有真正看懂那份告状的奏疏，而更重要的是，他低估了赵侍郎的水平。

作为严党的主力成员，赵文华并不是一个简单的人。事实上，张经即将开始的军事行动早在他的预料之中，但他仍然敢在此时上书，是因为他已料定，此书一上，张经如不胜，尚有活路，如若战胜，则必死无疑！

嘉靖三十四年五月，缺钱花的倭寇耐不住寂寞，开始大举向嘉兴进犯，却就此掉入了陷阱。

张经等待良久的机会终于到来，他当即调集手下大军水陆并进，在王江泾与敌军遭遇，大破倭寇，斩杀敌一千九百余人，史称“王江泾大捷”。

这是东南自倭乱以来的最大胜仗，张经十分得意，当即写下告捷文书送往京城，等待着朝廷的封赏。

事实证明，这次朝廷的办事效率相当之高。没过多久，张经就等到了他应得的赏赐，不是金银财宝、高官厚禄，而是两个人，具体说来是两个锦衣卫。

他们送给张总督的见面礼是一副闪亮的镣铐，然后大声传达了皇帝大人的贺词：

“经（张经）欺诞不忠，着令入京问罪！”

张经的脑袋有点乱，明明自己打了胜仗，怎么就成了“欺诞不忠”？

张总督之所以一头雾水，是因为他并不清楚赵文华那份奏疏的奥妙。

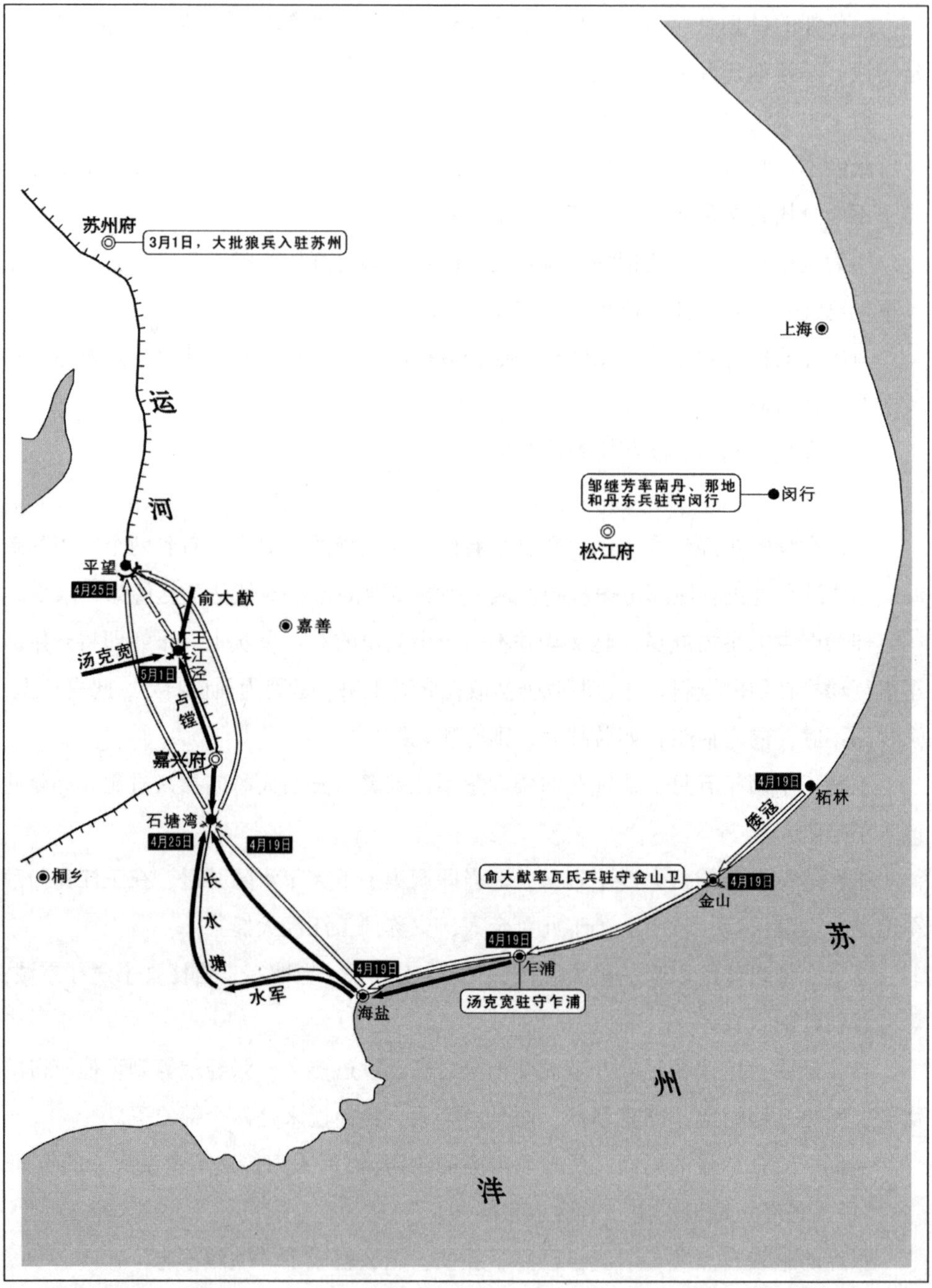
苏州府
3月1日，大批狼兵入驻苏州
运
河
上海
邹继芳率南丹、那地和丹东兵驻守闵行
闵行
松江府
平望
4月25日
俞大猷
嘉善
王江泾
汤克宽
5月1日
卢镗
嘉兴府
石塘湾
4月25日
4月19日
桐乡
长
水
塘
水军
海盐
4月19日
4月19日
乍浦
汤克宽驻守乍浦
4月19日
柘林
倭寇
俞大猷率瓦氏兵驻守金山卫
4月19日
金山
苏
州
洋

↑ 王江泾大捷

嘉靖刚看到这份黑材料的时候，起初并不在意，直到他顺手交给了身边的一个人——严嵩。

严嵩自然明白赵儿子的意图，当即展现了他的表演功底，做沉思状良久，突然换上了一副忧国忧民的表情，开始痛斥倭寇侵害百姓的惨状，最后指出主题——拥兵自重，坐观倭乱，都是张经惹的祸。

嘉靖生气了，后果很严重，他当即下令缉拿张经回京。

谕令下达后不久，张经的报捷文书就送到了，看似张经就要涉险过关。但正如赵文华所料的那样，嘉靖作出了一个十分缺心眼儿的判断：

“张经着实可恶，闻文华劾，方一战！”

混迹江湖三十多年的嘉靖同志就这样完蛋了。经过多年的磨砺，他的脾气个性以及各种权术花招，早已被严党摸得一清二楚，现在也只能是被玩没商量了。

张经倒了，李天宠也没戏了，这对难兄难弟手拉手上了刑场，一同被杀。

赵文华兑现了他的诺言。李天宠死后不久，他利用自己在朝中的关系，破格再破格，短短一个月，就把七品基层御史胡宗宪直接提拔为四品右佥都御史，并巡抚浙江。从芝麻官到封疆大吏，其晋升速度堪比飞毛腿导弹。

赵文华十分欣赏胡宗宪，因为胡宗宪的出众能力以及在逆境中对自己的支持。但胡宗宪却不喜欢赵文华，因为在他的眼中，赵文华着实不是个东西。

胡宗宪是一个身世并不简单的人，他出生在豪门望族。六十年前，他的曾祖胡富考中进士，还曾经担任过正部级干部——南京户部尚书，显赫一时。

望族出身的胡宗宪是一个天才，他二十二岁中举，二十六岁中进士，无论在地方还是军队，无论是处理政务还是平息叛乱，他都显现出了非同寻常的才能。

参考消息 **冤死的抗倭猛将**

虽然赵文华递上了黑状，嘉靖也确实生气，但他一开始并没打算杀了张经，无非是拖出去打几十大板再削官为民。这时候，严嵩却适时在背后传了个小道消息：“我听人说，张经养寇不战，是为了保住自己的地位，赵文华跟胡宗宪去打仗，赢了还被他冒领了军功。”嘉靖立刻大怒，养寇不战，当然是万死难赎其罪。虽然张经养寇的行为经过查证确有其事，但毕竟起到了稳定海防的作用，令倭患难以为大。可就是因为严嵩这句话，张经、李天宠被问斩，天下人冤之。

混迹政坛多年，胡宗宪很清楚赵文华和他的干爹是些什么货色，这帮人干活不足，整人有余，实在是一帮垃圾。

然而，问题在于国家大权就掌握在这群垃圾的手中，顺之者昌，逆之者亡。胡宗宪不是一个理想主义者，他很现实。

于是当不学无术的赵文华来到浙江，当张经、李天宠都对其嗤之以鼻时，胡宗宪意识到了其中蕴藏的机会。

所以他接近了赵文华，对他的到来表示欢迎，不顾旁人的鄙视和议论，拜会他，巴结他，耐心地听着他自吹自擂，并伴着逢迎的笑脸。虽然他很清楚，眼前这个唾沫横飞的人，只是一个恶棍加白痴的合体。

对于出身高贵、有着强烈道德感的胡宗宪而言，这是一种让他极其恶心的应酬，但他依然卖力地表演着。

因为在他的心中，有着报效国家的使命，有着救济黎民的责任，因为在他接受诏令，前往浙江之前，曾立下这样的誓言：

“此去浙江，不平倭寇，不定东南，誓不回京！”

◆ 传说中的高手

胡宗宪眼睁睁地看着张经、李天宠被陷害，被处死，然后在众人的指责声中坐上了浙江巡抚的宝座，没有丝毫的避讳和惭愧。

相反，他很得意。人见人怕、权倾天下的严党，原来是如此的愚钝。赵文华、严嵩都被他玩弄于股掌之间，被他利用，为他铺路，而在此之后，这个最为强大的政治集团将成为他的后盾，去帮助他实现自己的理想。

他始终问心无愧。

因为他所作的一切努力，并不只是为了自己的荣华富贵，因为他的理想，叫做报国救民。

在胡宗宪看来，张经做得还不够好，他虽然调来了战斗力强悍的狼土兵，整顿了军备，募集了粮饷，但无论是整体策划还是作战时机，总要慢那么一拍，最终才会让赵文华有机可乘。

总而言之，这是个勤奋的人，但缺少天赋。

胡宗宪认为自己是有天分的，所以他当仁不让地接替了前任的工作，他相信自己能够干得比张经更好。

虽然当时天下人都为张经的无辜被杀感到遗憾，但对于倭寇而言，张经的死则是一场不折不扣的悲剧。因为事实证明，继任者胡宗宪是一个更为可怕的敌人。

当然，这是后来的事。

刚刚上任的胡宗宪终于实现了梦想的第一步，但还没等他喘口气，一个偶然事件的发生，就让他从美梦中醒了过来。

应该说，猛人不只张经一个，苏松巡抚曹邦辅也算同类。在王江泾大捷之后，他征集所属兵力，再次击溃倭寇。由于人事更替，这次行动没有经过上级的批准，等到赵文华知道的时候，俘虏都押回来了。

深感丢了面子的赵文华当即给胡宗宪下令，让他立刻追歼残敌。

这是一个胡宗宪等待多时的机会，他即刻调集了四千精兵，发动了追击战，然后他坐在家里，等待着捷报的到来。

很快，他就如愿得到了战报，言简意赅：惨败！告急求援！

此战损失极其惨重，所谓"宗宪兵死者千余"，一共就去四千人，差不多死了一半。大出所料的胡宗宪慌忙命令副将刘焘率军增援，不久之后战报再次传来——复大败。

这还不是最坏的结果，士气大振的倭寇居然反过头来，再次进攻浙东一带，把当地抢了个底朝天，这才扬长而去。

沉痛的失败教育了胡宗宪，他终于意识到，倭寇之乱比他想象中要厉害得多，而在这帮强盗的身上，似乎隐藏着极为强大的力量。

胡宗宪的判断大体没有错，但他并不清楚，如果说倭寇是强盗，那他们就是有史以来最为可怕的强盗。因为他们中间的很多人，都是精通刀法的武林高手。

在史料上，有着这样一个广为人知的战役记录：

嘉靖三十四年，四十余名倭寇从浙江平湖入境，向杭州进逼，抢掠之后逃向淳安。这本来只是一起抢掠事件，抢了也就抢了，事也不大，可这帮路盲不知是不是没有向导，转了半个多月，居然转到了南直隶（今江苏一带），在常州、苏州附近抢了一把，竟跑到了南京城下！

最后在大军围捕下，这群小毛贼才最终被歼灭。据说当时被他们杀死砍伤的平民士兵已达三千余人。

四十多个人，在大明帝国的眼皮底下转悠了一个多月，想抢就抢，十几万驻军束手无策。这不是一个简单的抢劫案，也不是单纯的军事行动，而是一起严重的政治事件！

四十个人就敢到南京搞自助游，要是有四千个人，没准儿就敢去北京集资建房了（打不过地产商）。

一直以来，这个故事都被用来说明明军的腐朽、无战斗力，但很多人并不清楚，在它的背后，隐藏着让人惊心动魄的真相。

这是一次非同寻常的抢掠，因为参与这次抢劫的四十多个倭寇并不是一般人，他们是浪人。

所谓浪人，就是失去土地的日本武士。关于武士群体就不多说了，但很多人可能并不知道，即使在日本国内，武士也是一个十分稀少的品种。

在日本战国时期，名义上的最高统治者是天皇，而实际控制者是各大诸侯，又称为大名。武士则是大名的属下。即使是如织田信长之类的大诸侯，手下的武士也不过一两千人而已。

作为武士团体的成员，他们从小就接受过严格的武术和体能训练，大多数人都学习剑道，练就了一身砍人的技术，即使参加黑社会火并，拿西瓜刀对砍，估计一个对付五六个都不成问题。

更为可怕的是，他们其中的某些人还曾练习过“阴流”。这是日本刀术中的一门绝技，传自日本的绝顶高手——“剑圣”上泉信纲。

虽说练这门功夫的人并不多，也并非个个都是剑圣，但足可称得上是一流高手。而在当时来中国抢掠的日本人中，也有着他们的身影。

有证据显示，在嘉靖三十四年的这次事件中，参与抢劫的四十多名案犯，并非

武士刀锻造特点

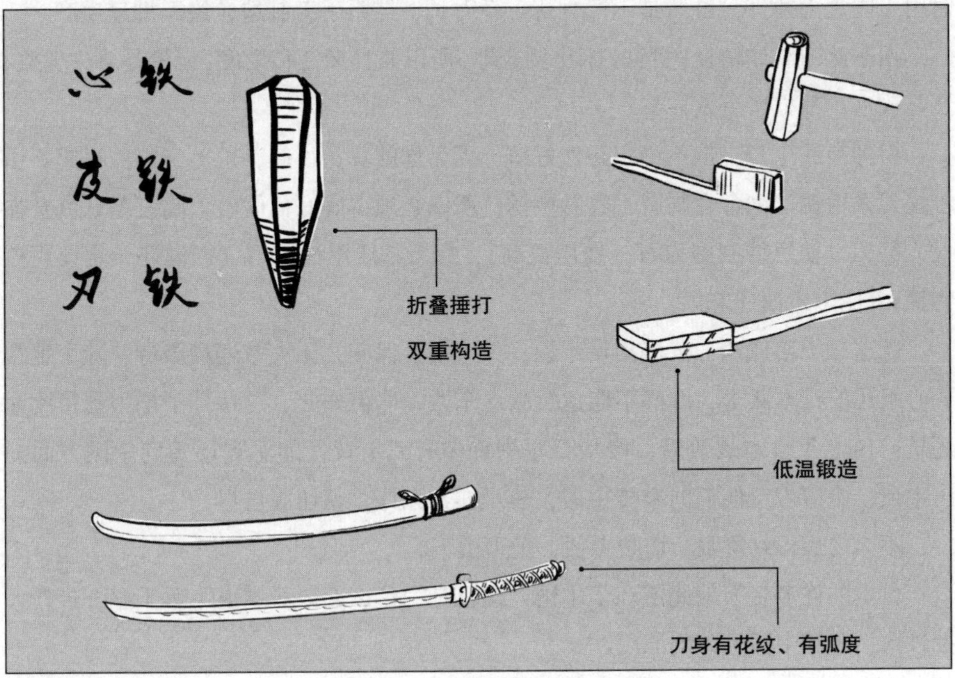

跑船的日本农民，他们几乎都是战败丢掉土地、找不到工作的武士。

而证据，就是他们随身携带的那件特殊武器。

其实，那些被称为倭寇的抢劫犯，是一支名副其实的多国部队，除了日本人外，还有西班牙人，葡萄牙人，中国沿海的渔民、海盗等。总之，大家是为了同一个目标（发财）走到一起来的。

这些人使用的武器也是五花八门，西班牙和葡萄牙的老外们一般用火枪或佩剑，渔民、海盗没有固定装备，逮着什么用什么。

但这支无组织、无纪律的杂牌部队之所以会有强悍的战斗力，是因为其中有着一群作战顽强的日本武士与浪人。而无论在哪里作战，和谁作战，他们都会使用同一种武器——武士刀。

不管在中国还是日本，只有武士或浪人才装备武士刀。其实谁能带，谁不能带，也没有专门的认证机构来管，真正的原因在于这种管制刀具是很贵的。

武士刀的制作十分复杂，要使用很多种不同的铁和钢料，然后用炉火加热，同时由工匠大力捶打，可谓是千锤百炼。耗时长，纯系手工制造，绝无批量生产。

由于此刀制作精良，且铁、钢比例合理，所以兼具韧性和硬度，无论是拿去劈柴，还是砍人，都相当有效。

但拥有武士刀，也不一定是件好事，因为你就算买得起，也不一定养得起。由于该刀采用铁、钢合金制造，容易生锈，所以必须得好好伺候着，隔三差五就要去找人磨刀（使用特制磨刀石，费用很高），每天都要用油擦刀（据说还一定要用植物油），比上机油还麻烦。

就这么个玩意儿，价格昂贵不说，天天都要保养，比大爷还难服侍，除了那帮死心眼儿的日本武士，谁都不愿意折腾这东西。非但如此，这帮孙子把刀看得比命还重。1945 年日本战败后，侵华日军中许多有武士背景的军官还曾向中国方面提出申请，希望带走他们的家传宝刀，表示如不允许，就切腹自尽。

不久之后得到答复：切腹自便，把刀留下。

日本的许多名刀就此留在了中国。这也是为什么无数日本人不远千里，带着大捆钞票，跑到中国买刀的原因。

而根据史料记载，嘉靖三十四年的那批倭寇基本都是携带武士刀的浪人，且武艺高强、机动灵活，抢一票换一个地方，从不走空趟。

这样的四十多个倭寇，其战斗能力可想而知，在当时，大致就相当于四十多个特种兵。而驻守各地的，大都是战斗力极差的守备兵，或是民团团练，基本上也就算个民兵水平。

参考消息 **四十大盗**

据后来明朝官员查明，这伙流窜作案的强盗是一群不慎在沿海被毁了船，回不了家又迷了路的倭寇。这群倭寇本来的目的是上岸抢劫，然后回去给大名上供，以便谋个一官半职，没想到还没上岸就遇到了海难。船被毁了之后，他们开始在沿海各地四处袭击，想赶紧抢条船回国，可惜方向感实在太差，最后走到内陆去了。

民兵打特种兵，能打赢那才叫怪事。这帮劫匪也不攻城，抢了就跑，放在今天就是持械流窜犯，自然是难以围捕，所以才会出现所谓打到南京城下的怪事。

这才是倭寇的真实实力，胡宗宪面对的就是这样一群敌人。时而集中，时而分散，大队倭寇战斗力强，不好打，小队倭寇机动灵活，没法打，为了几十个人调集数千大军围捕，实在丢不起这个人，还不如去上吊。

就在胡宗宪一筹莫展的时候，一支奇特的武装出现了，他们组成了民兵联防队，四处围剿倭寇。而更让人惊讶的是，曾纵横千里，无人可挡，连政府军都不怕的浪人倭寇，碰到他们却总是全军覆没，落花流水。

因为浪人们固然是剑道高手，这帮打倭寇的兄弟却是高手中的高手——少林寺的和尚。

嘉靖三十三年，南京中军都督府都督同知万表终于无法忍受了。流动倭寇四处出没，使他焦头烂额，却又无计可施。

苦思冥想之下，他突然灵机一动，召见了杭州及苏州两地的寺院住持，交给了他们一个任务。

几天之后，一支由苏杭两地上百名和尚组建的巡防队正式成立，主旨只有一个——杀死倭寇。

这帮和尚都是精挑细选的武僧，个个自幼苦练武艺，精通棍法，老家也都在附近，听见倭寇两个字就手痒。听到消息，纷纷踊跃报名，经也不念了，抄起棍子就上了战场。

事实证明，中华武术确实是博大精深，拿刀的武士干不过拿棍的和尚，管你什么“阴流”“剑道”，几棍子扫过去全部滚蛋。

和尚联防队取得了较好的社会效应,在嘉靖三十三年至嘉靖三十六年(1557)间，该队在杭州湾及松江府（今上海附近）一带与倭寇作战多次，无一败绩，令倭寇闻风丧胆。

而最为生猛的一次战役，发生在松江附近的翁家港。当时一百多名倭寇跑到这里，还没开抢就撞到联防队，此时这帮和尚已然名声大噪，所以倭寇们见到光头掉头就跑，联防队二话不说，拖着棍棒就追。

一般说来，追个几里路也就完事了，但这帮和尚比较较真，竟然跟着追了六天，一路打一路追，一直跑到嘉兴，全歼所有倭寇（据说连倭寇的家属也干掉了），这才收兵回营。

然而少数几个和尚是无关大局的。要想解决倭寇，胡宗宪真正需要的，是几个重量级人物的加入。

第八章

天下第一幕僚

○就在胡宗宪为又一次战败抓耳挠腮 苦思对策的时候 徐渭来到他的身边 对焦头烂额的总督大人说了这样一句话 先定大局 谋而后动

◆ 绝世高人

胡宗宪寻找的，不是个把能打的和尚。武林高手打打群架还行，在千军万马的战场上，也只是废柴一根。只有运筹帷幄的将领，才能为他解决根本问题。

幸运的是，他没费多少工夫，就找到了第一个人选。

在胡宗宪没来之前，俞大猷已孤军奋战了很久。

俞大猷，福建晋江人，弘治十七年（1504）生人，家境比较穷困。

但他的运气还不错，祖上是世袭百户，虽说不是什么大官，毕竟有口饭吃。父亲死后，他继承了百户爵位，嘉靖十四年（1535），俞大猷更进一步，在当年的武会试中一举中第，成为千户，并被分配驻守金门。

俞大猷同志的早年经历就是如此，看上去毫无特别之处。然而这只是表面现象，实际上，这位仁兄是一位了不得的绝世高人。

本书所用史料众多，且来源庞杂，还包括十几种明清刻本，为了不影响阅读，加上我这人比较懒，故文中未注明史料出处和史籍原文。但此处必须破例，因为下面即将讲述的内容实在过于离奇，如不举出实据，估计难逃忽悠之嫌，故列文如下：

“予昔闻河南少林寺有神传击剑之技，后自云中回，取道至寺。僧自负精其技者千余人，咸出见呈之。视其技，已失古人真诀。明告众僧，皆曰：‘愿受指教。’予曰：‘此必积之岁月而后得也。’”

看不明白不要紧，我来解释。

这段话的意思是：我听说河南的少林寺武艺高明，所以专门前去拜访，寺里的和尚十分嚣张地告诉我，他们这里的僧人武艺高强，且人数众多，还拉出了几个表演给我看。

我看过之后，觉得这帮人实在不争气，老祖宗的真传都给丢了，就明白地告诉和尚们，你们这套已经不行了，趁早一边凉快去。和尚们十分谦虚地对我说：愿意接受您的指教。而我也十分嚣张地告诉他们：你们还要练很久才行。

郑重声明，这话不是我说的，要找人算账请诸位去找俞大猷同志，与我无关。因为此文就出自俞大猷同志的自述文集。

我虽然不愿帮俞大猷背黑锅，却可以替他证明一点，那就是俞先生的的确确是一位功夫了得的绝顶高手。

从童年开始，俞大猷就是个特别的人物。和众多成功人士一样，他喜欢读书，可他读的却不是《大学》《中庸》之类的考试书目，而是一本奇特的著作——《易经》。

要说这本书，那可真算得上是万金油，上至外星生物、天外来客，下到世界文明、人类前途，都可以从这本书里推出来，反正随你去读。

俞大猷就是《易经》解读派的会员。他苦读多年，终有所悟。万幸的是，这位兄台没有走火入魔，摆摊算命，多少还是读出了点名堂——兵法。

从《易经》中，俞大猷领悟了所谓百万合一之兵法（虽将百万，可使合为一人也）。虽然说起来比较玄乎，但从后来的实际效果看，这套理论倒也不全是忽悠。

而在兵法之外，俞大猷在另一工种上的成就可谓惊世骇俗，那就是武学。他曾拜当时的武林高手李良钦为师，学习剑术及棍法。他的天赋极高，外加勤学苦练，武艺非常精湛。

特别是棍法，他十分擅用“荆楚长剑”，据说棍法已臻化境。曾有数十人看他不顺眼，打算群殴他一顿，结果被他打得落花流水，夺路而逃。

俞兄不但武艺了得，还善于总结经验，曾著有武学专著《剑经》，后来在清除倭寇的同时，也顺道闯荡江湖，屡次和人拼刀比剑，在砍砍杀杀中不断磨炼剑法。嘉靖四十年（1561）的时候，估计是周围的人都打遍了，这位仁兄觉得没意思了，就跑到外面去找人打。前述的少林寺事件就发生在这段时间内。

很明显，在这段自述里，俞大猷故意忽略了一个重要内容。要知道，少林和尚虽然吃素，却不好欺负，你俞大猷跑这么远，人家给你演示武艺，你还说人家不行，一句话，你就是来砸场子的。

虽然俞大猷没有写，但我们有理由相信，他在少林寺是闹过事的。就算没有动刀动枪，至少也是露了两手，不然人家凭什么“皆曰：愿受指教”。

估计俞大猷同志还是有点觉悟，觉得自己这事干得不地道，所以也没多提，不过从他让人家多练几年的口气看，他也不是什么省油的灯。

俞大侠仗剑打遍天下，纵横江湖，可谓风光无限。但在遇到胡宗宪之前，作为一个极具禀赋的军事天才，他的经历只能用一个词来概括——哭笑不得。

俞大猷这辈子的前四十年是十分郁闷的，因为他比较喜欢管闲事。守金门的时候，他上书监司，要求打击海贼，结果被打了一顿，得到了上级的答复：

“你个屁大的小官，凭什么上书？”

凭什么小官就不能上书？俞大猷不明白。

挨了这顿莫名其妙的打，俞大猷依然我行我素。

不久之后，安南地区叛乱，兵部尚书毛伯温准备出战。按说这事和他没关系，但俞大猷再次挺身而出管了闲事。

他向毛伯温上书，陈述了自己的用兵方案，请求从军。

尚书大人看到了他的书信，十分欣赏，夸奖了他，却不用他。

夸了我，为什么不用我？俞大猷还是不明白。

这又是一件莫名其妙的事情，但俞大猷仍不气馁。

嘉靖二十一年，机会又来了，俺答进攻山西，皇帝下令在全国范围内选拔作战人才，俞大猷报了名。这次运气似乎不错，毛尚书看到了他的名字，把他推荐给了宣大总督翟鹏。

俞大猷

1504 年生人
福建晋江人
与戚继光合称
“俞龙戚虎”

武略

父死后，弃文就武

武术宗师，擅用“荆楚长剑”

著有武学专著《剑经》《正气堂集》等

文韬

一代儒将，精通六经

不贪近功
不打没把握的仗

这是一个非同小可的推荐。所谓宣大总督，是明朝边疆的两大最高长官之一(另一个是蓟辽总督)，一般都是正部级官员担任。作为兵部尚书推荐的人，俞大猷前途闪闪放光芒。

毕竟要给兵部领导的面子，翟鹏亲自接见了俞大猷，随口问了他一些军事问题。结果让他大吃一惊。

翟鹏原以为这人是个关系户，没多大能耐，打算应付一下了事，可是俞大猷却反客为主，侃侃而谈，堂上众人大惊失色。

就在大家目瞪口呆的时候，一件让他们更为吃惊的事情发生了，翟总督竟然离开座位，主动走下台来，向俞大猷行礼。

这是绝对的爆炸性新闻，是百年难得一见的景象。

翟鹏并不是武将，他是文官。按照明代惯例，除个别情况外，只有文官才能担任高级军事长官，即使同样品级，文官的地位也要高于武将。而在许多文进士的眼中，武将都是一群没读过书的大老粗，武进士也不例外。

然而，正部级总督翟鹏，向眼前的无名小辈俞大猷行礼了，因为他的才学与执著。

按说事情到了这里，俞大猷应该翻身了，可是最让人匪夷所思的事情，也就发生在这儿。

虽然总督向他行礼，虽然总督知道他的才学，但总督还是不用他！

都到了这个份儿上,为什么就是不用我呢？俞大猷抓破脑袋也不明白(我也是)。

郁闷的日子还是过去了，老上级毛伯温最终提拔了他，把他派到福建打海盗。这位兄弟二话不说，刚到地方，衣服都不换就亲自带兵上阵，干掉对方三百多人。上级看他如此生猛，又派他去广东镇压少数民族叛乱。

在广东，俞大猷第一次全方位展现了他的牛人本色。他没有调集大军进攻，却只是带了几个随从，找到了叛军的巢穴，劝告他们归顺朝廷。

当然，空口说白话是没用的，叛军也不是白痴。为加强说服教育的效力，形象展现不投降的后果，俞大侠乘兴当场表演了自己的老本行——剑术，一套剑法耍得虎虎生威，煞有声势，把叛军兄弟唬得一愣一愣，末了还美其名曰：教习击剑。

叛军倒也不是吓大的，他们很快就推出了自己的精神领袖——一个据说打死过老虎的人，继续顽抗明军。

但俞大侠明显比老虎厉害，他没费多大劲儿就干掉了这位打虎英雄，最终平

参考消息　**武人不粗**

俞大猷虽然是个武人，却不是粗人。他出身下级军官家庭，自幼家贫，靠母亲杨氏做工的收入和亲友的资助，勤学不辍。俞大猷五岁时即在家乡入塾读书，还拜了当地几位名士为师，十五岁就中了秀才。此后与李杜、薛南塘、史文斋、史礼斋等十余人在清源山紫泽书院继续攻读，并习武于清源洞，人称十才子。后来他从文秀才转为习武，先后拜了王宣、林福、赵本学等人为师，学习《易经》与兵书，得三家所长。到了军中还爱好写写诗歌、文章，不失当年才子之风。他所作的文章策论，后被编纂成《正气堂集》。

定叛乱。

折腾来折腾去，俞大猷终于翻了身，嘉靖三十一年，俞大猷调任宁波参将，不久后又升任苏松副总兵（相当于军分区副司令员）。

此时，张经已经上任，俞大猷是他的下属。

之后就是以前讲过的那些事，赵文华捣乱，催促张经出战，张经准备不足不愿出战，一拖再拖。

然而，在这一幕的背后，还隐藏着另一个细节：

张经是拒绝出战的，但为了给赵文华面子，他曾命令另一位将领出击倭寇，而这个人正是俞大猷。

出乎意料的是，一向积极肯干、爱管闲事的俞大猷竟然拒绝了，原因很简单：当时倭寇有两万人，他手下只有三百兵，而俞大侠是学过算术的。

俞大侠虽然热血沸腾，却也不想平白无故人间蒸发。张总督这事干得实在不地道，事情也成了连环套，赵文华催张经，张经催俞大猷，俞大猷不干。

俞大侠就这样硬挺着，一直挺到了王江泾大捷。在这次战役中，他不计前嫌，协同张经，大破倭寇，立下战功。

可是事情坏就坏在这个不计前嫌上。

由于他表现过于英勇，赵文华认死了他是张经的人，抢了他的功劳，还找机会整他，贬了他的官。无奈之下，胡宗宪也只能保持沉默。

俞大猷这辈子过得实在不容易，总是遇上一些莫名其妙的事情：明明被赏识，居然不升官，明明打了胜仗，居然被降职。

参考消息 **俞氏打狗分队**

尽管俞大猷在官职上不争不抢，可对付倭寇绝对是一肚子坏水，他袭营所用的招数可谓变化多端。此君特别喜欢倭寇养来看门的大型犬，经常自己掏腰包喂狗，具体喂法如下：买来整块的新鲜牛肉，放在一口大汤锅里煮了又炖、炖了又煮，待到肉熟，就拿个铁钩子勾住肉，伸到敌营去。狗儿们闻香前来，最后为了抢肉变成狗咬狗一嘴毛。俞大猷就趁机宰狗，再入营杀倭寇。他的副将对他佩服得不得了，甚至拜他为师。

不要急，俞大侠，更莫名其妙的事情还在后头。

被贬官的俞大猷不喊冤，也不气馁。王江泾大捷之后不久，他作为苏松巡抚曹邦辅的下属，参加了浒墅战役，再次大破倭寇。按说事情到这里，也算圆满完结了。

可是（这个词经常出现在俞大猷的人生中），不久之后，闲不住的俞大猷又参加了胡宗宪的追击战（之前提到的那次），虽然最终战败，但俞大猷在战斗中倾尽全力，表现十分英勇。

其实有时候，十分英勇也不是个好事。

战后，赵文华故技重演，把责任推给了曹邦辅。曹巡抚气得直想撞墙，恨透了赵文华和胡宗宪，但是严老太爷在中央待着，他也不想去摸老虎屁股，于是一怒之下，瞄准了俞大猷。

曹巡抚在奏疏中大骂俞大猷，说他纵敌逃窜。之所以会下此黑手，只是因为俞大猷同志在跟随胡宗宪作战中过于英勇，曹邦辅据此认定，俞大侠必定是胡宗宪的人。

这一状告得相当黑，连皇帝都发怒了，暴跳如雷，免去了俞大猷的世袭百户，让他安分守己，否则砍头示众。

不计前嫌，就是张经的人，恶整。十分英勇，就是胡宗宪的人，还是恶整。俞大猷彻底郁闷了。

皇帝谕令下来后，几乎所有的人一致认为，俞大猷不会再闹腾，也不会再多管闲事了。

然而，俞大猷收起了谕令，叫来了自己的副手王崇古，对他下达了一道命令：准备出海，追击倭寇。不久之后，他的舰队在老鹳嘴截获倭寇，并发动总攻，焚毁敌巨舰八艘，杀敌一千余人。

这是一次真正意义上的冒险，并没有人要求俞大猷这样做，而根据以往经验，他打赢了未必有功，打输了却必定有过。对他而言，打这一仗没有好处，只有吃亏。

但是他仍然这样做了，他不怕吃亏。

这已经不是第一次了，自嘉靖十四年以来，这位仁兄在官场里吃了无数闷亏，背了无数黑锅，只是因为他的爱管闲事，因为他的忠于职守，因为他报效国家的执著。

俞大猷就是这样一个执著的人，因为执著而伟大。

俞大猷的倒霉事件簿

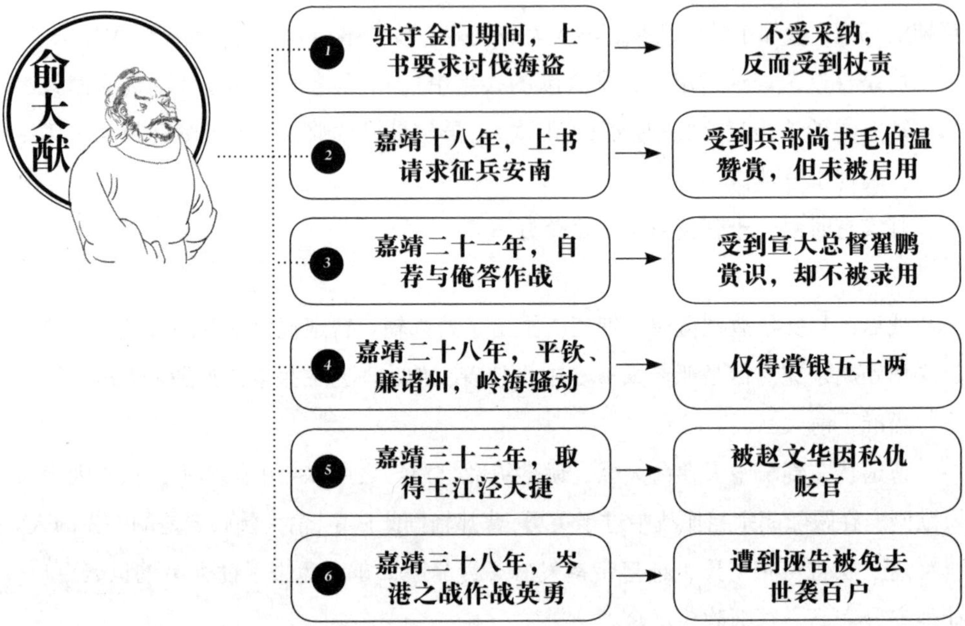

其实，一直以来遭受不公正待遇的俞大猷并不孤独，因为有一个人始终在注视着他，这个人就是胡宗宪。

通过几年的观察，胡宗宪了解并理解了这个人，他相信此人正是他苦苦寻找的理想人选，并将成为他的得力助手。于是当嘉靖三十五年（1556），都督刘远因为作战不利被撤职后，胡宗宪通过赵文华的关系，获得了内阁的支持，将俞大猷扶上了浙江总兵官（大致相当于浙江军分区司令员）的宝座。

这是胡宗宪找到的第一个关键人物。

但随着抗倭工作的不断深入，胡宗宪发现，他的精力和智商已经无法适应繁重而复杂的事务，所以绝顶聪明的胡宗宪决定招聘一个幕僚，而招聘的首要条件，就是这个人要比他更聪明。

很快，他就找到了第二个关键的人:

徐渭

1521 年生人
浙江绍兴人

关键词：才华

诗、书、文、画无不精绝，全能型才子

关键词：坎坷

八次乡试名落孙山，九次自杀未遂，又因杀妻下狱七年

关键词：抗倭

入胡宗宪幕府五年，策划抗倭事宜，成为“绍兴师爷”的著名代表

曾用名

徐文长、徐文清、青藤道士、青藤老人、青藤居士、田水月、漱老人、天池山人、天池渔隐、金垒、金回山人、山阴布衣、白鹇山人、鹅鼻山人……

几百年后，书画大师郑板桥先生曾在瞻仰一幅古人作品时，发出这样的感叹：愿为青藤门下走狗！

这句话的通俗意思是，如果我能到青藤门下，给他当条狗，就心满意足了。

青藤者，徐渭也，徐渭者，徐文长也。

在明代，有所谓三大才子之称，入选的条件很简单：博览群书、博学多才。但事实证明，由于竞争激烈，越简单的标准越难达成，评来评去，连唐伯虎兄这样的人才最终也没能挤进去。

所以最终能赢得公认，获此殊荣的，只有三个人：解缙、杨慎、徐渭。

作为永乐大典的总编官，解缙被公认为博学第一。而跟皇帝过不去、聚众闹事的杨慎，因为整天待在山沟里，无事可干，据说读遍了天下群书，被推为博览第一。

而徐渭之所以排在第三，不是他的学问差，只是因为他生得晚。论博学，他不如解缙，论博览，他不如杨慎，然而，他却成为了三人之中，名声最大、传说最多的人物。

获此殊荣，此人可谓名副其实。

徐渭，正德十六年生，浙江绍兴人，平生一大癖好是给自己取名字外号。曾用名数不胜数，如徐文清、青藤道士、田水月、漱老人，等等，当然其中最有名的，还是徐文长。

张爱玲曾经说过，出名要趁早。而徐渭兄绝对符合张小姐的说法，因为他出名的时候，只有十岁。

在上小学三年级、汉字尚未认全的年龄，徐渭已经完成了一项壮举：他通读

参考消息 **南腔北调人**

徐渭曾在自己的《青藤书屋图》上，自题一联："几间东倒西歪屋，一个南腔北调人。"这正是他对自己辛酸一生的极好概括。"东倒西歪"调侃自己很穷，只能住在东倒西歪的破屋里；"南腔北调"则表明自己特立独行，跟社会唱的不是一个调，必然不为世俗所容，只能我行我素、癫狂一生。

了著名文学家扬雄的名文《解嘲》，但这位牛人并不满足于读懂，他还别出心裁，改写了这篇著名文章（今天的所谓恶搞），最后还给自己的大作起了个比较对仗的名字——《释毁》。

徐渭绝对是中国历史上的著名人物，他少年时期的传奇故事可谓是家喻户晓。在我还不知道唐伯虎兄有八个老婆的时候，就已经听说过徐文长智斗地主、徐文长智惩贪官之类的故事。

虽然传说十分动听，但我却可以肯定，其中大部分都是假的。因为真正的徐渭先生，是没有精力去干这些闲事的，在三十岁之前，他一直忙着干一件事——考试。

徐渭的前二十年还是很顺利的。二十岁时，他考中了秀才，此时他的名声已经不小了，恰好当时的吏部郎中薛蕙到了浙江，听说了他的才能，叫来一聊，顿时惊为天人，连连赞誉他是最杰出的人才。

有了这位中央正厅级别干部的吹捧，徐渭的名气更大了。他抖擞精神，准备再接再厉，参加乡试考取举人，直至那最后的目的地——北京。

在春风得意的徐渭看来，这不过是走个程序而已。

毫无疑问，徐渭确实是个少有的天才，他多才多艺，年纪轻轻就名满全国，然而，在个人前途问题上，他却犯了个致命的认知错误。

因为科举考试，只认进士，不认天才。

一说起明代的科举考试制度，总是千人踩、万人踹，什么葬送人才、禁锢思想等，比黑社会还黑，比十大酷刑还狠。但历史已经证明，在那年头，这是一个最为科学的制度。

在科举的考场上，没有绝对的公正，却有相对的公平。无论你是世家子弟，还是贫苦百姓，要想奔出美好前途，只有一个选择——拿起手中的笔，把那张考卷答完，然后封上你的姓名，等待着命运的来临。

事实证明，好好学习，天天向上，才是中第的最佳途径。想玩花样，走后门，几乎可以肯定是死路一条。

在明代考场上，作弊不是闹着玩的。进去之前要搜身，如果夹带，就要取消考试资格，几年内不准再考。要是你胆子再大一点，准备搞点串通考官、买份考题之类的招数，最好还是先收拾行李，安排后事。因为当年干这行风险极大，一旦被发现，杀头或是流放，那都是说不准的事。

作弊难度过大，想搞歪门邪道的诸位朋友，估计只能靠拉关系、走后门。但残酷的事实告诉我们，即使你是当朝首辅的儿子，也只能说明你的悲哀，因为在整个明代，高干子弟参加科举大都没有什么好名次，要是你真走了狗屎运，考了前几名，也不要忙着高兴，恰恰相反，这意味着你爹很快就要遭殃。

明代历任首辅如张居正、王锡爵等，虽然平时在朝中威风八面，但只要听说儿子考了前几名，就会马上去洗把脸，准备迎接即将到来的谩骂。因为根据惯例，儿子的捷报刚送到，最多几个时辰，言官的骂章就要到了，什么子凭父贵、作弊嫌疑之类，铺天盖地。

明代的言官们是很有民主精神的，几乎个个都有粪土当年万户侯的气度，外加唾液系统非常发达，且极具穷追猛打的狗仔队精神，遇到这种事情当然不会放过，逮住就咬，咬住就不放。

而要想从这漫天口水里爬起来，是需要相当的勇气和脸皮的。比如那位后来的首辅王锡爵，儿子中了乡试第一名后，实在禁不住骂，竟然把儿子赶回了家，直到十三年后，他早已卸任回家，才让儿子参加会试。

当然了，老子是朝廷高级干部，儿子考试名列前茅，却不挨骂的，也还是有的，不过是绝无仅有。这对英雄父子，就是杨廷和以及他的儿子，三大才子之一的杨慎。

杨慎兄考中了状元，老爹却没有挨骂，这是因为杨慎兄名声太大、水平太牛，牛到大家达成共识，如果杨慎考不中，那才说明考试有问题。

同样的命运似乎又降临到了徐渭的身上，他名闻天下，才高八斗，去参加小小的乡试，所有的人都认为，中举对他而言，不过是个名次问题。

可是上天偏偏要玩徐渭一把，他第一次参加乡试，没有考中。没关系，擦擦汗，三年后接着考。

第二次，徐渭又没有考中，老天爷玩了他第二把。

同样的游戏发生在三年后，徐渭第三次落第了。

郁闷到极点的徐渭遇到了一个无法解答的难题——为什么就是考不中呢？

正是在这人生最艰难的时候，他遇见了改变他一生的人——胡宗宪。

在那次追击战失利后，打了败仗的胡宗宪已经不是浙江巡抚了。但出人意料的是，这位仁兄非但没有降职，反而升任了总督。

因为他的靠山赵文华充分地发挥了自己栽赃的特长，不但把有功的曹邦辅贬了官，还顺带捎上了当时的总督杨宜，硬给他背了个领导责任。

于是曹邦辅和杨宜就此走人，胡宗宪成为了新任总督，他终于可以全力以赴地开始自己的雄图大业了。

在这之后不久，他听说了关于徐渭的种种传说，经过实际考察，他决定收编这位才子，作为自己的幕僚参谋。

胡宗宪天性聪明绝顶，是一个十分自负的人，他虽然逢迎赵文华和严嵩，但在心底里却根本瞧不起这两个人。而此时的他，更是威风八面，上有严嵩撑腰，下有心腹爪牙，除了南直隶和浙江外，连福建、广东各省都要卖他的面子。

这也就罢了，偏偏这位胡总督还是个相当可怕的人。据史料记载，胡宗宪生来相貌非凡，而且有一种逼人的气势，不怒自威，相当于今天所说的官威，令人望而生畏。

比如俞大猷，这位同志是出名的硬骨头，敢于坚持原则，不怕丢饭碗，外加还有一身纵横天下的武艺。曾有人戏言，就算他死了，黑白无常都不敢来带他走。

但就是这么一位响当当的大侠，浙江军分区司令员，每次遇到胡宗宪的时候都小心翼翼，连头都不敢抬，有时还会发抖。

相对而言，徐渭的层次实在太低，连个举人都考不中，虽然有名，也只是个有名的穷光蛋而已。

现在总督看上了穷光蛋，打算请他当幕僚（师爷）。在绍兴一带，当师爷是常事，但能遇到胡宗宪这样的大主顾，还是可遇而不可求的，更何况是人家主动来请，在很多人看来，这是天上掉下来的馅饼。

徐渭还是比较直率的，面对总督的使者，他用一口流利的绍兴话快速作出了回答。但他说完之后，使者却一动不动——实在听不懂。

无奈之下，使者请来了翻译，这才了解了徐渭的意思，真可谓是言简意赅——从哪里来，回哪里去！谁让你来，你让他来！

面对这位超级牛人，使者也无话可说，只好乖乖回去，哆哆嗦嗦地转达了这位穷秀才的原话。

然而，出乎所有人的意料，一贯狂傲不羁的胡宗宪竟然没有发火，他思索片刻，便对下属说道：我去找他。

骄横的胡总督竟然让步了，让步给一个穷秀才，这是一件令人匪夷所思的怪事。

然而事实证明，胡总督没有做亏本买卖，和这位穷秀才后来作出的贡献相比，别说是让步，让他磕头都值了。

自古以来，风流才子就是很多高官拉拢的对象，但实际上，这些所谓才子除了吟诗作对、附庸风雅外，并没有任何作用。比如著名的王羲之、王徽之父子，字写得很好，诗文也很不错，但在日常工作中，他们则应该直接被划入低能一族。

王羲之就不说了，官做得不小，却几十年如一日领工资，混日子。他的儿子王徽之更离谱，这位仁兄曾在军中当过骑兵参军，多少也算个武官，但整天只是东游西荡，啥事不干，浑似梦游。有一天，有人问了他这样一个问题：

"你到底是干什么的？"

王徽之同志认真地思考了这个问题，作出了回答：

"我经常看见有人牵着马在我前面走，我可能是管马的。"

在历史中，这种才子兼白痴可谓是数不胜数，而徐渭似乎也应归入此类。

因为徐渭的情况和以上两位十分类似。他身负盛名，且多才多艺，十分擅长书法、绘画、诗文，郑板桥老先生看了他的画，便愿意到他门下当条狗，虽是个人意愿不好推广，倒也充分体现了徐渭的绘画水平。

然而，对于大众的厚爱，徐渭兄却十分低调，极其谦虚。从他的自我评价中可见一斑：

吾书第一，诗次之，文次之，画又次之。

照这个说法，让后人敬佩不已的高超画技，竟然是徐渭先生最不用心（相对而言）的专业，实在是耸人听闻。

万幸的是，徐渭先生并不孤独，因为据我所知，还有一位广为人民群众传颂的人，也有着相同的绘画水平，他就是著名的神笔马良同志。

牛到这个程度，也算是相当可以了。然而牛得上了天的徐渭先生，在现实生活中却是相当失败，读了二十多年书，连举人都考不中，基本生活也无法保障，似乎比那位王徽之也好不了多少。

可是胡宗宪依然亲自前去拜访了他，操着一口徽州话，连说带比画，糊弄了半天，终于把人带了回去。

胡宗宪是一个喜欢实干的人，极度讨厌说空话的文人，而他之所以对徐渭如此看重，如获至宝，只是基于自己的一个直觉判断——除了诗词书画外，这个人还有着更为出众的能力。

他的判断十分正确。

事实上，徐渭对自己的能力排序是错误的，因为他最突出的能力既不是绘画，也不是书法，更不是诗词，而是兵法。

徐渭是一个精通兵法的人，且绝非纸上谈兵。这也是个怪事，胡宗宪懂兵法，那是在边界喝了几年风，看了无数死人，千辛万苦才有所悟。

徐秀才天天坐在家里，也没机会上战场观摩，光凭几本兵书就熟知作战兵法，只能说他太有才了。

就这样，穿着一身破衣烂衫的徐渭，大摇大摆地进了总督府。他也真不把自己当外人，好吃好穿不说，看见什么好就拿什么，除了胡宗宪的老婆，没有他不敢开口要的。

更为滑稽的是，这位仁兄吃饱了饭后，就喜欢四处瞎转悠，不分场合，不分地点。有一次胡宗宪在议事堂召开重要军事会议，与会者包括俞大猷、卢镗等高级将领，大家正屏气凝神地听胡总督训话，徐渭突然闯了进来。

看见这位师爷门都不敲，疾行而入，胡宗宪还以为有何紧急事务，当即闭上嘴，等着徐先生的指示。总督不说话，自然没人敢出声，于是会场一片寂静，大家聚精会神地看着这位天外来客。

徐师爷果然不同凡响，在众人的目光注视中，他一言不发，轻松自如地绕场一周，然后扬长而去。

所有的人都目瞪口呆，半天才回过神来：这人莫不是个神经病吧？

胡宗宪是一个十分严肃的人，对下属也缺乏耐心，动辄质问谩骂，谁要敢在他开会的时候来这么一手，打个半死拖出去喂狗也不奇怪。

然而，对这位拿他开涮的穷秀才，胡宗宪却表现出了极大的容忍，压根儿就没提过这事，放任不管。

胡宗宪的谦虚谨慎收到了回报，在度过开始的磨合期后，徐渭开始放射出耀眼的光芒。他的文笔极好，切中要点，上至皇帝、下到县府，胡宗宪的一切来往公文都由他包办，连老牌公文专家严嵩都几次来信，表扬胡宗宪的公文写作。

然而，对胡宗宪影响深远的，并不是这些往来文书，而是一次不经意的谈话。

成为总督的胡宗宪原本以为，在他的光辉领导下，倭寇之乱可以很快平息，但自嘉靖三十四年后，这场祸乱却越发严重，抢劫犯们越来越勤奋，每年都要来光顾几十次。胡宗宪不肯示弱，分兵出击，全力进剿，结果却是败多胜少，入不敷出。

就在胡宗宪为又一次战败抓耳挠腮，苦思对策的时候，徐渭来到他的身边，对焦头烂额的总督大人说了这样一句话：先定大局，谋而后动。

胡宗宪就此找到了通往胜利的道路。

他终于醒悟，原来一直以来，自己都在为一城一池之得失拼命，而获取胜利的关键，他却从未把握。

撩开了前方的重重迷雾，胡宗宪终于发现，在那些乱七八糟的渔民、海盗、日本人、西班牙人、葡萄牙人的背后，隐藏着两个真正的对手。

第九章

强敌

○面对如此可怕的金融武装集团 胡宗宪找不到任何自信的理由 在他看来 想战胜这两个对手 无异于痴人说梦

◆ 汉奸？海盗？

实事求是地讲，日本人之所以能够成为倭寇军的主力，绝非是智商有何过人之处，只是因为他们脑子一根筋，打仗不怕死，总是冲在最前面，正是所谓好用又结实。

而根据史料记载，这帮远道而来的日本抢劫犯基本不识路，脑袋也不好使，如果让他们自己上岸转悠，没准儿就被人贩子给卖了。

其实，日本人到中国沿海混饭吃，从朱元璋时代就已经开始了，但两百多年你抢我抓，也没出什么大乱子。嘉靖年间，倭寇之所以如此庞大，且有组织、无纪律，实在要拜两位仁兄所赐，这两个人，一个叫汪直，另一个叫徐海。

汪直，是明史上的称呼，其他史书大都称王直。十分凑巧，这位兄台正是胡宗宪的老乡，他也是徽州人。要说起这位兄弟的传奇经历，那实在是三天三夜都讲不完。

在许多史书上，汪直的定义大致如此：生性狡诈，偷鸡摸狗，后游荡到日本，勾结倭寇，为日本人带路进犯中国，是罪大恶极的狗汉奸。

倭寇的真相

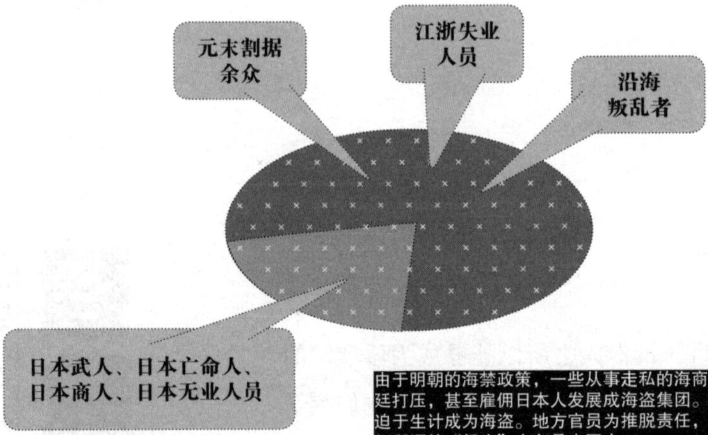

由于明朝的海禁政策，一些从事走私的海商集团武装起来对抗朝廷打压，甚至雇佣日本人发展成海盗集团。还有零散的沿海居民迫于生计成为海盗。地方官员为推脱责任，一概称之“倭寇”。但所谓的“倭寇”大多是中国人。

这的确是一个极其醒目，且振奋人心的结论，但在我看来，它很有可能是错误的。

而且至少我可以肯定一点：汪直不是汉奸。

这里特别声明：本人不是翻案一族，也无意向这方面发展，下此结论，只是因为汪直不符合汉奸的定义。

什么是汉奸？在嘉靖年间，所谓汉奸，就是给日本倭寇干活的人。

按此标准，汪直实在不够格，因为这位兄台确实没帮日本人干活，恰恰相反，是日本人给他打工。

汪直，号五峰。其实那一切传奇风波的起始，只是因为一桩生意。

作为胡宗宪的最强对手，汪直自幼就是一个十分聪明的人，不过很可惜，他的聪明并不在读书上。

汪直的脑袋似乎很难接受四书五经的信号，读书对他而言是一种折磨，所以机灵的他很快就给自己找到了另一条出路——做生意。

一般人做生意，都是由小做起，先得摆地摊，开杂货店，慢慢地才能倒钢材，

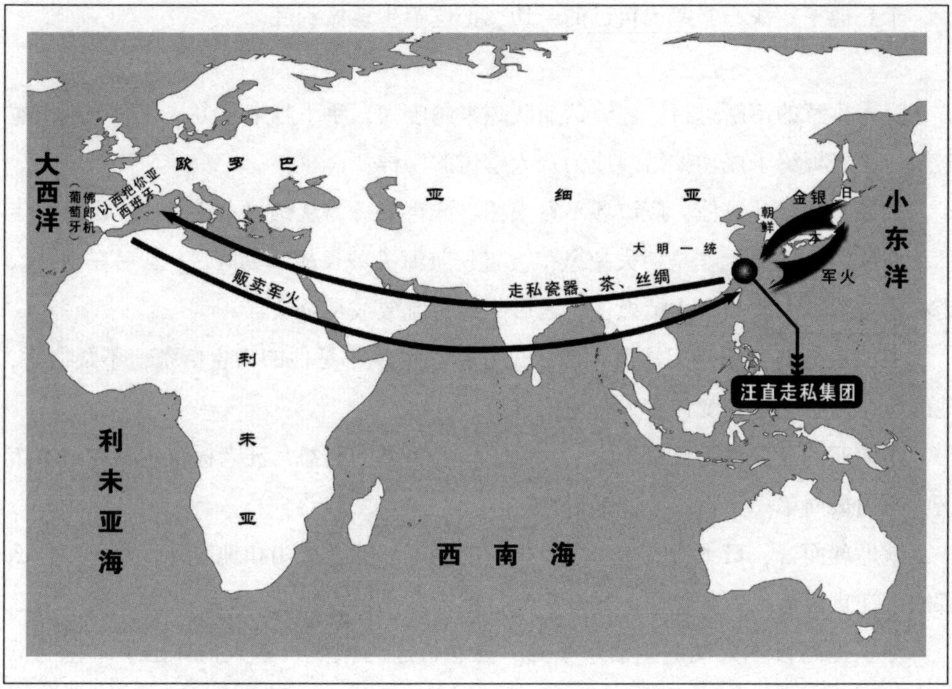

↑ 汪直的海上贸易

卖军火。而汪直却大为不同，从经济学的角度讲，汪老板的生意起点相当高——国际贸易。

所谓国际贸易，说穿了就是把国内的货卖到国外，再倒回来。汪直很明白，在街头卖香烟是很难发财的，只有转口贸易才能致富。在明代，海上贸易是被明令禁止的，所谓“片板不得下海”，抓住了可不是闹着玩的。但是历史无数次证明，棍棒打不倒经济规律，发家致富的意志和决心是无法阻拦的。

汪直就是早期下海的发起人之一，他找到了一个叫徐惟学的合伙人，说服他一同外出经商。这个徐惟学也不是善类，早年还干过几年强盗，后来心一横变卖家产也下了海。

汪直的第一笔贸易是在广东进行的，他带着货物在一个深夜悄悄出海，向着更远的南方驶去。

在今天的东南亚一带，汪直以极为悬殊的价格卖出了他的货物，当巨额的利润流入口袋的时候，他感受到了前所未有的兴奋。

于是他下定决心，赌上自己的一切，把这笔生意做到底。

随着生意的不断进行，汪直的船队越来越庞大，手下越来越多，利润也越来越丰厚，汪老板终于成功致富，成为众人模仿的榜样。

如果事情就此打住，应该还不算太坏。汪直的行为从法律上定义，应该算是走私，而最坏的结果无非是树大招风，被省长兼海关关长胡宗宪盯住，然后在某一次走私中被缉私大队长俞大猷抓住，之后判刑、流放或是杀头。

但汪老板的欲望是无法满足的，见好就收也绝不是他的人生信条，不久之后，他终于作出了一个改变许多人一生的选择。

东南亚的业务潜力已经不大了，为了获取更多的利益，汪老板决定转向日本市场。原因很简单——日本人的钱好赚。

就地理而言，日本实在是个鸟不生蛋的地方，除了火山和地震外，差不多什么都缺。汪直贩运货物到这里，想开多高价就开多高价，独此一家，爱买不买。

除了提高日本人民的生活水平外，汪老板还为减少日本人口作出了卓越的贡献，因为在提供日常物品的同时，他还走私一种十分特别的货物。

其实这种货物大家并不陌生，近几百年来，在国家贸易品的排名中，它始终盘踞排行榜第一名——军火。

在东南亚贸易中，汪直和葡萄牙人成了铁哥们儿。葡老外们喜欢中国的瓷器、茶叶，口袋里却没钱，只好拿枪去换，且唯恐汪直不收，所以价格便宜，算是半卖半送。

汪直充分发挥了奸商的本色，每次都表现得极其为难，还经常表示下不为例，

参考消息 **物以稀为贵**

明朝时期的日本可不是如今的模样，他们每次派遣使者带到大明的礼物不是硫黄、陶罐，就是折扇、武士刀，基本乏人问津。到了嘉靖年间，日本的茶道形成，贵族之间的攀比之风盛行，所需的诸种唐物，如丝绸、茶叶等，都已经涨到天价。甚至当时日本的当铺都把唐物当做奢侈品，并规定举凡唐物典当，每月的借款利息不得超过百分之五到百分之六。

结果一转手，就把它们送到了日本——以十倍的价格。

别说十倍，就是一百倍，估计日本人也照买不误。当时正是战国时代，彼此之间打来打去不亦乐乎，大刀长矛也用腻了，大家都改玩枪了。

在汪直的订货名单中，岛津、织田等诸侯都是大客户。汪老板还比较讲信用，有时还会去调查战争杀伤情况，确保售后服务。

当然了，在贸易进行中，也有一些不和谐的插曲。东南亚和浙江沿海向来是海盗聚集地，汪直的船队经常由于目标太大，被人抢劫。汪老板气得不行：我运的是军火，你竟敢抢我？！

一怒之下，他组织了私人武装。开始还只是护航，后来发现海盗这活儿来钱更快，索性兼职干起了海盗。就这样，汪直由一个海外淘金者变成海商，最后又成为了武装走私集团的头目。

然而，这远不是终点。随着业务的不断扩大，汪氏海外贸易有限公司兼海盗无限集团亟需寻找一个固定的办公场所。当然困难是存在的,嘉靖先生虽说忙着修道，但绝不会允许汪老板在他鼻子下面开办事处。

为了公司的长远发展，汪直决定把总公司搬到日本，具体位置在日本九州南部(今日本冲绳附近)，他在那里占据了一片地方，作为自己的基地。

汪老板的生意做得很大，他不但有大型船队、私人武装，还过了一把皇帝瘾。在他的辖区内，住着四千多名中国移民，服从他的管理，他还雇用了很多来找工作的日本人，身体好的担任保镖或是打手，体格差的就安排扫大街，当下人使唤。

汪直对公司的发展十分满意，还给自己的这片自留地取了个名字——“宋国”。

必须说明的是，汪老板在日本开公司，是没有经过当局允许的，也没有到有关部门注册，成立多年一分税钱也没交过。这事往大了说，就是非法侵占他国领土，是对国家尊严的大胆挑衅。

但从头到尾日本人连个屁都不敢放，原因很简单，他们不敢。

在日本史书里，战国被描述成一个英雄辈出的时代，无数勇猛之士在万军之中横冲直撞，着实壮观。

但是实际情况可能并非如此。比如日本历史上著名的桶狭间战役，那位威震日

汪直的海上贸易

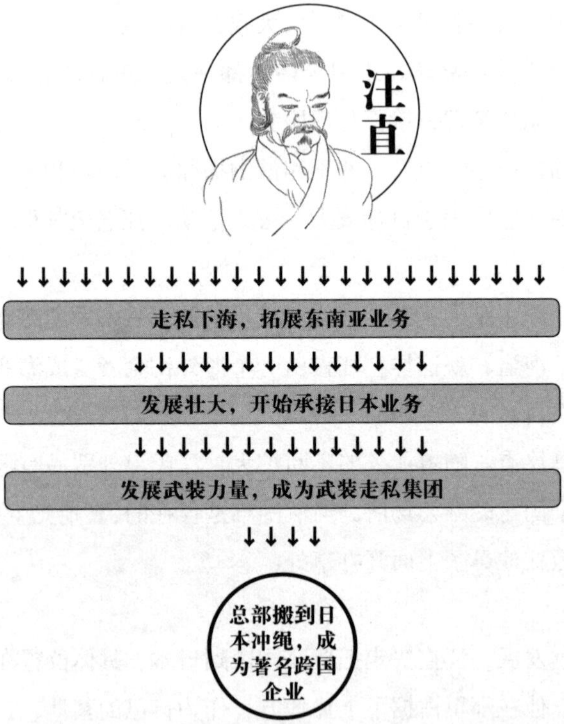

本、号称无人可挡的大诸侯今川义元，手底下的全部兵力不过四五万人，仅此而已。

当时，一般战役两方人数加在一起也就五六千人，要摆在中国，这也就是个仪仗队。不过倒怪不得日本同志们，毕竟人口有限，要组织个大规模战役难度太大，说句寒碜话，能战死个几千人已经很不容易了。

汪老板之所以如此嚣张，也正是欺负日本人少。当时光隶属于他的军队人数已经近万，而且都配备最新型火枪。其所在的九州地区民风彪悍，诸侯十分好战，汪直却对他们毫无顾忌，还经常派几千人拿着洋枪，开着战船，从他们的海岸招摇过市，这帮人别说武力对抗，连吱都不敢吱一声。

恰恰相反，他们对汪直十分客气，逢年过节还要送礼上供，唯恐得罪了这位有钱又有枪的大爷。

公正地说，汪直确实算不上汉奸，因为估计日本也没人能用得起他这样的汉奸，倒是很多人日本人要眼巴巴地求他，靠他吃饭。

这就是汪直，这就是胡宗宪即将面对的头号对手，远比任何日本剑道高手都要可怕的对手。

相对而言，第二号人物的实力要差一些，但他却比汪直更具传奇色彩——因为一个女人。

徐海，徽州人，胡宗宪的第二强敌。

说来真是凑巧，他也是徽州人。老天爷实在很公平，谁惹出的麻烦谁来收拾，最终的决战将在这三个徽州人之间展开，只有一个胜利者。

汪直不是汉奸，但徐海是汉奸，货真价实的汉奸。

徐海的别号叫做普静，这个称呼看上去很像是和尚的法号，而实际上，它确实是一个和尚的法号。

在少年的时候，徐海曾经是杭州寺庙的和尚，每天撞钟念经，过着平静的生活。然而有一天，他的叔叔跑来，告诉他自己已经找到了一份很有前途的工作，还有个非常可靠的朋友做合伙人，只要你参加，管保前途远大，衣食无忧。

徐海考虑了很久，终于接受了叔叔的邀请，离开了寺庙，去干这份很有前途的工作。

应该说，这个邀请并非全是忽悠，这份工作确实让他衣食无忧，而且从某种程度上讲，也可以说是前途远大。

但问题在于，他的叔叔名叫徐惟学，那位非常可靠的朋友叫做汪直，而那份有前途的工作，自然是走私。

徐海就这么下了水，开始跟着汪老板跑船。随着生意越做越大，他的收入越来

参考消息 **帮着叔叔数钱**

有证据表明，徐海刚刚东渡到日本，就被抵押给日本大隅地方的一个土豪，换来的几万两银子成了叔叔徐惟学的本钱。与其说徐惟学是迫于生意失败，才把跟着自己发财的侄子押给债主，倒不如说他是存心把侄子骗过来卖给日本人的。好在徐海是僧人出身，很多日本民众都把他当成从大明来传道的高僧，经常捐些香油钱。徐海就是靠这些钱赚了第一桶金：开了一家修理厂，专门给海盗们修船。

越多，相关业务（驾船、抢劫）也越来越娴熟，如无意外，他将很有可能成为汪直手下的走私头目。其结局无非两种：要么攒点钱，回家买房子娶老婆；要么一直干下去，直到被抓住或是被打死。

可是命运之手却将他推向了第三条路，一条更为奇异的道路。

徐惟学原本是汪直的合伙人，双方初始合作愉快。可慢慢地，这位兄台不满意了，两人虽然一同下海，但汪直的能力超过他，生意大过他，利润也高过他，思前想后，徐惟学决定分出去单干。

单干，要有资本，徐老板的钱不够，便四处找人借，而其中最大的一笔借款，债主恰好是日本倭寇。有了钱，徐老板就开始干起了走私兼海盗，但事实证明，他忽略了一个重要的经济学问题：任何带有商业性质的活动，都是有风险的，走私和海盗也不例外。

徐惟学运气不太好，他的船队经常遇上风暴和明军，好几次血本无归。买走私货要钱，手下的抢劫犯们也要领工资，加上倭寇催款，徐惟学焦头烂额。

欠银行的钱，还不了最多不过是坐牢，可是欠倭寇的钱，还不起就没那么简单了，那可是拿命换来的，绝不容许变成坏账。可是徐惟学的家产已经卖光了，也没有什么可抵押的，于是无奈之下，他干了一件十分缺德的事——抵押自己的侄子。

在徐叔叔看来，侄子也算是他的财产。就这样，徐海成为了倭寇的财产人质。

此时的徐海倒还不以为然，以为不过是多吃几顿日本料理，不久后叔叔就会把他赎回来，然而意想不到的事情发生了。

徐惟学实在没有做生意的命，回去后不但没翻本，反而赔得更多，最后还因债务纠纷丢了性命。

当这一消息传到徐海耳朵里时，面对着血本无归、暴跳如雷的倭寇，他没有慌张，镇定地用一句话挽救了自己：

“留下我的性命，我跟你们一起干。”

反正钱也没了，为了不至于人财两空，徐海就此成为了倭寇的一员。当然，在那些日本人的眼里，他们不过是多了个端茶倒水的人而已。

然而，事实并非如此，徐海的能量远远超出了他们的想象。

从本质上说，汪直是一个一流的商人，二流的海盗——通俗点说，他最擅长的是经济，之后才是军事。而徐海却恰恰相反，在成为一个成功商人之前，他是一个军事天才。

徐海没有受过什么教育，算是自学成才。他有着惊人的天赋，极具组织才能，而且十分精于海上作战，和那些死脑筋的倭寇比，他实在是个过于突出的人。所以没多久，他就加入了倭寇抢劫公司，成为了正式成员，获得了自由，之后还曾一度跻身管理层，当上了高级别领导。

徐海发达了，他利用自己的才能和与倭寇的良好关系，在众多的海盗中脱颖而出，拥有了固定的势力范围和强大的部属。

但必须说明的是，此时的徐海依然是倭寇手下的棋子，他没有汪直那样的实力，只能靠日本人吃饭。

他的致富方式十分类似于旧中国的买办。每次带领倭寇进犯之前，他都会与对方签订合同，带多少人、去抢哪里、事后分红份额，其条款十分清晰。倭患如此猖獗，这位汉奸可谓是始作俑者之一。

但作为汉奸，和抗日电影里那些摇头晃脑的同行相比，徐海是很特别的——他是一个十分强悍的汉奸。

胡宗宪曾领教过徐海的厉害。有一次，倭寇大规模进犯浙江一带，胡宗宪派游击将军宗礼率军主动出击，恰好遇到徐海的船队，双方在三里桥大战。

一开始，宗礼根本没把徐海的杂牌水军放在眼里。而事实似乎也是如此，双方交战后徐海军一触即溃，宗礼大喜过望，鼓舞军队继续作战，再次击败徐海。

两次连续的胜利让宗礼相信，徐海不过是个浪得虚名的小角色，于是他又发动了第三次攻击，徐海的水军似乎已经失去了反抗能力，第三次大败。

但就在宗礼准备预写他的第四次捷报时，徐海用自己的行动证明了一个真理——没有人能随随便便成功。

在明军防备松懈之时，徐海悄悄集结了他的精锐水军，出其不意地发动了反攻。为了让宗礼相信自己的软弱，他退却了三次，至此一举收回成本。明军大败，几乎全军覆没，宗礼本人战死。

这就是胡宗宪面对的两个强敌：强悍的汪直、狡诈的徐海。要平息倭寇，必须除掉这两个人。

可在仔细考量双方实力之后，胡宗宪终于悲哀地发现，他几乎毫无胜算。

汪直自不必说，这位土皇帝富可敌国，兵强马壮，比日本诸侯还厉害。徐海虽然稍微差一点，但他极其狡猾，且精于水战，凭借明朝的海军，要彻底消灭他几乎是不可能的。

思前想后，胡宗宪对时局感到绝望了。然而此时，徐渭却轻松地告诉他，其实要解决这两个人，一点也不难。

这一次，胡宗宪没有相信他的师爷，因为这句话实在太不靠谱。且不说这两个人手下有上万名武装海盗，更重要的是，他们还占据着一种特殊的资源——钱。

根据某些历史学者统计，汪直的商业贸易额曾一度超过浙江全省的财政收入。海盗竟然比政府还有钱，到底谁是政府？

面对如此可怕的金融武装集团，胡宗宪找不到任何自信的理由，在他看来，想战胜这两个对手，无异于痴人说梦。

“用武力是很难战胜他们的。”徐渭点点头，他同意胡宗宪的看法，“但要战胜他们，并不一定要动用武力。”

不用武力？这帮人不远千里来抢劫，莫非你请他们喝杯茶，给个红包他们就肯走人不成？

“是的。”徐渭作出了肯定的回答。

◆ 缜密的计谋

徐渭告诉胡宗宪，其实一直以来，他并不了解汪直，因为这位仁兄归根结底，只不过是个生意人。

做生意的人，只求财，不求气。汪直所想要的，并非大明江山，只不过是自由通商的权利。

“但是海禁是历代祖制，我也无能为力。”胡宗宪只能无奈地叹气。

徐渭的脸上露出了狡黠的笑容：

“我并没有说要给他这个权利。”

胡宗宪终于明白了徐渭的意图，开放海禁是不可能的，但谈判是可能的，两者之间并不矛盾。谈判只是实现目的的手段，他们并不需要作出任何承诺。

“首先，我们必须与汪直取得联系，招他上岸商谈。”

“但汪直待在海外，且素与我们为敌，他怎么肯来呢？”胡宗宪对此并不乐观。

“你忘了吗？”徐渭又一次露出了笑容，“他的母亲和妻子在你的手上。”

自从汪直下海之后，朝廷就把他列入了黑名单，他的母亲和老婆都被关进了监狱，已经吃了好几年牢饭。胡宗宪随即签发了特赦令，把她们放了出来，不但好吃好住，还分给她们一套房子。

胡宗宪的想法很简单，善待汪直的家眷，以显示自己的谈判诚意。但很快，他发现这个想法又过于简单了。

释放管饭分房是十分容易的，但在做完这些之后，胡宗宪才意识到一个重要的疏漏——怎么让汪直知道呢？

要知道，汪老板虽然还是中国国籍，却已移居海外，找倭寇带话又不太靠谱。胡宗宪傻了眼，苦思冥想后他决定冒一次险。

嘉靖三十四年十一月，胡宗宪派出了他的使者蒋洲、陈可愿，他们的使命简单明了：去日本，找到汪直，告诉他所有的一切。

这基本上应该算是个不可能完成的任务。如何保障海上交通安全且不说，即使到达日本，在那个兵荒马乱的地方，想找到一个人，谈何容易。

参考消息 **当坏人的机会**

就像徐文长料想的那样，汪直当海盗，一直是有些无奈的，他的目标一直是解除海禁，是正当地赚钱做生意。在汪直的海盗生涯中，曾经两次组织各路豪杰与倭寇一起冲击沿海海防，试图通过对峙来影响明朝政府对海禁的态度。但他看到了后来戚继光看到的场面——这些海岸线的守卫者们丝毫不在乎他们身后的老弱妇孺，扔了兵器就逃跑。手下的海盗们追得兴起，汪直当然也不能无功而返，望着跑得不见踪影的明军将士，只得转向附近的村落洗劫，造成数个村子顿时荒废。

但是事情的顺利程度远远超出了他们的意料，两人在日本九州成功登陆，见到了当地的大名（诸侯）。很明显，大明帝国东南总督的名号还是有相当威慑力的，日本土财主给了胡宗宪很大的面子，热情招待了两位使者。

不管事情办成与否，白吃一顿总是好的。然而，就在两人狼吞虎咽之际，却听到了这样一个询问：是否有兴趣见见本地一个叫毛海峰的人。

那位无心插柳的日本领主刚说完这句话，就惊奇地发现，两个原本一心一意努力吃饭的人立刻丢掉了筷子，连声大叫道：现在带我们去！

因为这是一个他们极其熟悉的名字，毛海峰，是汪直的养子。

蒋洲和陈可愿终于找到了要找的人，在毛海峰的引荐下，传奇人物汪直第一次出现在他们的面前。

汪直的开场白是并不友善的，除了胡宗宪挡他发财、和他作对外，全家人被明军杀光也是他大发雷霆的主因。

所以当蒋洲告诉他，他的家眷不但没死，政府还给他们分了房子，衣食无忧。当拿出了他家人的亲笔信时，汪直的态度彻底转变了。

他十分高兴，还连声为自己辩解，说他并不想干这行，早就有归顺之意，并且愿意帮助胡宗宪平定倭乱。

蒋洲和陈可愿万没想到，事情竟然如此一帆风顺，大喜过望。而汪直也确实很够意思，不但管吃管住，还带着他们游览日本全国。各地诸侯听说汪直出访，纷纷列队热烈欢迎（财神爷来了），比将军大人还威风，看得两位使者目瞪口呆。

排场也要了，世面也见了，蒋洲和陈可愿开始提醒汪直，应尽快回国与胡宗宪商谈具体事宜，汪直满口答应，并预定了出发日期。

出航的日子到了，然而，就在船只即将起锚出发的时候，汪直却做出了一个意想不到的举动。

他突然强拉着蒋洲，跳上了岸，目送着船只离去，笑着对惊恐的使者说了这样一句话：

“我还不能去，你也不能走。”

汪直不是三岁小孩，几十年江湖也绝不是白混的，他从不相信任何人的空口许诺，包括胡宗宪在内。

就这样，毛海峰带着陈可愿，来到了胡宗宪的管辖地，他此行的真正目的，正是谈判。

虽然有了重大进展，但没有看到汪直本人，胡宗宪依然很失望。而当他看到那封汪直给他的亲笔信时，这种情绪到达了顶点。

这是一封很能体现汪直特点的文书。在开头部分，他十分恭敬地表示，自己愿意接受朝廷招抚，痛改前非，为国效力。之后突然话题一转，开始吹嘘自己，大意是本人在日本混了很多年，现在很牛，一般的诸侯都可以搞定，但由于日本诸侯太多，敌情复杂，本着帮助国家彻底清除倭寇的精神，我暂不能回国，目前正与朝廷特使蒋洲巡视各诸侯，处理外交事务，等到告一段落，我会立刻回国报到。

当然，光讲废话是没用的，最后他亮出了自己的真实条件——开放海禁。

胡宗宪勃然大怒，他知道自己被汪直涮了，说来说去，这个老滑头一点也没有松口，而他开出的条件是胡宗宪绝对无法答应的。

所以闹来闹去，事情依然毫无进展。

在犹豫的关口，徐渭再次出现，用他的智慧拯救了胡宗宪。他告诉自己的东家：现在的汪直过于强大，绝不可能作出妥协，但这个对手也并非毫无破绽，只要找到合适突破口，就能战胜这个强敌。

事实上，这个突破口就在眼前——毛海峰。

作为汪直的全权代表和贴身亲信，毛海峰也是一个极其狡猾的人，但是和老狐狸胡宗宪相比，他还有不小的差距。

出乎他的意料，胡总督对他这个倭寇没有表现出一丝一毫的轻蔑，反而礼遇有加，每天好酒好肉招待。毛海峰是个比较实在的人，吃人家的嘴软，感觉不好意思，便向胡宗宪表示希望能帮点忙。可是胡宗宪却总是笑而不答，啥也不让他干。

这事要放在严嵩这类人的身上，估计还求之不得，偏偏毛海峰脸皮厚度不够，坚持表示一定要干活，扫大街也行。

于是胡宗宪终于勉强地答应了，他十分为难地表示，在舟山一带盘踞着一伙倭寇，十分凶悍，而自己没有能力解决他们。

还没等胡宗宪把话说完，毛海峰就跳了起来，跑回船上召集手下抄起家伙去了舟山。

结果是毫无悬念的。汪直出来干海盗的时候，舟山的那帮小兄弟还在穿开裆裤，听说汪老板的队伍到了，还没等毛海峰动手，倭寇们已经逃窜一空。

胡宗宪亲自迎接了这位得胜归来的英雄，并主动为他请功，算得上是兴高采烈。

他确实应该高兴，当然这与舟山的那帮小蟊贼并无干系，真正的原因在于，自毛海峰发动进攻的那一刻开始，一个重大的转变已然发生：从此以后，在所有倭寇的眼中，汪直将不再是他们的朋友。

前任倭寇，现任抗倭英雄毛海峰看着开怀大笑的胡宗宪，也露出了开心的笑容，当然，其实他并不知道对方在笑些什么。此时此刻，他的唯一感觉是，胡总督是个很够意思的人。

事实上，胡宗宪确实很讲义气，他把战利品全部交给了毛海峰，还额外给了很多赏赐，并且表示，自己绝不会亏待和政府合作的人。

毛海峰十分感激，胡宗宪的慷慨与大方超出了他的预料，但他依然保持着警惕，因为还有一件事情，是他始终放心不下的。

不久后，毛海峰找到了胡宗宪，小心翼翼地表示，自己已经待了很长时间，是时候回去找汪直汇报谈判情况了。

毛海峰非常清楚，作为汪直的养子和亲信，他有着很高的人质价值，如果胡宗宪玩花样，他将到牢房里继续自己衣食无忧的宾客生活。

然而，胡总督的反应却着实出人意料，他看着不安的毛海峰，只是平静地说了一句话：我亲自为你送行。

此外，他还极有礼貌地送给毛海峰许多土特产，并托他向汪直带去自己的良好敬意，期盼他早日到访。

毛海峰终于被彻底打动了，他怀着对胡宗宪的无限好感回到了领地，并把他所看到的一切告诉了自己的养父。虽然事情仍然毫无进展，但正如徐渭所预料的那样，强大的海盗头目汪直终于露出了破绽，一个致命的缺口已经打开。

第十章 天才的谋略

○古语有云：杀降不祥，既然徐海已经投降，再杀他似乎就有点无耻，很明显，胡宗宪并不相信这句话，也不介意别人说他无耻，所以他做了，而且做绝了

◆ 一个特殊的女人

汪直暂时稳住了，胡宗宪决定着手对付他的另一个强敌——徐海。

从策略上分析，胡宗宪用在汪直身上的，应该算是怀柔战术，在实力不占优势的情况下，向对方示好，以谈判麻痹对手，等待时机的到来。

事实证明，这一战术达到了预定的目标，所以胡宗宪决定故技重演，在徐海身上进行二次实践。

然而，徐渭表示了反对。

伟大的马克思主义告诉我们：具体问题要具体分析。徐渭先生虽然没有研究过这一伟大理论，却也能无师自通。他告诉胡宗宪，徐海是不能招抚的，因为此人和汪直不同。

汪直多少还算个商人，财大气粗，而且军力强大，难以击溃，加上这位仁兄十几年胡乱闹腾，既不要钱也不要官，只是一门心思想向朝廷要通商政策，对这号人，只能小心伺候，慢慢忽悠。

徐海却是个彻头彻尾的海盗，还有个响亮的称号——“狗汉奸”。加上他年轻气盛，擅长打砸抢，

而且正处于事业上升期。对他妥协，只能增加他的嚣张气焰，所以对付徐海，只能用强硬的手段。

胡宗宪同意徐渭的观点，却又提出了疑虑：徐海虽然实力较差，但此人精于海战，极具军事天才，以明朝海军的实力，很难战胜敌军，之前的那次惨败就是范例。一旦开战，难有胜算。

徐渭再次露出了扬扬自得的笑容，他走到胡宗宪的面前，一本正经地纠正了总督大人的逻辑错误：

所谓强硬的手段，并不一定是指武力。只要能够消灭对手，可以使用任何方法。

而对付徐海的指导方针也就此确定——万勿妥协，赶尽杀绝。

为实现这一目标，徐渭和胡宗宪进行了详尽的分析与商议，终于制订出了一个几乎天衣无缝的计划。事情发展证明，徐海最终正是在这个计划的推动下，被无情地绞杀。

这个计划的第一步，是从一个间谍开始。

由于徐海长期在国外工作，很少回国探亲，即使每次回来，也都忙于工作（抢劫），且十分匆忙（不跑就完了），但他的老家毕竟还在这里，还有许多亲戚和同乡。为了彻底摸清徐海的底细，胡宗宪决定玩一把无间道，派一个人前去卧底。

这个人的名字叫做罗龙文，没有官衔。他之所以能够被选中执行如此光荣的任务，是因为他具备两个优势：首先他是徐海的老乡，两人家住同村，容易沟通感情。而更重要的是，这位罗先生有一个不太光彩的特长——挑拨是非。

用今天的话讲，这是一个心理比较阴暗的人，唯恐天下不乱，喜欢闹事。然而，胡宗宪依然选中了他，因为他正需要这样的人。

靠着一个由大才子徐渭编剧的感人故事和老乡的身份，罗龙文成功地打入了徐海犯罪集团内部，在那里，他善于挑事的特长将得到充分的发挥。

没过多久，胡宗宪就从罗龙文那里得到了他想要的情报：正如徐渭所料，貌似强大的徐海集团是不难击破的，因为它有一个致命的弱点——内讧。

和汪直不同，徐海海盗公司不是独资的，除了徐海之外，还有两位投资者，一个叫陈东，另一个叫麻叶。

汪直VS徐海

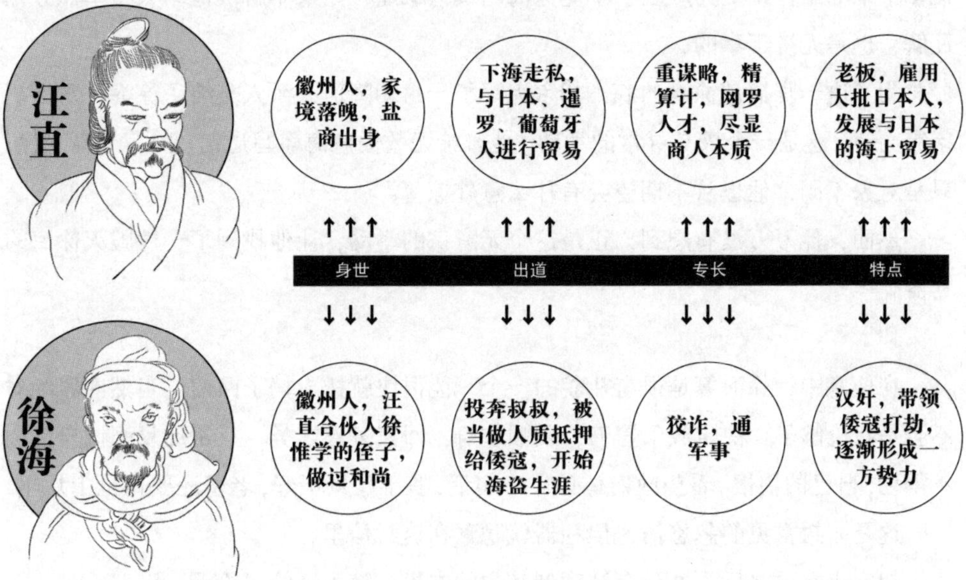

说来滑稽，这两位仁兄原先其实并不是海盗，也不是走私犯，而是正正经经的商人。无奈亏了老本，欠了一屁股债，被高利贷追杀，于是心一横，下海当了海盗，成为了徐海的合伙人。

也就是说，在徐海的公司里，除了他这个董事长外，还有两位执行董事，并不是他一个人说了算的。

胡宗宪迅速抓住了这个漏洞，命令罗龙文发挥特长，四处煽风点火，搬弄是非。事实证明，罗龙文同志确实具备无耻小人的天赋，他的工作卓有成效，每次抢劫完后他总是抢先把最值钱的财物弄到手，并交给徐海，徐董事长自然很满意，但另外

参考消息　另一个身份

善于挑拨是非的罗龙文无疑是个小人，不过除了小人和卧底之外，他还有一个身份——著名墨工，是明代制墨业“歙派”代表人物，年纪轻轻就已在这个行业名声斐然了。他制造的上品墨被人誉为：“坚如石，纹如犀，黑如漆，一螺值万钱。”当时有很多人花重金争购“罗墨”，有些人还靠贩墨发了财。此外罗龙文的家庭条件很好，善于书法、绘画，鉴别古器字画也很有眼光。

两位董事的脸色却是一天比一天难看。

徐海和陈东、麻叶之间的友谊已经不复存在了，胡宗宪的计划获得了初步成功。但接下来的工作却更为艰巨，毕竟徐海的实力雄厚，如果不解决他本人，单靠分化瓦解，也是无济于事的。

为了进一步搞清徐海的底，胡宗宪写了一封劝降信，派人交给了徐海。对于胡宗宪而言，这是一个极其寻常的举动，他曾给无数倭寇海盗写过信，内容千篇一律，只是对象不同，他也从不期望会有什么意外惊喜。

然而，他万万没有想到，正是这个无意识的举动，让他找到了一件毁灭徐海的利器。

在倭寇中，徐海算是很有礼貌的一个，他很快就托人捎了回信。当然内容绝对不会是我抢够了，决定放下屠刀，归顺政府，回家务农之类，只是反复强调自己的不得已，自己的悔恨，希望政府体谅。一句话，鉴于年景不好，老子还要再抢上几年。

这是一封常见的忽悠信，但利器就隐藏在这封信里。

胡宗宪看过之后，并没有注意到其中的玄机，随手交给了徐渭。

徐渭看完之后，却思考良久，对胡宗宪说了这样一句话：

“这封信十分奇怪。”

胡宗宪接过信，反复看了很久，也没有找出答案：

“此信格式规范，且用语恰当有礼，我看不出哪里奇怪。”

“怪就怪在这里，”徐渭面带疑惑地说道，“实在是太规范有礼了。”

胡宗宪恍然大悟。

虽然不排除个别逼上大海的特例，但肯下海干倭寇的，一般都不会是什么优等生。对这些倭寇们的文化程度，胡宗宪曾经作过统计，大约百分之八十以上都是半文盲，剩下那百分之二十是纯文盲。

这就是件怪事了。徐海那几把刷子，胡宗宪心里还是有数的，这种高水平公文他就是照着抄也会抄错，更别说是独立创作，所以在这篇文章的背后，必定有一个得力的枪手。而如此重要的来往公文，徐海肯放心地交由这个枪手处理，可见此人地位必定非同一般。

于是他交给了罗龙文一个新的任务，务必要确认这个人的身份。

没过多久，罗间谍就找到了这个人，结果让他也大吃一惊。因为这位枪手既不是五大三粗的倭寇，也不是被胁迫的教书先生，竟然是个女人，确切地说，是徐海的老婆。

这个女人的名字叫做王翠翘，她的知名度将远远超越同时代的徐海、汪直，甚至胡宗宪。

在认识徐海之前，王翠翘是一名妓女。这是一种非常古老的职业，但凡干这行的人，都会成为道学家们口诛笔伐的对象。然而历史证明，妓女未必不如道学家，道学家未必赶得上妓女。而作为一个平凡的女人，王翠翘足以名留青史。

干这一行，大都有个惯例，要么不出名，要么出大名。王翠翘就出了大名，别号“江南名妓”，无数文人雅客争相慕名而来，只为一睹她的风采。

能引发如此轰动，主要还是靠实力，王翠翘不但知书达理，仪态优雅，而且和善近人，有所谓“如沐春风”的美誉。当然，这所有的一切都是有来由的。

在十几年前，王翠翘是一个出身名门的女子，只是因为父亲犯罪，不得已才沦落风尘。而她从小受到的良好家教和与生俱来的高贵气质让无数人趋之若鹜，追求者不计其数，据说还曾经有人不远千里专程前来，想把她娶回家。

徐海就是追求大军中的一员，而他能从众多应征者中脱颖而出，确实让很多人跌破了眼镜。和那些富商高官相比，徐海着实没有优势。工作不稳定，收入也不稳定，经常住在船上（工作需要），除了名声很大（海盗、汉奸）之外，真可谓是乏善可陈。

但是阅人无数的王翠翘依然选中了他，选中了这个可能明天脑袋就要搬家的倭寇。这似乎是一个毫无逻辑的选择，不是因为金钱，也不是因为权势。

如果说一定要找出一个理由的话，我相信它的名字叫爱情。

王翠翘就这样开始了她的新生活，漂泊不定却无比幸福的生活——至少到目前为止是幸福的。

这是一段注定不会长久的幸福，毕竟她丈夫的工作属于高风险行业，没准儿明天人就没了，对这一点，她也有着相当的认识和心理预期。

但无论如何，她也不会想到，在不久之后，她将会用自己的手把丈夫推入无底深渊。

从那封回信上，胡宗宪敏锐地察觉到了一个信息：对于徐海而言，王翠翘是一个有影响力的关键人物。

既然如此，那事情就好办了。胡宗宪相信，他已经找到了徐海的破绽。

很快，胡宗宪就给徐海送去了许多财物，表示自己的善意。在意外之余，徐海还是高兴地笑纳了。然而，他忽略了一个奇怪的问题，那就是在这些礼物中，还夹杂着许多女人专用的珠宝首饰、胭脂水粉。对于这些物件，徐海自然是大手一挥，送给了王翠翘。

这正是胡宗宪的真正目的。

就在王翠翘为得到的礼物高兴不已的时候，胡宗宪派去的卧底找到了她，并告知这些礼物是胡总督专门送给她的，希望她能够劝说徐海改恶从善，归顺朝廷。

胡宗宪的这一招十分厉害，是看准了才干的。他明白，像徐海这样的亡命之徒，根本不在乎生死，无论是好言相劝还是武力威逼，都起不到什么作用，因为他们只认实力。

但徐海的老婆就不同了，作为一个女人，自然不会热衷于杀人放火之类的工作，更不会喜欢整天东躲西藏、居无定所。女人嫁人，所期待的不过是一个家而已。

事实证明，胡宗宪的判断完全正确，王翠翘接受了胡宗宪的提议，开始给徐海吹枕头风，劝他归顺于胡宗宪。

王翠翘的鼓动起了相当的作用，徐海开始有所动摇，但他毕竟不是个简单人物，绝对不会被如此轻易地迷惑。所谓投降，仍然只是个遥遥无期的目标。

就在此时，一个偶然事件的发生，彻底改变了这一切，对于徐海而言，他已没有太多选择的时间。

事情是这样的，在一次出航中，徐海属下的一群日本倭寇遇到了几条运输船，在未征得徐海同意的情况下，他们洗劫了这几条船，之后也未上报。因为在他们看来，抢劫是本职工作，不抢才是消极怠工，对努力工作的人，徐海是绝不会批评的，这不过是个微不足道的小事，无足挂齿。

按说道理是没错的，可问题是，这帮日本二百五在抢劫前没动脑子，连旗号都不看，就不分青红皂白抢了一把。他们并不知道，虽说海上有无数条船可以抢，但偏偏有几条是动不得的，那就是汪老板的船队。

不能动的也动了，汪直暴跳如雷，加上鉴别力有限，把账直接算在了徐海的头上，誓言报仇雪恨，而汪直与徐海的友好合作关系也就到此结束了。当然，老奸巨猾的汪老板不会自己动手，他决定借刀杀人，将徐海即将进犯的消息告诉了胡宗宪，并且提供了具体的进攻路线和部署，并向他预祝胜利。

得到情报的胡宗宪迅速完成了防务，等待着徐海的到来。事实上，连他也没有料到，这次进犯将给他带来意想不到的收获。

而对于这一切，徐海却依然蒙在鼓里。

这是一次规模很大的入侵，总人数约在两万左右。作为一个汉奸，徐海领来了日本大隅、萨摩二岛的上万倭寇，加上他的嫡系部队，以及董事会另两位股东陈东、麻叶的全部部属，准备好好地干一票。

为了圆满完成这次抢劫，徐海押上了全部的本钱，并制订了一个十分周密的计划。在战役的开始阶段，他将调遣军队向防备森严的上海、慈溪等多处同时发动进攻，以扰乱明军的判断，当胡宗宪手忙脚乱的时候，他再率领主力军队攻击浙江富庶地区，进行抢掠。

按照徐海的一贯作风，他无私地把进攻上海、慈溪，当炮灰垫脚石的任务交给了日本友人，把攻击薄弱地区进行抢劫的重任留给了自己。

为了实现日本同行光荣地去死、义无反顾地去死的武士道精神，让他们把背黑锅啃骨头进行到底，徐海在出发前反复对他们强调，他们即将面对的，是最为强悍的明军，即将进行的，是一场艰苦的战斗，正是实现个人价值（战死）的最好时机。

当然，除了忽悠国际人士外，徐海也表现出了一抢到底的决心，在出发之前，他当众烧毁了几条船只，以示此战有进无退。

在燃烧的熊熊烈火面前，徐海向着自己祖国的方向，下达了总攻令。

此时的徐海风光无限，作为行动的总策划，上万日本倭寇被他左右，陈东和麻叶也依附于他，听从他的调遣。而他也从不介意用屠刀砍掉自己同胞的脑袋，烧掉他们的房屋，抢掠他们的妻女。从他被自己的亲叔叔出卖的那一刻起，所有的道德和原则就已被彻底抛弃。

踌躇满志的徐海就此开始了他一生中最大规模的一次抢掠——也是最后一次。

嘉靖三十五年，徐海率军抵达江浙沿海，如之前安排的那样，日本炮灰们先行出发，去啃硬骨头。

可这帮炮灰还没上岸，就被明朝海军挡了回来，死活过不去。徐海没有办法，只好改变计划，亲率主力提前进攻。可原本不设防的地方竟然变得比铁桶还坚固，抵抗十分顽强，攻击多次也未能得逞。在残酷的现实面前，徐海终于意识到，自己似乎已经落入了圈套。他准备退却了。

然而不久后，局势却突然发生了意想不到的变化。

经过几轮试探，胡宗宪感到对方锐气已尽，随即命令水军即刻出发，发动对徐海的反击。事后证明，他在错误的时间作出了错误的判断。

结果让他大失所望，明军大败，这也再次验证了徐海的可怕。虽说损兵折将，但他打起仗来却一点也不含糊，先后五次击败明军，气焰极其嚣张，陈东和麻叶也趁势发动反攻，攻破多处明军据点，沿海许多地方纷纷戒严，百姓随时准备撤离。

就在形势即将失去控制时，关键人物俞大猷出场了。

听说俞大猷率军赶到，焦头烂额的胡宗宪终于松了一口气，感叹地对徐渭说道：这下没事了，好险，好险！

参考消息 **倭寇克星**

俞大猷可以说是倭寇克星。当初，未来的海盗王汪直还在给海盗头子李光头当手下，盘踞在宁波和福建附近的岛屿上，专门负责漳州、泉州两地的走私交易。正好赶上俞大猷率军把这个作案团伙连锅端了，李光头被擒，巢穴被捣毁。汪直没了老窝，被迫召集寇匪自立成家。在经历了一些风波之后，海盗汪直成了海盗王汪直，俞大猷不仅再次变成了他的对手，还跟从他手下出来的徐海对上了阵。

胡宗宪之所以如此安心，是因为俞大猷有一个公认的作战特点——“计定而后大举，兵集而后齐发”。通俗点说就是不见兔子不撒鹰，不见鬼子不拉弦。

俞大猷是一个十分特别的将领，在作战之前，他会仔细评估双方的实力对比，如果没有必胜的把握，即使情势一片大好，他也绝不出击（估计这和他被整的次数太多有关）。

但他一旦准备出击，就意味着已有必胜的把握。

胡宗宪十分了解他的这一特点，所以才会如此放心，而事实也正是如此。所谓名将就是名将，和那些二流货色确实不同，俞大猷主动收缩阵形，等待徐海来攻，徐海倒也真识货,看到这个架势,感觉是个老手,不敢轻敌冒进。之后双方交战多次，徐海始终未能取胜，再也无法前进一步。

俞大猷稳住了阵脚，却不主动进攻，徐海尝到了厉害，倒也赖着不走，双方在海上僵持着，事情似乎又回到了起点。

就在这个关键时刻，俞大猷突然接到了一道极其怪异的命令。

这是一道由胡宗宪亲自发出的手谕，主要内容如下：休战，撤回杭州。

在这紧要关头，怎么能够撤军呢？敌军如果进逼怎么办？俞大猷百思不得其解，但手谕言辞极其严厉，毫无商量余地，权衡利弊后，他遵照命令，撤了回来。

胡宗宪是一个聪明人，绝不会重蹈当年宋高宗十二道金牌召回岳飞的覆辙。之所以在这个时候召回俞大猷，只是因为他刚刚得到了一封信件，而他确信，对于徐海而言，此信比俞大猷和他手下的数万士兵更有杀伤力。

这封信是毛海峰带来的，作者就是他的养父汪直。

◆ 连锁的陷阱

俞大猷退却时，徐海并没有追击。对这位名将，他始终心怀警惕，打了这么多天一步都不让，现在居然主动撤退，必有诡计。

这实在是抬举俞大侠了，几十年来，无论做官还是打仗，他都是个实诚人，要说玩阴谋的顶级高手，那还得说是胡总督。

所以当胡宗宪的使者带着那封信到访时，并未引起他足够的警惕和戒心。

不出胡宗宪所料，这封信给了徐海极大的刺激，在刀光剑影里混了十几年的徐汉奸第一次露出了惊慌失措的表情。

关于此信的具体内容不甚明了，但徐海的反应是清晰而确实的：

“连老船主也投降了吗？！”

老船主就是江湖朋友给汪直的敬称，汪老板纵横倭寇业数十年，是这一行的老前辈，只要混这行，都要给他三分面子，徐海也不例外。

于是徐海开始犹豫了。连汪直都顶不住了，看来行业前景确实不佳，加上此前王翠翘的劝说，与陈东、麻叶的矛盾，徐海决定重新考虑自己的前途。

这是一个极其完美的心理战术，胡宗宪只用了一个小小的花招，就把徐海拉入陷阱。

作为倭寇业的大哥级人物，汪直可谓老奸巨猾，对他而言，忽悠是可能的，投降是不会的。跟胡宗宪谈判了几年，除了表面文章外，汪直丝毫不肯让步，还整天想着把胡总督当枪使。他为明军提供倭寇的情报，只是希望借政府之手替他干掉自己的竞争对手，搞垄断经营。

然而，胡宗宪也不是等闲之辈，他也有自己的打算，因为这些应酬文章虽然忽悠不了他，却可以拿去忽悠别人。

于是，从罗龙文开始，到王翠翘，再到这封信件，徐海在胡宗宪的缜密策划下，一步步地走入了一个精心设计的圈套。

徐海彻底动摇了，但他仍然不肯屈服，便对送信的使者说出了下面这番话：

参考消息 **“老船主”的由来**

汪直的身份是海盗，海盗者，沿海打劫是也，但这个说法实际上并不那么准确。明朝虽有海禁，但并不禁止朝贡。日本手中还握着明朝政府颁发的“勘和符”，这个东西相当于许可证，有了它，就能以进贡贸易的方式进行合法的交易。日本国内战乱期间，各地也常派私船赴明贸易，而汪直的角色，就是担任这种遣明使船（勘和队）的船主职位，这就是“老船主”外号的由来。日本人还特意请汪直从五岛列岛移驾到平户居住，并为中国商人建造了商馆，平户据此经济快速繁荣，甚至获得了“小西都”之称。

“我很想退兵，但此来我军兵分三路，若要撤退，不是我一个人说了算的。”

所谓兵分三路，就是他和陈东、麻叶。当然，这不过是个借口而已，其目的无非是拖延时间或是多要好处。

如果是一般的使者，到此也就回去复命了，可是偏偏这个使者不是普通人。

他的名字叫做夏正，是胡宗宪的贴身亲信。但凡能跟老狐狸混的，至少也是个青年狐狸。

这位夏正兄听到了徐海的答复，倒也没提出什么反对意见，只是木讷地点点头，坐在原地一声不响。过了很久，他似乎突然想起了什么，便对徐海说了这样一句话：

“陈东那边没有问题，那就只等你了。”

徐海差点没背过气去。

这句话的音量很低，但对于徐海而言，却无异于晴天霹雳。虽然这位陈东不太靠谱，但毕竟现在大敌当前，也只能指望这个不靠谱的兄弟。但照这位使者的说法，莫非同伙都已经投诚，只留下自己背黑锅？

满腹狐疑的徐海送走了夏正，而罗龙文的前期挑拨工作，此刻也发挥了巨大的作用。经过仔细思考，他终于认定，陈东已经不再可靠。

不可靠也没办法，事已至此，就算要分家火并，也得先回老窝再说。

然而，连这个机会，他也没有等到。

就在夏正去见徐海的同时，胡宗宪派出了另一拨人，他们的目的地，是陈东的船队。

没过多久，陈东就从手下处得知，外面盛传，徐海准备把大家卖掉，作为自己归顺朝廷的见面礼。

陈东还比较够义气，开始坚决不信，然而，当他得知胡宗宪的使者确实去了徐海那里时，以往的所谓江湖情分就此荡然无存。

为以防万一，他开始集结部队，随时准备应对徐海的攻击。

陈东的这一举动引起了徐海的警觉，他认为，陈东已经和胡宗宪商定了条件，准备对他动手了，便随即命令部下动员，防备陈东进犯。

徐海海盗公司就这样完了，没有大规模的进剿，也没有刀光剑影的拼杀，陈东和徐海就如同京剧《三岔口》中那两个可笑的人，在黑暗里开始互相猜疑、胡乱殴斗。而这一切喧闹的背后，是微笑着的胡宗宪。

朝廷调集十余万大军，费时多年，却无法动摇分毫的第二大倭寇集团，被胡宗宪轻而易举地分裂了。凭借一个间谍、一封回信、一份厚礼和一个使者，仅此而已。

佩服，实在佩服。

在海战中，徐海一向以进攻神速闻名，事实证明，到了投诚的时候，他的反应也远远胜过常人。当陈东还在左思右想、反复犹豫的时候，他已经主动联系了胡宗宪，归还了大量明军俘虏，并表示愿意主动撤离。但倭寇就是倭寇，在贼不走空趟的原则指导下，临走时，他向胡宗宪提出索要钱财的要求。

胡宗宪慷慨地满足了他，徐海高兴地履行了退军承诺，一天之后，独木难支的陈东也主动撤离。

当时曾有人劝诫胡宗宪，徐海已然孤立，根本无须满足他的索财要求，可是胡宗宪只是笑而不答。

事后证明，胡宗宪的笑容是有道理的，因为在他看来，徐海不过是个保险箱而已，不久之后，这笔钱就将回到他的手上。

徐海和陈东都撤了。远离了胡宗宪的势力范围，这二位仁兄似乎也略微恢复了清醒，感觉事情有点蹊跷，便互派使者加强沟通，再次恢复了双边关系，合力对抗明军。

但已然太晚了，胡宗宪早已在他们的心中种下了仇恨和猜疑的种子，等到时机成熟，它将再次萌发，并破土而出。

而事实上，胡宗宪确实没让他们等太久。

不久之后的一个夜晚，胡宗宪的使者悄悄潜入了徐海的舰队，为他带来了胡总督的最新指示。

毕竟刚从胡总督那里领了工钱，徐海笑逐颜开地接待了使者，他以为这位财神爷又来送钱给他了。然而结果大大出乎他的意料。

使者词严色厉地传达了总督的指令，大意是：倭寇徐海一向对抗政府，现在大军集结，指日可发，应尽早认清形势，早作打算。总而言之，若不主动投靠，就要人为改造。

徐海终于看清楚了胡宗宪的狰狞面目。但事到如今，他已经没有选择，陈东不会帮他，汪直更没法指望，思想前后，他决定妥协：

“我该怎么做？”

使者告诉他，在吴淞江，有一群倭寇聚众抢掠，胡总督希望他去消灭这群蟊贼，以表明投降的诚意。

这也算是老传统了。就如同《水浒传》里的林冲，好不容易上了梁山，王伦大哥却告诉他，要想入伙，必须下山杀一个人。作为梁山流氓团伙的头目，王伦的这一指示可谓用心良苦，因为只有杀了人，才能全心全意干坏事，并培养出对组织的高度认同感和深刻的危机感（出了事大家一起完蛋，谁也别想跑）。

与王伦相比，胡宗宪的这一招数可谓是异曲同工。但后来的事情告诉我们，他们之间也是有差别的——一个细小而致命的差别。

徐海遵照胡宗宪的指示，率领船队向吴淞江的同伙发动了攻击，不出意料地取得了大胜。按照以往惯例，他等待着胡宗宪的奖励和封赏。

但他没有想到，胡宗宪并不准备给他赏赐，恰恰相反，总督大人正打算向他收回上一笔钱的利息。

徐海并不知道，胡宗宪之所以让他去吴淞江，除了杀人入伙，顺便清除倭寇外，还有一个更为重要的原因——有一个人在那里等着他。

这个人就是俞大猷。作为少数几个能与徐海对抗的将领，他按照胡宗宪的指示，提前在吴淞江设下了埋伏，等待着徐海的到来。

就在徐海获胜后不久，俞大猷发起了攻击，斩杀多人，并焚毁数条船只，恼羞成怒的徐海明白自己上了当，却已无计可施。但就在战况极为不利的情况下，另一个意外发生了。

俞大猷突然停止了攻击，让开了一条出路，也放弃了追击。

就这样，徐海逃出了包围圈。但他十分清楚，这绝不是因为菩萨显灵、上帝开恩，或者是俞大猷发疯。能够顺利突围，只有一个可能的理由。

这一次，他没有再犹豫，立即准备了大量金银财物以及自己之前多年搜刮的奇珍异宝，全部连本带利地送给了胡宗宪，为了表示诚意，他还派弟弟徐洪去胡宗宪那里做人质。

徐海很清楚，事情到了今天这一步，他已经没有了谈判的筹码，只能乖乖认输，在政府的管辖下当个良民，终此一生，而俞大猷放他破围而去，说明胡宗宪并不想赶尽杀绝，愿意给他一条生路。

应该说徐海对形势的判断大体上是正确的，他确实失去了谈判的条件。但与此同时，他也错误地理解了胡宗宪的意图，这位总督大人之所以放他一马，只是因为害怕一个成语——狗急跳墙。

事实证明，胡宗宪和王伦确实是有区别的:

林冲杀人之后，王伦会让林冲入伙。

徐海剿灭同伙之后，胡宗宪会剿灭徐海。

这就是水平。

正如之前的徐海一样，当人质的徐洪也得到了良好的待遇，锦衣玉食，好吃好住。不过吃了胡总督的饭，那是一定要还的，没过多久，胡宗宪终于亮出了底牌，他让徐洪带话给徐海，要想从良，必须献出自己的同党——陈东、麻叶。

对于徐海而言，这实在不是个问题，他连自己的弟弟都可以牺牲，何况是这两个傻种。

徐海毫不迟疑地答应了，并立即着手准备，用合伙人的命换自己的。在他看来，这实在是一笔合算的买卖。

事实上，这并不是一个好的开端，而是毁灭的起始。因为从一开始，胡宗宪就没有打算和徐海做生意，也不打算遵守商业规则，他只知道，这是一个手上沾满无辜百姓鲜血的倭寇，虽百死不足赎其罪，人皆可杀！

◆ 最终的诅咒

徐海决定动手了，因为胡宗宪不但许诺既往不咎，还答应给他爵位，让他安享荣华富贵，只要他抓住陈东和麻叶。

两人之中，麻叶要好对付一些，而陈东统率军队，比较麻烦，所以徐海决定先拿麻叶开刀。

事情进行得很顺利，徐海请麻叶吃饭，到地方二话不说，绳子往脖子上一套，直接交给了胡宗宪。

第一个任务已经完成，徐海送走了麻叶，放心大胆地去准备对付第二个目标。

但他想不到的是，就在他如释重负之际，五花大绑的麻叶已经坐在了贵客席上，而为他解开绳索的人，正是胡宗宪。

麻叶的脑袋彻底乱套了，先是被人莫名其妙地绑了起来，然后又被人莫名其妙地松了绑。但有一点他是清楚的，必须乖乖与对方合作，才能保住脑袋。

很快，他就知道了活命的条件——写一封信。

这封信是写给陈东的，写作者是麻叶，当然，原创的权利属于胡宗宪。

在此信中，胡宗宪描述了一个十分曲折的故事，在很久很久以前，陈东和麻叶就看徐海不顺眼了，他们制订了一个阴险的计划，准备置自己的同伙于死地，并进行了积极的策划。

但在完成之后，信却没有被投递到陈东的手中，恰恰相反，第一个看到这封信的人，正是徐海。

这看上去是一个让人摸不着头脑的事情，既然徐海已经决定要去解决陈东，那又何必多此一举呢？

然而，这正是胡宗宪的过人之处。

他深知，徐海为人反复无常，且与陈东合伙抢劫多年，交情深厚，两人分分合合是常事，要保证万无一失，就必须断绝徐海的所有慈念和退路，让他把绝路走到底。

胡宗宪的判断是准确的，徐海确实犹豫了。他很明白，如果自己迈出了这一步，就将失去所有后路，一旦胡宗宪靠不住，自己就会必死无疑。

但当他看到那封写给陈东的信时，怒火烧毁了他的理智，而急于安居乐业的王翠翘，也在这关键的时刻，给了他一个关键的建议——彻底放弃抵抗，接受胡宗宪的招抚。

徐海终于作出了决定，与之前的无数回敷衍应付不同，这一次他是真心的。

事实证明，徐海的智商和斗争经验远远在陈东之上，他设下圈套，擒获了陈东，并招降了他的一部分属下。

但在大功告成之后，徐海却突然平静了下来，他没有去见胡宗宪。在仔细思考之后，他改变了主意。

此前，徐海急于投降，除了胡宗宪的计谋策动外，陈东的威胁也是一个主要因素。现在陈东已束手就擒，董事会只剩下他一个人，且军权在握，行市看涨，自然要谈谈条件，恰如俗语所云：没条件，谁投降啊？

然而，他已经没有了这个资本。

就在他安置俘虏、准备谈判之时，属下突然报告了一个惊人的消息：所属部队被明军突袭，死伤三百余人，损失极其惨重。

徐海感到了深入骨髓的凉意，他终于明白，自己的一举一动都在胡宗宪的掌握之中。这个可怕的对手无所不知，无所不晓，并不时用行动敲打着他，告诉他这样一个真理：除了投降，你别无选择。

第二天，闯荡江湖、纵横四海十余年的徐海公告天下：无条件投降。

嘉靖三十五年八月，徐海率舰队抵达胡宗宪驻地平湖城，向胡宗宪请降。

然而，就在投降仪式上，徐海开始了与胡宗宪的最后一次较量。

这是一次极为怪异的投降，所谓的投降者徐海，带齐了他的全部军队，威风凛凛地列队城外，而城内的受降者却畏畏缩缩，胆战心惊。

趾高气扬的徐海带着上百个随从，在城外喊出了这样的话：

“我是徐明山（徐海号明山），前来请降，速开城门！”

带着上万人，全副武装包围城池，说你是来投降的，那真是鬼才信。

这不是投降，而是挑衅。在彻底认输前，徐海决定最后一次考验胡宗宪，考验

他的勇气和智慧，作为强者，他只向更强者屈服。

很不巧的是，赵文华同志刚好也在，他听到消息，吓得浑身发抖，连忙找到胡宗宪，让他安排守军全力抵抗，以备不测。

胡宗宪却十分镇定，他平静地告诉赵文华，其实解决问题的方法十分简单——打开城门，放他进来。

赵文华顿时魂不附体，连声大呼：

“万不可行，如果他趁机入城作乱，如何是好？！”

胡宗宪站起身来，向这位上司投去了轻蔑的一瞥，便坚毅地向城门走去，只留下了这样一句话：

“不用担心，一切尽在我掌握之中。”

见到胡宗宪的那一刻，徐海终于心服口服了。这个人带着两名随从，面对自己上百名携带兵器、穿着盔甲的属下，没有丝毫的慌乱，沉着地说道：

“我就是直浙总督胡宗宪，徐海在哪里？”

徐海感受到了一种前所未有的威势。在此之前，他还从没有怕过谁，包括汪直在内，但此时此刻，在这个人的面前，他彻底屈服了。

徐海站了出来，不由自主地弯下了膝盖，向这个曾与他势不两立的对手恭敬行礼。他认输了，输得心服口服。

徐大哥居然屈膝行礼了。就在所有的人都目瞪口呆的时候，胡宗宪却做出了一个更让人意外的举动。

按照我国的传统美德，这个时候胜利者的反应不外乎以下两种：要么是“疾步赶上前，一把扶起”，要么是“大呼一声：贤弟，折杀大哥了”。

然而，这不是胡宗宪的选择。面对这个毕恭毕敬的强敌，他缓缓地伸出了手……按在了徐海的头皮上。

所有的人都惊呆了，他们屏气凝神地盯着这匪夷所思的一幕，但更有趣的事情还在后面。

胡宗宪的手停留在徐海的脑袋上，虽然没有玩出九阴白骨爪那样的绝世武功，却开始不停地拍抚，一边拍还一边说道：

“你引倭寇入侵，为祸国家多年，今日既然归顺，以后当安分守己，切莫再次为恶。”

每当看到这段记载，我的脑海中都会浮现出美国黑帮片中黑社会老大的形象。胡宗宪同志一边把徐海的脑袋当皮球拍，一边谆谆善诱，实在很有教父的风范。

大家都看傻了，徐海却如同被洗脑了一样，温顺地任由胡宗宪摸他的头，给他上课。原因很简单，他已经被彻底降服了。

投降仪式结束后，徐海选择城外的沈庄作为他的暂住地，和他的属下住在一起。因为胡宗宪表示，要安排他的部下转业、从良，必须有足够的时间。

说完这些话，胡宗宪就跑去忙活了，而徐海则安心地等待着就业安置。然而，他并不知道，胡总督既没有去找军转部门和居委会，也没有去找可供耕地，却去找

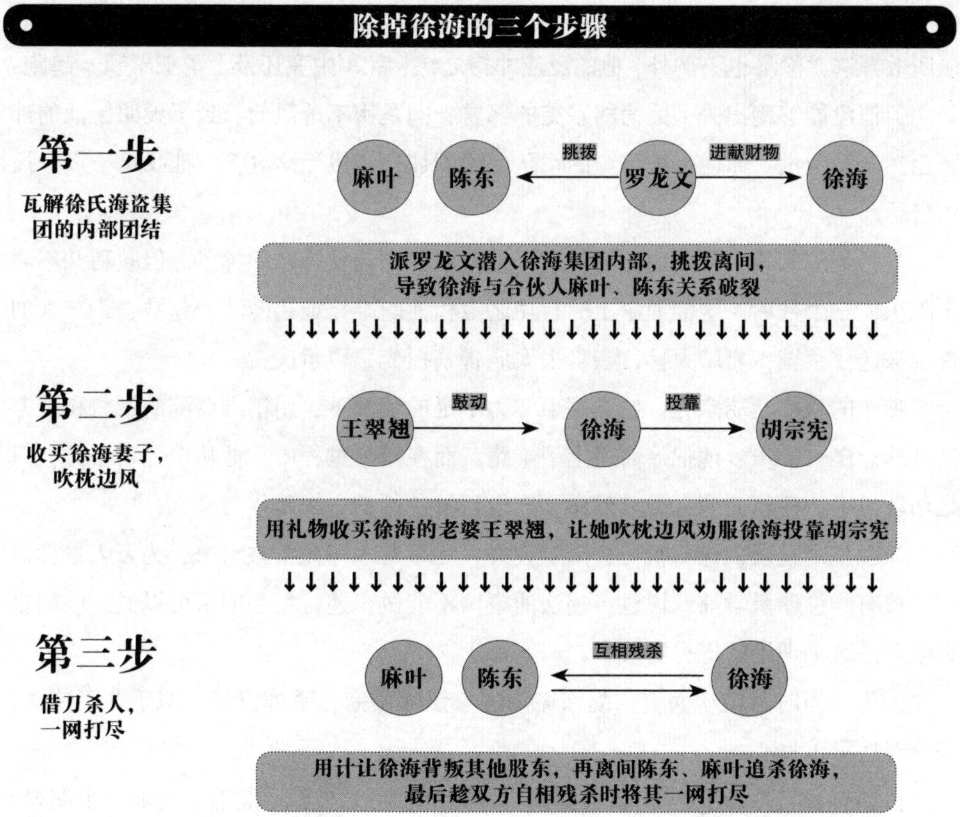

了一个人，因为他相信，在这个人的帮助下，徐海的问题将被彻底解决——用一种特别而简单的方式。

这个人就是陈东。

沉浸在幸福中的徐海开始憧憬着自己的美好生活，而王翠翘也十分高兴，从此她将不用继续跟着丈夫东躲西藏、飘移不定，他们将去一个安静的地方，住在安静的房子里，过着安静的生活。两个人坚信，幸福正在前方等待着他们。

于是机智的徐海失去了自己敏锐的嗅觉，他并没有发现，就在他们的驻地旁边，还住着一群陌生人，正用仇视的眼光注视着他的一举一动。

几天后的一个夜晚，当徐海还做着封妻荫子的美梦时，这群人撕下了自己的伪装，向他和他的部属发起了突然袭击——他们是陈东的手下。

谁也没有料到，到了这个时候，竟然还有人袭击他们，于是慌乱之中，大家只顾四散奔逃。徐海也不例外，他的反应非常之快，乱军中竟还带上了王翠翘一起跑。

但他没能够跑出去，因为胡宗宪的部署一向是密不透风的。到了天明，他的部下已然全军覆没，而他也被陈东的军队团团围住，走投无路之下，他叹息一声，投水自尽。

横行天下的第二号倭寇徐海就这样被他以前的同伙陈东除掉了。但胜利并不属于陈东，三个月后，这位理论上的有功之臣和他的难兄难弟麻叶一起被杀。三人的首级被送往京城，嘉靖大喜，亲自去太庙告祭祖先，以示庆贺。

唯一的赢家是胡宗宪，他在军事实力不足的情况下，用精准莫测的智慧和缜密复杂的计谋，一步步地把徐海逼上了绝路。而在整个过程中，他从未大动干戈，只是略动口手，便驱使他人为其效命，连最后解决徐海，都是借刀杀人。

综观整个过程，谋略机巧，阴险狡诈，足可写入厚黑学教科书，为万人景仰。

曾有一位厚黑学前辈说过，违法的事情不能做，违背良心的事可以做。而胡宗宪绝对是这个理论的优秀实践者。

因为以当时的情境而言，胡宗宪为国家铲除倭寇，杀掉汉奸，似乎并不违法，却绝对违背了良心。

古语有云“杀降不祥”，既然徐海已经投降，再杀他似乎就有点无耻。很明显，胡宗宪并不相信这句话，也不介意别人说他无耻，所以他做了，而且做绝了。无耻就无耻到底，又能如何？

这个世界上是没有报应的，当时的胡宗宪大概会这样想。

估计十年之后，他会改变自己的想法。

而关于王翠翘的结局，正史上并没有明确的记载，总而言之，应该是死了。

但她是如何死去的，民间却有两种截然不同的说法。一种说她在那次突袭里死于乱军之中，尸首也未能找到。

另一种说法，则是一个无比凄美的故事。

徐海投水自尽的时候，王翠翘也想死，却没死成。她被士兵俘虏，并送到了胡宗宪那里。而在这个地方，人民群众的想象力得到了充分的释放，有的说胡宗宪要把她许配给罗龙文，更有甚者，说胡宗宪自己看上了她，想娶她做妾。

虽然传说有许多种，分配对象也有很多个版本，但有一点都是相同的——她拒绝了。

徐海已经死了，但她仍然可以活下去，想娶她的人依然排成队，她可以继续嫁人，过锦衣玉食的生活。

然而，她拒绝了，她选择用死来结束自己的一生，以怀念那个先她而去的人。

于是在不久之后的一天，她趁人不备，逃了出来，面对大海，高声哭诉道:

“明山，我辜负了你啊！”

然后，她投入大海，追随徐海而去。

在很多人看来,这种行为大致是比较缺心眼儿的。活着不好吗,干吗要去死呢？

诚然，这是一个缺乏逻辑的选择，正如多年前的那个时候，当海盗徐海来到她的面前，她所作出的那个选择一样。毫无逻辑，实在毫无逻辑可言。

从史料价值上来讲，这是一段十分不靠谱的记载，换句话说，其真实性是很低的，但我依然使用了这段材料。

因为在这个故事中，我看到了一种不被风头大势所左右，不因荣辱富贵而变迁的情感，它才是这两个毫无逻辑的选择的真正原因。虽沧海横流，唯恒然不变。

我知道它是假的，我希望它是真的。

王翠翘的故事感动了很多人,在此之后,她的这段传奇经历被写成一本名叫《金云翘传》的书，清代流行一时，是当时的第一号畅销书。但诸位若未看过，那也并不奇怪，因为这本书没能与时俱进，20 世纪 40 年代后就没有再版了。当年我在省图书馆找了两天，才翻到一本比我大八十多岁的残本，着实不易。

王翠翘就这样渐渐消失了，似乎她从未存在过，但许多人并不知道，这位奇女子的名声已经冲出中国，走向亚洲。在日本和韩国，王翠翘有着广泛的知名度，而在越南，你要说你不知道王翠翘，人家会笑你没读过书，因为在越南的文学史上，这本《金云翘传》相当于中国的《红楼梦》，其能量之大可见一斑。

传奇一生若此，似海之情永存。

安息，足矣。

据说王翠翘在临死之前，曾对天大呼，控诉胡宗宪的背信弃义，并发出了最后的诅咒：

“胡梅林（胡宗宪号梅林），你竟敢枉杀归降之人，天道若存，必定有报！”

所谓“杀降不祥”，所谓“天道若存，必定有报”，根据哲学原理分析，大致应归入迷信之类。但迷信之所以被称为迷信，是因为有人信。

当年白起不信，项羽不信，常遇春不信，胡宗宪也不信。

毕竟死于非命，毕竟失去天下，毕竟四十暴亡，毕竟……

人，毕竟是要讲点道义的。

但胡宗宪似乎是不应该被指责的，无论如何，他所做的一切并不是为了自己，而是为了国家，为了百姓。此刻的他顾不上这些，因为还有一个更为可怕的对手在等待着他。

徐海的死，对汪直而言，应该算是一个好消息，从此以后他的竞争对手又少了一个，但对于胡宗宪而言，却是任重而道远。

因为汪直实在是太强大了。据统计，除了他的嫡系部队外，受他控制和影响的倭寇人数多达五万余人，而胡宗宪手中能够调集的全部兵力不过十余万人，还要防守直浙两省，武力解决根本不可能。

但要用计谋除掉他，也是困难重重。汪直已经下海了几十年，比徐海狡猾得多，更重要的是，胡宗宪逐渐认识到一个残酷的现实：徐海不过是个打工的，靠个人力量奋斗，干掉了就没事了。但汪直是老板，数十年来，他兼并了几十股势力，且已经形成规模化经营。汪老板当老大，群众都听他的话，如果杀了汪老板，他手下的

参考消息 **明朝的“杰克”和“罗斯”**

徐海和王翠翘的故事在万历年间已经开始流传，到了崇祯年间，更有《西湖二集》及《三刻拍案惊奇》等多部小说、文集收录了据此改编而成的故事。明末清初，由青心才人写成小说《金云翘》，《金云翘》后来被由越南游学至中国的诗人阮攸改编成同名诗歌，作为其代表作带回越南，逐渐流行，成为越南名著。故事中徐海和王翠翘一死、一跳海相随的爱情，倒有几分经典影片《泰坦尼克号》中杰克和罗斯的影子。

杀降不祥

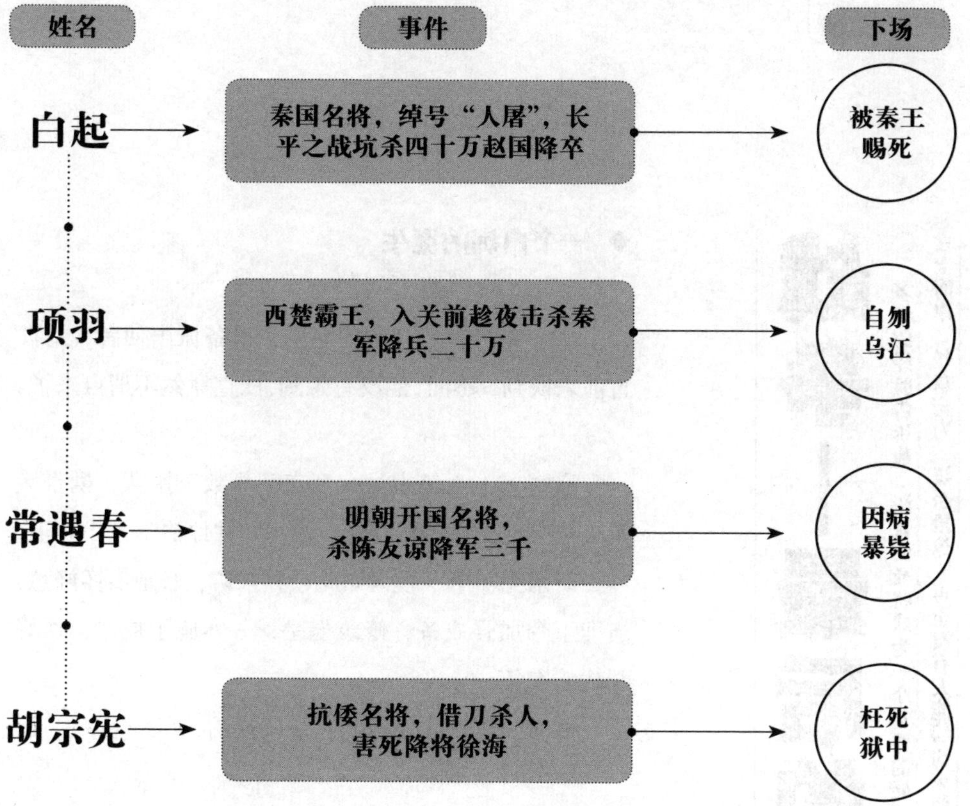

诸多头目们将会失去控制，到时事情会更加麻烦。

所以胡宗宪得出了一个极为悲观的结论：汪直绝不能死。

汪直不死，倭患如何平息？这是一个胡宗宪无法解决的问题，他陷入了冥思苦想，直到徐渭为他找到那个合适的答案。

“要平定倭乱，并不需要杀掉汪直，”徐渭胸有成竹地说道，“只要诱他上岸，加以控制，大事必成！”

第十一章

战争——最后的抉择

○ 多年的经验告诉他　汪直的死将成为一个重要的转折点　无数的倭寇将登上海岸　任意妄为　烧杀抢掠　再也没有人能够约束他们

◆ 一个白痴的诞生

胡宗宪明白了徐渭的意图，准备派出使者，请汪直前来谈判。然而,他没有想到,汪直竟然不请自来了。

嘉靖三十六年十月，汪直率领数千军队，携带大量火枪火炮，突然开赴浙江沿海，并停泊于舟山岑港。

胡宗宪吓了一跳，如此领兵来访，必定不怀好意，当即下令加强戒备，修筑堡垒，并实施了戒严，作好开战的准备。

然而，这一次他的判断是错误的。

胡宗宪的行动大大惹恼了汪直，他派出了毛海峰，表达了他的愤怒:

“我这次之所以前来,是决心履行协议,停止交战,阁下你应该派使者远迎，至少也应该请我吃顿饭，但现在你却调集大军，禁船往来，难道你是在忽悠我吗(给我耶)？！”

事实证明，汪老板确实是很有诚意的，他不但亲自前来，还带来了几个日本诸侯，却吃了闭门羹，实在很没有面子。

胡宗宪失算了，一贯耍诈的他没有想到，汪直竟然如此实诚。慌乱之下，他立刻再次派出使者，表示歉意，希望汪直上岸谈判。

但被伤了自尊的汪直不肯同意了，他表示双方已经失去信任，自己不会上岸。

胡宗宪十分头疼,思索良久终于想出一招。他找来了汪直的儿子(亲生,非义子,软禁于金华)，让他给自己老爹写信，让他快点上岸谈判，并且暗示，如果不乖乖就范，就要拿儿子开刀。

没过多久，胡宗宪收到了回信，拆开一看，顿时目瞪口呆。

在信中，对于谈判的事，汪直连提都没提，只对他的儿子说了这样一番话:

“儿子，你怎么就笨到了这个份儿上？你爹在外面，你才能好吃好住，你爹要是来了，那就全家死光光了（阖门死矣）！”

胡宗宪，跟我斗？你还太嫩!

计谋失败了，胡宗宪清楚地意识到，汪直的智商比徐海高得多，绝不在自己之下，是一个极为难缠的对手。然而，面对如此强劲的敌手，胡宗宪并未放弃，反而更加兴奋起来: 这场游戏越来越有趣了。

胡宗宪相信，虽然汪直很强大，但他毕竟是人，只要是人，就有弱点，就有容易攻破的软肋。而汪直的软肋，就是通商入贡。

汪直毕竟是个商人，不远万里赶过来，也不过是想谈这个问题。而与此同时，胡宗宪也发现了一个很有趣的现象: 虽然汪直表示不愿谈判，却始终待着不动窝。

于是，他得出了这样一个结论: 汪直很想谈判，但碍于面子，加上不信任自己，所以进退两难，只要突破这层隔膜，引他上岸，必能将其操控于股掌之间。

但要获取汪直的信任，谈何容易？

在经过认真思考和仔细谋略之后，胡宗宪终于拿定了主意。和之前一样，他又选中了一个人作为突破口，但不同之处在于，这一次，他有必胜的把握。

很快，汪直船上的毛海峰就收到了胡宗宪的密信，邀请他上岸一游。

对胡宗宪，毛海峰一向有着强烈的好感，但他毕竟是汪直的养子，所以在收到信后，他第一时间就交给了汪直。

汪直看完信后，沉思片刻，对毛海峰下达了指令:

“你还是去吧。”

于是在汪直的指使下，毛海峰驾船上岸，看到了满面笑容，热情迎接的胡宗宪。

毛海峰是来办事的，他开门见山，询问胡宗宪请他来的目的以及打破目前僵局的诚意。

但胡宗宪似乎不是来办事的，他拉着毛海峰，去参加一个接风酒局，并且表示，大家都是兄弟，先不要谈这些，填饱肚子再说。

在酒桌上谈事是我国的光荣传统，毛海峰高兴地去了。但出乎他意料的是，胡宗宪说的吃饭就真的只是吃饭，啥也不谈，他几次想开口，都被胡宗宪有意无意地打断。

天色越来越晚，酒越喝越多，胡宗宪似乎已经喝得不太清醒了，而毛海峰却始终心神不定。他不会忘记，汪直亲自交代给他的任务——探听虚实，摸清底细。

事实证明，在酒桌上，毛海峰并不是唯一忧心忡忡的人，（疑似）喝醉的胡宗宪也非常的紧张——而从事情的后续发展看，在此之前，他应该读过很多次《三国演义》——特别是书中的某一著名章节。

胡宗宪彻底喝醉了，他拉着毛海峰，表示大家都是兄弟，今晚你就不要住招待所了，一定要住到我那里去。

毛海峰坚决推辞，胡宗宪坚持，毛海峰答应了。

拉着烂醉如泥的胡宗宪，毛海峰第一次进入了总督的卧室。他将不省人事的胡大人扶到了床上，便径自走向了一旁的书案，因为在进来的时候他已经发现，在书桌上堆积着许多公文，而他相信，其中必定有一些是与汪直有关的。

躺在床上的胡宗宪也很确信这一点。

很快，毛海峰就找到了他想要的那堆文件，而一一打开之后，他看到了两种截然不同的意见。首先是一大摞请战的公文，作者主要是俞大猷和卢镗，内容不外乎痛恨倭寇，要把汪直扒皮抽筋之类，但当毛海峰翻到这堆公文的最下面时，他发现了另一封截然不同的文书。

这是一封写给朝廷的奏疏，文中反复为汪直说话，并表示应以和为贵，不能动武，作者是胡宗宪。

看完了这封文书，毛海峰彻底放心了，他躺到了床上，静悄悄地平复着自己那紧张到极点的情绪。

当然他并不知道，就在他翻阅文书的时候，有双眼睛一直在注视着他，这就是应该早已睡着的胡宗宪大人。事实上,他比毛海峰还要紧张——如果兄弟你翻不到，我就白忙活了。

第二天一早，吃了定心丸的毛海峰高兴地去向胡宗宪告别，胡宗宪并没有留他，因为他们之间已经不必再谈些什么了。

你不知道我为什么会如此兴奋。毛海峰略带得意地离开了这里。

其实我全都知道。胡宗宪似乎更有得意的理由。

汪直终于相信了胡宗宪，因为他相信自己养子的亲眼所见，于是在犹豫片刻之后，他提出了最后的条件:

“派一个人过来做人质，我就上岸归顺。”

作为胡宗宪的亲信，夏正承担了这个重任，他孤身前往敌船，以换取汪直的信任。遗憾的是，这位仁兄再也没能回去，因为一个愚蠢的错误。

嘉靖三十六年十一月，在打了几年交道之后，胡宗宪和汪直这两位老对手终于见面并坐在了一起。正如胡宗宪所承诺的那样，他对待汪直十分客气，且从不限制他的自由。这倒不是因为胡大人坚持泱泱大国，诚信为本，只不过是面对强者时的必然准则。

历史告诉我们，所谓道德与公理，只有在实力相等的情况下才能拿出来讨论。所以徐海死了，而汪直还活着。

对于这一点，汪直本人有着十分清醒的认识，所以他放心大胆地参观旅游，等待着朝廷开出的价码。

但他万万没有想到，事情竟然会出现意想不到的变化。

到目前为止，参与这场智力游戏的人都是一等一的高手，徐海、汪直、徐渭、胡宗宪，个个都不是等闲之辈。他们懂得规则，也愿赌服输。可惜这个世界上总是不缺蠢人的。

吃饱喝足玩够之后，汪直觉得闷了，这时胡宗宪对他说，你去杭州转转吧。

这是一个让他后悔了一辈子的建议。

汪直高高兴兴地去了杭州。胡宗宪与徐渭商议多年、费尽心机的除倭大计将就此彻底葬送，而这一切，只是因为一个白痴的横空出世。

这个白痴的名字，叫做王本固。

王本固先生的职位是浙江巡按御史，几年之前，这原本是胡宗宪的工作。但要和他的前任比起来，这位继任者的智慧水平足可以牢牢地定格在低能的标准线上。

我们之前说过，巡按御史只是七品，但是权力很大，可以负责监督巡抚和总督，并有权上奏。而这位王本固先生人如其名，本就是个固执的人，不见抗倭有何成就，但见口水飞溅横流。

胡宗宪对这个人十分头疼，但又不好得罪他，一直以来都是消极应对。这次汪直去杭州，胡宗宪怕这个二百五惹事，提前打了招呼，让他妥善接待，安排住处。

当汪直到达杭州的时候，王本固履行了他的诺言，为这位远道而来的客人准备了一个居所——牢房。

王本固先生的逻辑很简单，汪直是倭寇，那就应该抓起来。况且这么多年，自己什么贡献都没作，现在这么一条大鱼送上门来，不拿去邀功还要等什么？

胡宗宪气坏了，他立刻派人找到王本固，要他放人。然而，王御史打仗抗倭都是白痴水平，告状却是专家，他当即向朝廷上书，说自己做得没错，与此同时，他

参考消息 **王本固和小黄河**

王本固这人并非真傻，个别时候脑子转得也挺快。万历年间，王本固的家乡河北邢台发了大水，此时王本固已经入阁，于是上书请旨，希望皇上下旨治理。结果万历在看奏折的时候，把奏章中的“黄水”二字看成了“黄河”，不但迅速下旨，而且按修缮黄河的标准拨了银子。王本固立即着手治水，在易发生泛滥的位置增挖了一条人工河道。由于资金充沛，这条河道很快就完工了。但是工部不干了，说是拿银子治黄河，怎么治到你家里去了？王本固在遭弹劾的时候，灵机一动，上书辩白道：“此乃小黄河。”从此，这条人工河道多了一个名字——“小黄河”。

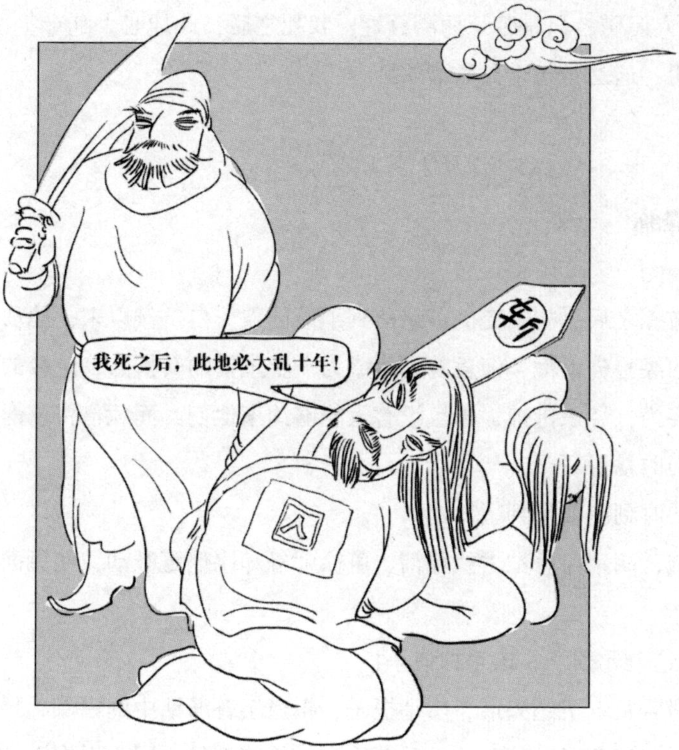

还极其无耻地进行了猜测——胡宗宪如此袒护汪直，是否违犯纪律，受了贿赂？

胡宗宪反复上书，希望朝廷考虑实际情况，不要杀掉汪直，让他为朝廷效力，约束倭寇（系番夷心）。然而朝廷中的无数“正义凛然”之士立即慷慨陈词，说胡宗宪竟敢公开放纵罪犯，其中必有内情等。一时之间，大有把胡宗宪关入监狱之势。

为了不至于跟汪直做邻居，胡宗宪向现实妥协了，他上书修正了自己意见，并表明态度：同意处死汪直。

数年辛苦筹划，就此全部毁于一旦。

在接到消息之后，毛海峰当即处死了夏正，并且残忍地肢解了他，这也是他发泄愤怒的唯一方法。

一年之后，汪直被押赴刑场处决，与他一同被杀的，还有他的儿子。就如同那封让胡宗宪瞠目结舌的信件一样，汪直在这最后一刻，面对他的儿子，再次作出了一个判断——他一生中最为大胆的判断：

“杀我一人无碍，只是苦了两浙百姓，我死之后，此地必大乱十年！”

事实证明，这是一句十分靠谱的话。

◆ 黑暗的降临

在汪直被抓之后，胡宗宪的情绪落到了最低点，自抗倭以来，他从未如此不知所措。多年的经验告诉他，汪直的死将成为一个重要的转折点，无数的倭寇将登上海岸，任意妄为，烧杀抢掠，再也没有人能够约束他们。而凭借目前的军力，根本无法阻拦他们的暴行。

最黑暗的时刻就要来到了。

无计可施，胡宗宪急忙去找徐渭，可徐师爷却比他更激动，刚见面就操一口绍兴话大骂道:

“王本固这个死捏子，该杀！该杀！”

这里稍微普及一下绍兴话，所谓捏子，相当于普通话中的白痴、呆子。

于是胡总督不急了，他静静地看着徐渭，等待着他。因为根据以往的经验，这位仁兄唾沫横飞之后，总是会有主意的。

可这一次似乎例外了，徐渭骂完后，竟然陷入了沉默，一句话也不说。

胡宗宪终于坐不住了，他发言打破了寂静:

“事已至此，纵骂也无益，眼前局势危急，该如何应对？”

徐渭思虑良久，终于说出了一个回答:

“如今招抚不成，唯有一战了。”

这个答案，是胡宗宪不想听到，也不能接受的。如果能打，早就打了，何必玩那么多花样，等到今天？

但现在，他已别无选择。

其实一直以来，胡宗宪都在屈辱中忍耐着。无论汪直也好，徐海也好，海盗也好，汉奸也好，毕竟都是倭寇，并不是胡宗宪的客人，更不是他的朋友，他们带领

汪直的海盗生涯

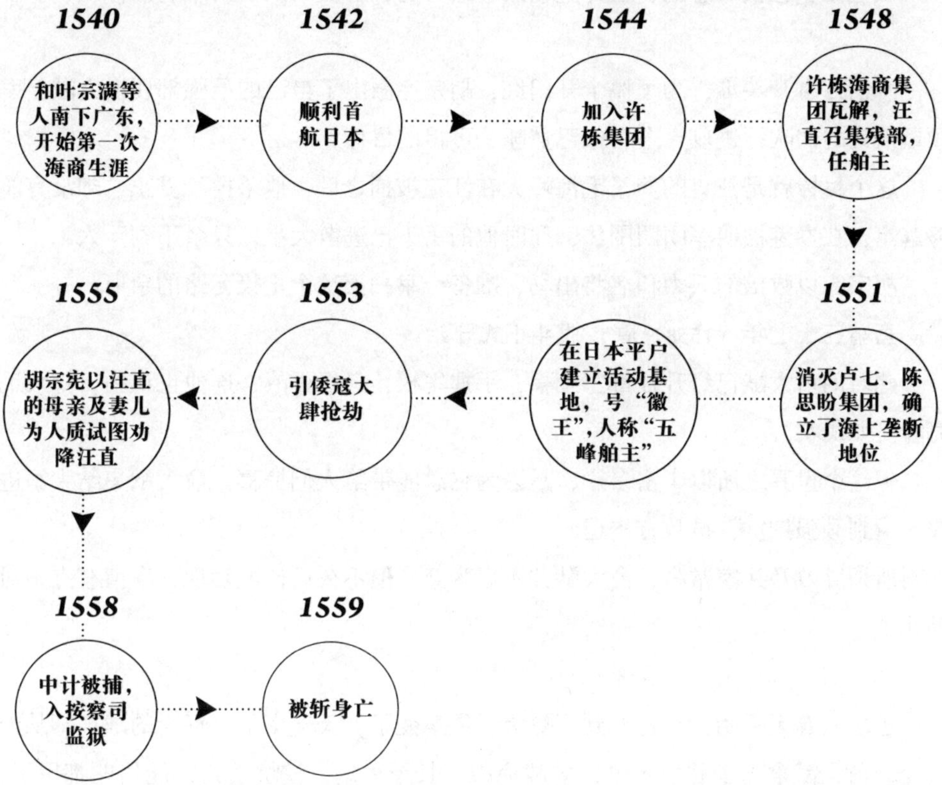

日本人烧杀淫掠，无恶不作，本不用跟他们客气，之所以以礼相待、步步为营，只是因为实力不足而已。

但一忍再忍，一让再让，而今却是青山依旧，血水长流。

实力不济也罢，力不能支也罢，既然忍无可忍，那就无须再忍了。

胡宗宪终于拍案而起，发泄出心中所有的愤怒：

“开战！不信我中国无人！”

一场惊天动地的决战就此拉开序幕。

胡宗宪开始调兵遣将，储备粮草，修筑工事。他十分清楚，在前方等待着他的，将是长期而艰苦卓绝的持久战争，只有坚持到最后的人，才能成为最终的胜利者。

但他做梦也没有想到，拉开这场战争序幕的，将是一次前所未有的惨败。

所谓万事开头难，为了搞个开门红，胡宗宪派出了自己的最强部属俞大猷，率领最精锐的部队，进攻一个看似已然唾手可得的目标。

这个目标就是汪直的养子毛海峰。在汪直被捕之后，他杀掉了夏正，却没有能够逃走，在岑港被明军团团围住，此时他的手下已逃散大半，只余不到千人。

胡宗宪以数倍的兵力和名将出马，准备一举扫灭这个走投无路的余孽。

嘉靖三十七年（1558）春，战斗正式开始。

此时的俞大猷已经升任都督佥事，手握军权，身经百战，连他也认为，打败毛海峰易如反掌。

但这个世界之所以丰富多彩，是因为它总能带给人们惊喜，俞大猷集结大军进攻，遭到顽强抵抗，被敌方击退。

所谓胜败乃兵家常事，俞大猷并不以为意，但不久后他就发现，事情有点不对劲儿了。

进攻从春天开始，一直打到了夏天，风景变了，天气变了，每天的战报却从未改变。俞大猷拿出了看家本领，陆战海战，长矛火炮，挖坑耍诈，能用的都用了，岑港和毛海峰却依然纹丝不动，一次又一次打退了明军的进攻。

毛海峰拼命了，不仅是为了求生，更是出于愤怒。在这场高水平的智力游戏中，他曾无比信任胡宗宪，相信他的许诺，相信事情终究会有一个妥善的解决。

但是当汪直被捕的消息传来时，他的所有期冀都变成了怒火，他认为自己被欺骗了，在他眼中，胡宗宪和王本固都是朝廷的人，没有任何区别。

俗话说横的怕愣的，愣的怕不要命的，这人要是不怕死，也就没啥怕的了。俞大侠虽然武功盖世，也盖不住这位玩命的哥们儿，所谓乱拳打死老师傅，一通王八拳下来，横扫少林的俞大侠也没了办法。

仗就这么打了下去，日日打夜夜打，春天走了，夏天来了，又是一个深秋。俞大猷急了，胡宗宪也急了，这么打下去，大伙儿就得在岑港过年了。

但他们终究没有和毛海峰共庆新春，说起来这还要归功于他们的一位共同领导——嘉靖。

上万人打上千人，打得春去秋来，竟然还没有个结果，嘉靖气得脑袋冒烟：你们都是饭桶不成？！

他直接下达了命令：

浙江总兵俞大猷，作战不利，限期一月，必取岑港！如到期不取，自总兵以下，全数撤职查办！

这回俞大侠麻烦了，他去找胡宗宪，想请领导帮忙解决问题。

然而，胡宗宪却连连摆手，愁眉苦脸地告诉他：打仗我是不行的，这个问题只有靠老兄你自己了，希望你早日建功，不然兄弟我迟早要跟着你一起下台。

找组织也不行了，俞大猷一跺脚，咬着牙又回了前线，督促军队日夜攻打。但毛海峰这次是吃了秤砣铁了心，发誓顽抗到底，攻了二十多天仍然没有效果。

眼看期限快到了，俞大猷百般无奈，只得用上了最后一招——开会。

在会上，俞大猷再次鼓励部下奋勇作战，而且丝毫不怕丢脸，当众宣读了皇帝骂他的那封谕示，然后明白地告诉大家，皇帝发怒了，后果很严重，你们还有什么本事，赶紧使出来，要不然等老子完蛋了，你们一个也跑不掉，都得陪我下去！

这话是有来由的，嘉靖的旨意讲明，如不能按时歼敌，自总兵以下全数革职查问。总兵是俞大猷，下面还有好几个级别，分别是副总兵、参将、游击将军。俞大侠的意思是，这是个集体大黑锅，我要背，你们也得要背！

大家都慌了，为了保住饭碗，纷纷回营积极准备。就在这时，一个参将找到了俞大猷，自告奋勇地表示愿意充当先锋，剿灭毛海峰。

看着这位毛遂自荐的参将，俞大猷发出了疑问：

“你有把握吗？”

参将信心十足地回答道：

“必尽全力，以获全胜！”

俞大猷点了点头，但心里实在没谱，自己都打不了的仗，谁能打？不过火烧眉毛之际，也只能凑合了。

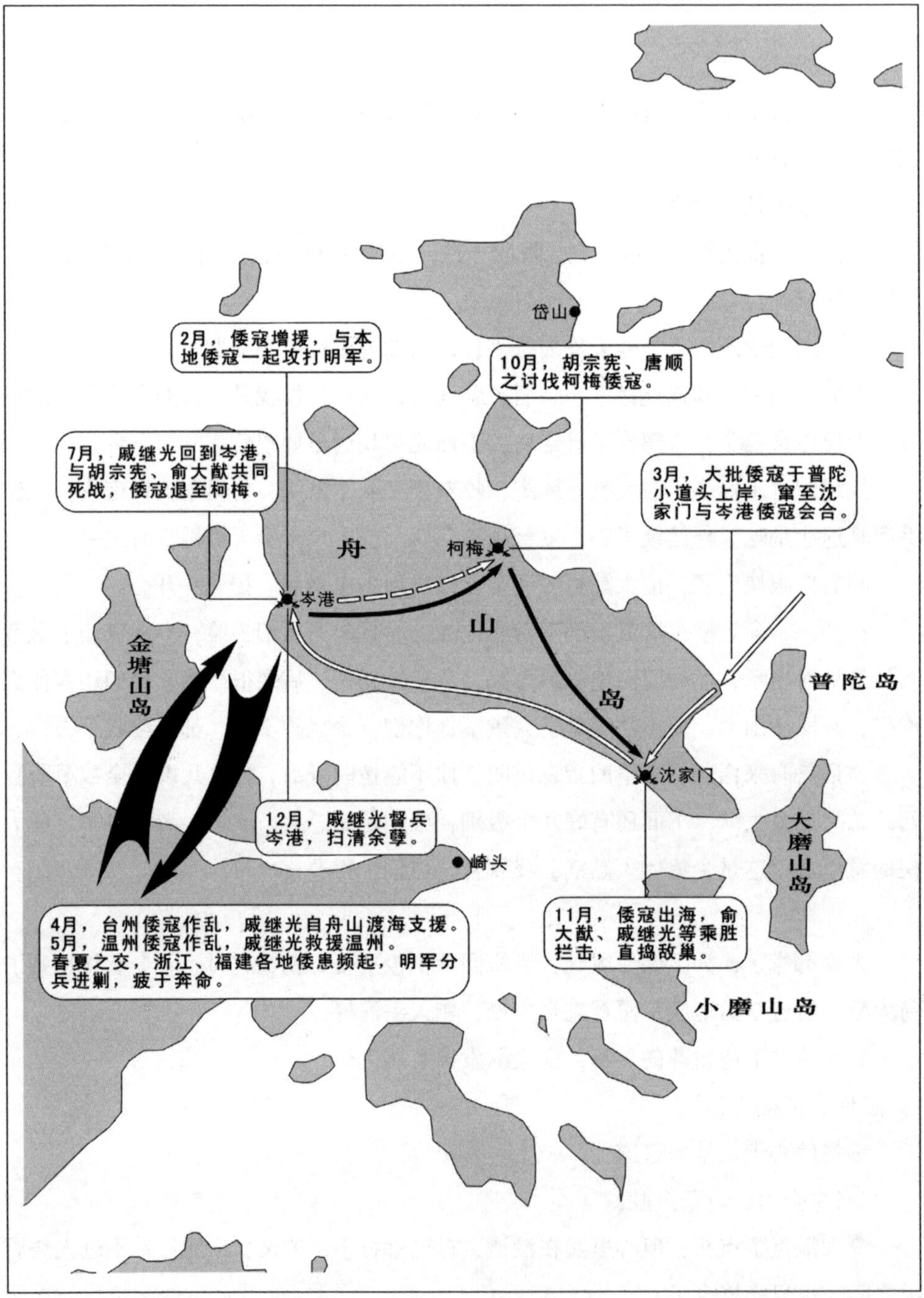
岱山
2月，倭寇增援，与本地倭寇一起攻打明军。
10月，胡宗宪、唐顺之讨伐柯梅倭寇。
7月，戚继光回到岑港，与胡宗宪、俞大猷共同死战，倭寇退至柯梅。
3月，大批倭寇于普陀小道头上岸，窜至沈家门与岑港倭寇会合。
舟
山
岛
柯梅
岑港
金塘山岛
普陀岛
沈家门
大磨山岛
12月，戚继光督兵岑港，扫清余孽。
崎头
4月，台州倭寇作乱，戚继光自舟山渡海支援。
5月，温州倭寇作乱，戚继光救援温州。
春夏之交，浙江、福建各地倭患频起，明军分兵进剿，疲于奔命。
11月，倭寇出海，俞大猷、戚继光等乘胜拦击，直捣敌巢。
小磨山岛

↑ 历时数月的岑港之战

但这位参将领命之后，却没有立即行动，反而减少了进攻次数，只是每天派几个小兵到敌军阵前叫阵，除此之外啥也不干。俞大猷多次催促，却依然故我，从不动兵。

期限越来越近，皇帝也等不及了，还没到一个月，就下令免去俞大猷等人的官职，末了还放了句话——暂不追究，戴罪立功。

免了职还叫不追究？照这意思，如果再打不下来，大家就要手牵手进牢房了。就在俞大侠心急如焚，准备亲自抄家伙出去拼命的时候，捷报传来，岑港终于被攻克了。

一直以来，俞大猷的这位部属并没有消极怠工。因为他使用的，是一种极为巧妙的心理战术，先减缓进攻的节奏，麻痹对方紧绷的神经，同时仔细勘察地形，选择合适的突破口，待时机成熟，再一举发动总攻，歼灭敌军。

就这样，历时近半年的岑港之战落下了帷幕。在此战中，明军伤亡近三千余人，歼敌不到千人，并有部分倭寇成功突围逃窜，可谓是灰头土面，丢尽了脸。

但嘉靖同志还是很够意思的，他兑现了承诺，没有处罚俞大猷等人，并将他们官复原职。

逃过一劫的俞大猷感慨万千，专程找到他的那位得力部下，由衷地感叹道：

"惭愧，惭愧，我不如你啊。"

这话其实不新鲜，因为俞大侠一向是个谦虚的人。然而后世之人几乎一致认定，他的这句话并非谦虚，而是事实。

伟大的俞大猷终于遇到了一个比他更伟大的将领，这位参将的名字，叫做戚继光。

◆ 生下来就是将军

洪武十四年（1381），名将傅友德、蓝玉率军远征云南，一路所向披靡，战况十分顺利。不久之后，元朝守将梁王自尽，云南全境平定。

战争结束之后，傅友德依照惯例，向朝廷送交了阵亡军官名单，以供追认。

而当朱元璋翻阅这份名单时，目光停留在了一个名字上——戚祥。

这是个他所熟悉的名字，二十八年前（元至正十三年，1353），当他刚与郭子兴决裂、进军定远之时，这个人赶来投奔他，并作为他的亲兵跟随他东征西讨，立下了很多功劳。

于是他下达了一道影响深远的命令：

“授戚祥之子戚斌为明威将军，任职登州卫指挥佥事，世袭罔替！”

所谓世袭罔替，就是说从今以后，这家人只要不死绝，能生儿子，这个将军的位置就是他们戚家的，直到大明公司倒闭为止。

于是自此之后，戚家一直揣着这张长期饭票，过着衣食无忧的生活，但历代子孙才能实在有限，虽说勤勤恳恳，却也没出什么了不得的人物，直到一百四十八年后的那个深夜。

嘉靖七年十月初一，江南漕运把总戚景通在不安中等来了儿子的诞生，虽说出生时间是在子时，但等戚老爹忙完妇产科工作时，天已经亮了。

东方破晓，太阳初起，阳光射透云层，耀眼的光辉映照着世间万物。戚景通放下了手中的尿布，看着窗外阴霾尽去，光照万里的一幕，给自己的儿子取下了名字：

“就叫他继光吧。”

在日本的战史书籍中，有一个用来形容战争结局的词语，使用频率极高，那就是玉碎。

但这里所谓的玉碎，并没有我们所想的那样豪壮，因为根据日本人的习惯，只要死在战场上，无论你是战死、病死、饿死，还是逃跑时不幸摔死，统统都叫玉碎。

比如当年孙立人在缅甸大败日军，活埋上千名日本兵，日本国内的相关标题就是“大日本帝国缅甸皇军英勇玉碎”——虽然一点也不英勇。

如果把这个概念套用到戚继光的身上，那他的外号就应该叫粉碎机，因为根据统计，在那几年，但凡遇上他的日本倭寇，玉碎率一般都在百分之八十以上。

自嘉靖三十八年（1559）至嘉靖四十五年（1566），戚继光历十三战，每战横

戚继光

1528 年生人
山东登州人
十岁的世袭四品将军

倭寇粉粹机
|
组建“戚家军”，转战浙、闽、粤三省，历经大小数十战，平定东南倭寇之乱

阵法发明家
|
独创鸳鸯阵、三才阵、五行阵等

妻管严

扫敌军，几近全歼，最大伤亡仅六十九人，敌我伤亡平均比例为30∶1，空前绝后，彪炳史册。

戚继光，这个名字将成为倭寇们最可怕的噩梦。

自古以来，爵位可以世袭，但天才是不世出的。作为天才的父亲，戚景通实在是个能力很一般的人，但他也有着两个不可多得的优点：老实、肯干。

所以，虽然他没有什么特殊的才能，官运却也不错，从登州指挥佥事升任大宁都指挥使，最后还荣调进京，担任神机营副将，成为明军中的高级将领。

一般说来，老爹是高干，家里自然差不了。然而，戚继光却是个例外，从小他的生活条件就很一般，这都要归功于他的父亲。

戚景通是个老实人，而且为人正直，从不搞灰色收入，曾几次主动上交工作对象送来的红包，屡次获得上级表扬，几十年如一日，只靠工资过日子。而在明代，这种行为的唯一结果就是清贫。

但戚景通并不以为意，相反，他还反复教导儿子要学习自己的好榜样，要为官清廉，建功立业。

事实证明，戚继光成功地达到了父亲的要求——仅限于第二点。

和众多读书人一样，戚继光自幼苦读诗书。由于他家境一般，且衣着朴素，许多富家子弟都瞧不起他。

然而，在他读到十岁的时候，突然有一天，教书先生走进学堂，没有讲课，而是郑重其事地告诉所有同学，从今以后，和戚继光同学玩耍的时候要千万当心，不要有危险动作，如果有个三长两短，是会有大麻烦的。因为戚同学已经是四品将军了。

戚继光出生的时候，戚景通已经五十多岁了，到了嘉靖十七年，他估摸着自己年纪大了，就退休回了家。按照朝廷规定和个人意愿，他的职位将由十岁的戚继光继承，虽说手续还没有办，但戚继光已经是名义上的将军了。

一般人读几十年书，考中个进士，最多也就混个六品、七品官，还要苦巴巴熬资历。而戚继光同学年仅十岁，已然官居四品。所谓的高干子弟就是这样炼成的。

但这对于戚继光来说，并不是一件好事，很快，一个难题就将摆在他的面前。

因为根据朝廷规定，像戚继光这样的中高级别干部，出门必须要坐马车，可是戚继光家条件有限，买不起车，坐 11 路车又太丢面子，无奈之下，只好改成家里蹲了。

于是十岁的戚将军被迫辍学，待在家里苦读。此时，一位老师听说了这件事，便主动表示愿意上门教戚继光读书。

戚继光自然十分高兴，却又担心收费问题。那年头，请个家庭教师比买辆车也便宜不了多少。

但是过了很久，这位老师却从没有提过钱的事情，每天自费来往，教完走人，连饭都不吃。

戚继光十分纳闷，也感到非常愧疚。一天，他花了点钱，准备了非常丰盛的饭菜，想请老师吃顿饭。

然而，他想不到的是，老师看见满桌饭菜，竟然勃然大怒，不但不吃，还大声训斥道：

"你家境清贫，却如此奢费，难道我到你这里是为了吃饭吗？"

戚继光一语不发，立刻撤走了饭菜，老师的面孔才好看了些。他语重心长地对戚继光说道：

"你虽是世袭将军，却如此勤奋好学，实在难得。我上门教你，只愿你日后坚持不懈，早日成才，报效国家，便已不负我所望了。"

面对这位无私的导师，戚继光无言以对，只能眼含泪水，郑重地向老师行礼。

日子依然继续着，家境依然清贫，老师依然来访，依然分文不收，而戚继光也依然苦读不辍。但改变在不知不觉中发生着。

清苦却坚持操守，严谨而不计得失。从父亲和老师那里，戚继光确立了他一生的处世准则——以天下为己任，岂计个人荣辱！

参考消息　**无后为大**

据说戚继光的父亲戚景通不是戚继光的爷爷亲生的，而是从他爷爷的堂兄弟那里过继来的，以便戚家的世袭职位有人继承。待到戚景通五十多岁时，戚继光才出生，是真正的老来得子。由于家族中连续两辈都出现过后嗣的继承危机，也使得戚继光特别在意自己何时能抱上儿子的问题。

于是，在不久后的一个夜晚，秉烛苦读之时，少年戚继光挥笔写下了一首千古名作，以及他一生的理想：

小筑暂高枕，忧时旧有盟。
呼樽来揖客，挥麈坐谈兵。
云护牙签满，星含宝剑横。
封侯非我意，但愿海波平。

在此后的四十年中，他一直虔诚地坚持着这个伟大的信念。

参考消息 **戚继光的老师**

这位免费的家庭教师叫梁玠，是当时一位有名的才子，富有治世之才，风度举止也为人称道。不知怎的，却屡次乡试不中。起初他为了维持生计，办了一家私塾，戚继光就是学生之一。戚继光被迫回家后，为了让这个好学勤勉的孩子能够继续读书，梁玠不但主动提出上门授课，而且风里来雨里去，坚持兼顾着戚继光和私塾里的其他孩子。戚继光为官之后，梁玠也因品学和德行优秀被选为贡生，任沧州儒学训导，看来好人还是有好报。

第十二章

名将的起点

〇这是一个旁人避之不及的苦差　然而戚继光高兴地去了　他将在那里开始自己传奇的一生　在行进的路上　面对着险峻去路和茫茫前方　戚继光再次坚定了他的志向

◆ 基本功是必要的

嘉靖二十三年（1544），十七岁的戚继光准备出发了，他要去北京继承父亲的职位。虽说名义上已经接班，但无论如何，程序还是要走一遍的。

办完手续之后，戚继光正式赶赴山东，办理交接，准备就任登州卫指挥佥事，当时他刚满十八岁。

但等他到地方一看，才由衷地感叹，政府实在是太信任自己了，信任得过了头。

登州是山东沿海重镇，光驻军就有数千人，加上兼管的军屯民政，加起来大致有上万人，而且这帮人长期不打仗，都混成了兵油子，每天只是混吃等死，还喜欢搞腐败。

热血青年戚继光对此十分不满，他大张旗鼓地进行了改革，严肃考勤制度，整顿军纪，可谓是雷声阵阵。

遗憾的是，偏偏就是不下雨。口号喊得震天响，却无人理会。毕竟大家心里都有数：你爷爷在的时候就是这个样儿，你小子胡子都没长起来，就想跟前辈过招？

这是戚继光学到的第一课，他终于明白，在这个世界上，像他父亲和老师那样的人永远只是少数派，要想实现自己的理想，他还必须学会妥协。对于这一点，他比他未来的盟友张居正醒悟得更早。

事情办不下去，戚继光却并不气馁，因为他已经找到了一个更有意义的目标。每天早上，他开始跑步锻炼身体，操练武艺，进行高强度体能训练，还悬梁刺股，用功苦读。

戚继光正在备考，他准备参加武举考试。

虽说已经是四品武官，但戚继光仍然打算去考试。这倒不是他吃饱饭没事干，跟自己过不去，而是因为在明代，考试成绩实在太过重要，管你是皇亲国戚、高干子弟，如果不是进士出身，总会被人当做伪劣产品。

此外参加这一考试还可以锻炼体质，促进新陈代谢，顺便学点武艺，加强基本功，实在是有益身心。

事实证明，戚继光的这一选择十分英明。在十年之后的那片高地上，他付出的努力，将得到最大的回报。

嘉靖二十八年，戚继光参加武举乡试，一举中第，成为了武举人。

第二年，戚继光打点行装，前往北京参加会试。一般说来结果无非两种，考中或考不中，可是戚继光同学偏偏遇上了第三种。

虽然许多史籍对戚继光参加会试的成绩没有提及，但据某些材料显示，他的考试成绩可能十分不理想，如果就此考下去，估计也只能是打包走人，改日再见。

考试即将接近尾声，就在戚继光准备卷铺盖走人的时候，兵部侍郎杨守谦突然跑来，告诉大家：不管考得好还是考得差，统统都不要考了，同学们马上集合，抄起家伙跟我上吧。

俺答来了，“庚戌之变”爆发了。

这自然是件麻烦事，但对戚继光而言，却是一个难得的机会。正是在这次事变中，他的才能得到了充分的发挥，他写的《备俺答策》也广泛流传，获得了上级领导的高度评价。

戚继光的命运就此被彻底改变。“庚戌之变”后，朝廷为了加强边境的防务，决定调集山东、山西等地部分军队轮流守边界，之前出尽风头的戚继光自然难逃法眼，光荣中标。

这是一个旁人避之不及的苦差，然而戚继光高兴地去了，他将在那里开始自己传奇的一生。

在行进的路上，面对着险峻去路和茫茫前方，戚继光再次坚定了他的志向：

南北驱驰报主情，江花边月笑平生。

一年三百六十日，多是横戈马上行。

这将是他一生的选择。

然而，这个选择的开头并不顺利，戚将军在边境的日子过得实在不爽，因为他被分配驻守的地方是蓟门。

原先在山东的时候，虽说手下都是一帮兵油子，好歹自己还是个四品指挥，说话算数。而蓟门为明朝四大防区之一（宣、大、蓟、辽），高级军官一抓一大把，什么都轮不到戚继光，他在这里只能干干巡哨之类的活，很少有实践操作、指挥军队的机会。

于是，度过了看似平淡无奇的三年之后，他又回到了山东。在很多人看来，这位曾被兵部领导寄予厚望的年轻人毫无成就，只是白白混了三年。

但事实并非如此。

岑港之战后，俞大猷对戚继光的战术十分钦佩，曾好奇地问过他一个问题：你的战法由何处学来，源于何时？

戚继光回答，是当年在蓟门巡边时所学。

俞大猷十分吃惊，一个巡边的小官，又没有打过大仗，何以如此精通兵法？

戚继光十分自豪地答复了他的疑问——自学成才。

他告诉俞大猷，在蓟门的那三年中，无论在什么地方，干什么差事，他总是带着一本书，反复翻阅，日夜苦读，而他所领悟的军法之秘诀大都来自此书。

遗憾的是，这本书并不是俞大猷最喜欢的《易经》，它的名字叫《孙子兵法》。

如果要搞个三千年来的世界畅销书排行榜，《孙子兵法》至少可以排进前五十名。此书早已打入国际市场，行销海外。这本书拿破仑买过，希特勒也买过，上到八十岁的老头，下到四五岁的孩童，都是孙子的忠实读者。

但能从中看出名堂，且自创兵法者，恐怕就只有戚继光先生了。因为他有着一种十分奇特的看书方法——一边看一边批。比如孙子曾经曰过：敌人气焰嚣张，就不要去打（勿击堂堂之阵）。戚将军却这样曰：越是气焰嚣张，越是要打（当以数万之众，堂堂正正，彼来我往，短兵相接）！

孙子还曾经曰过：诈败的敌人，你不要追（佯北勿从）。戚将军曰：保持队形，注意警戒，放心去追（收军整队，留人搜瞭，擂鼓追逐）。

类似之处数不胜数。用马克思主义的话来说，戚继光同志对孙子兵法进行了批判地吸收，所谓因地制宜，取其精华，终得兵家之精妙。

嘉靖三十四年，军事理论家戚继光调任浙江，任都司佥书，他的理论将在这里接受严酷的考验。

明代的武将和文官没什么区别，也喜欢搞内部矛盾，争权夺利，一门心思往上爬。但戚继光对此却毫无兴趣，他到任之后，便针对当前形势，提出了许多条合理化建议，并上报领导。虽没有得到任何回音，但他依然故我。

不久之后，为加强防务，朝廷决定设置宁绍台参将一职，这个职位相当于宁波、绍兴、台州三地分军区司令员，位高权重，是个肥差。

消息传来，许多人开始积极活动，请客送礼，拉关系走后门，希望能混到这个差事，只有戚继光无动于衷，继续干自己的工作。

很快，任命结果公布，让无数人大跌眼镜的是，就任这个职务的人，竟然是不动声色的戚继光。

这是个不折不扣的奇迹，而在奇迹的背后，是一个人的帮助。

戚继光的上书并没有被扔进废纸篓，文书上的每一个字，都牢牢地映入了胡宗宪的眼帘。

他惊讶于此人的勇气和才华，却压下了这些公文，没有作出任何回复，因为在将大任托付给这个年轻人之前，还需要进行最后的考验。

经过很长时间的观察，胡宗宪终于确定，戚继光并不是投机主义者，而是一个宠辱不惊、心怀天下的人。所以，他毫不犹豫地将宁绍台参将的职位交给了这个人。

天上掉下来的馅饼，只有傻瓜才不要。戚继光不是傻瓜，所以他没有推辞，在这种问题上，他一向是个聪明人，至少比俞大猷聪明得多。

聪明的戚继光接任了宁绍台参将的职务，这一年他刚刚二十八岁，踌躇满志，意气风发，时刻盼望着大干一番事业。

机会说到就到，戚继光刚刚上任一个月，倭寇就来了。这一次他们抢掠的目标是浙江慈溪。

接到消息后，戚继光十分高兴，他决定借此机会与倭寇大战一场。根据情报，倭寇只有上千人，为确保安全，他召集了上万名士兵，准备以多打少，用胜利庆祝开门大吉。

戚继光亲自带队出发了，然而，他并不知道，开门不一定会见喜，有时也会碰钉子的。

大队人马浩浩荡荡地开到了慈溪东南的龙山，在这里，他们遇到了倭寇的主力，著名的龙山之战就此拉开序幕。

这场战役之所以著名，并非有着什么可歌可泣的悲壮故事，只是因为它实在过于莫名其妙，莫名其妙地开始，又莫名其妙地结束。

终于遇到敌人了，戚继光十分兴奋，他立刻观察地形，布置谋划，安排攻击队形。但等他忙活完了，却惊奇地发现，没有人执行他的命令——他们都跑光了。

威风凛凛的明军果然不同凡响，遇到人数远少于自己的倭寇，竟然一触即溃，别说攻击，连逃命都顾不上。

前锋溃败，中军也动摇了，连戚继光的副将也拉着他的衣袖，让他赶紧逃跑，再不跑就来不及了。

然而，惊愕的戚继光很快恢复了平静，他挣脱副将的拉扯，取出了他随身携带的弓箭，从容地命令部下：

“此处哪里有高地，带我去。”

站在高地上的戚继光审视着眼前滑稽的一幕，人数众多的明军四散奔逃，几百个倭寇在后面穷追不舍，肆无忌惮，看来败局已定了。

然而，他决定挽救危局——凭借他一个人的力量。

戚继光拈弓搭箭，拉满了弓弦，瞄准带头冲锋的倭寇头领，射出了致命的一箭，十年前的苦练终于得到了丰厚的回报。

戚继光的箭法实在不是吹的，倭寇头目应声倒地。但这并不是结束，他把手伸进了箭筒里，抽出了第二支箭。

随着一道凌厉的风声，第二个头目倒地而亡，就在倭寇们被这位狙击手搞得人心惶惶之时，又一道风声伴随着惨叫传到了他们的耳朵里——第三个人被射死了。

这种狙击战法彻底打垮了倭寇们的心理防线，他们放弃了追赶，停了下来。

要说前面的明军也确实是耳聪目明，看见人家不追了，顿时鼓起勇气振作精神，在奔跑之中，完成了难度很大的一百八十度大回转动作，开始追击倭寇。

戚继光这才松了口气，他马上找来部下，命令他们全力追击。

可是让他更加想不到的事情发生了。

士兵们追出一段之后，却开始陆续自动返回。戚继光纳闷到了极点，便顺手拦住一个士兵，问他为什么不追了。这位军爷毫不见外，落落大方地告诉他：这都是老传统，把他们赶远一点就行了，反正他们还要来的，犯不着去拼命。

戚继光呆住了，他一动不动地站在原地，半晌回不过神来，原来如此！

龙山之战就这样结束了，虽说很不体面、很丢脸，但戚继光并非毫无收获。从此战中，他认识到了重要的一点：单靠手下这帮兵油子，即使把常遇春从坟里挖出来，也是打不了胜仗的。

所谓兵熊熊一个，将熊熊一窝。然而这一次，戚继光实在开了眼界，他遇见了传说中的“熊”兵集团，不是一个，也不是两个，而是一个“光荣”的集体。

如果说是偶然为之也就罢了，偏偏这帮熊兵竟然是职业的，且从不雄起。在不久之后的雁门岭之战中，他们十分仗义地不顾戚继光的死活，再次带头逃跑。戚继光同志瞬间成了光杆司令，幸好当年练过跑步，拼死拼活才逃了回来。

这样下去，不被累死，也会被连累死。戚继光决定上书，要求重新练兵。

文书送了上去，胡宗宪看过之后，冷笑一声，给了他一个十分经典的回答：

“浙江兵要是能训练出来，我早就去练了，还用等你来？！”

手下这帮人的战斗力，胡宗宪比戚继光更为清楚，对这帮兵油子，他已经伤透了心。

但戚继光思考片刻，说出了一句话，正是这句话让胡宗宪改变了主意：

“十室之邑，必有忠信，堂堂全浙，岂无材勇！”

胡宗宪被他的诚意所打动，便给了他三千士兵，让他去训练。

在明代的优秀将领中，论作战勇猛，运筹帷幄，戚继光的整体素质应该能排在前五名。而他之所以能够在军事史上占据如此重要的地位，却是因为他有着一项无人可及的专长——训练。

三千名新兵蛋子怀揣着混饭吃的梦想来到了军营，但他们做梦也没想到，在前方等待着他们的，将是地狱般的生活。

根据《纪效新书》记载，但凡新兵入伍，戚继光总要训一段话，鼓励大家学武。此段话实为奇文，可供各单位思想政治工作人员参考，故摘录如下：

“诸位都听了，练武不是你答应官家的公事，是你来当兵，杀贼救命的勾当。你武艺高，杀了贼，贼杀不了你，你武艺不如他，他便杀了你。若不学武艺，是不要性命的呆子！”

当然，作为一名新兵，这些话你大可当是耳旁风，戚指导员压根儿也没指望你能自觉执行，他已经预备了许多惊喜，以保证你充实地度过这段难忘的军营生活。

思想教育之后，接下来就是站队列了，包括队伍行进转向等，具体形式和今天差不多。但如果你转错了方向，走错了队列，就不仅仅是拉出去罚站了，那是要打板子的，打完了也不会让你去医务室，还得接着练。

练完队列后，戚教官将教大家学习号令，包括擂鼓是前进、鸣金是收兵，以及旗帜挥舞的各种意义。如果你不识字，不要紧，戚教官会教你，但如果教完了你又还给了戚老师，那就不好了，为保证你下次记住，戚教官会打你板子，直到你哭爹喊娘，发誓一定记住为止。

在完成既定课程之后，下面该学习武艺了，教官都是从各地选来的武林高手，

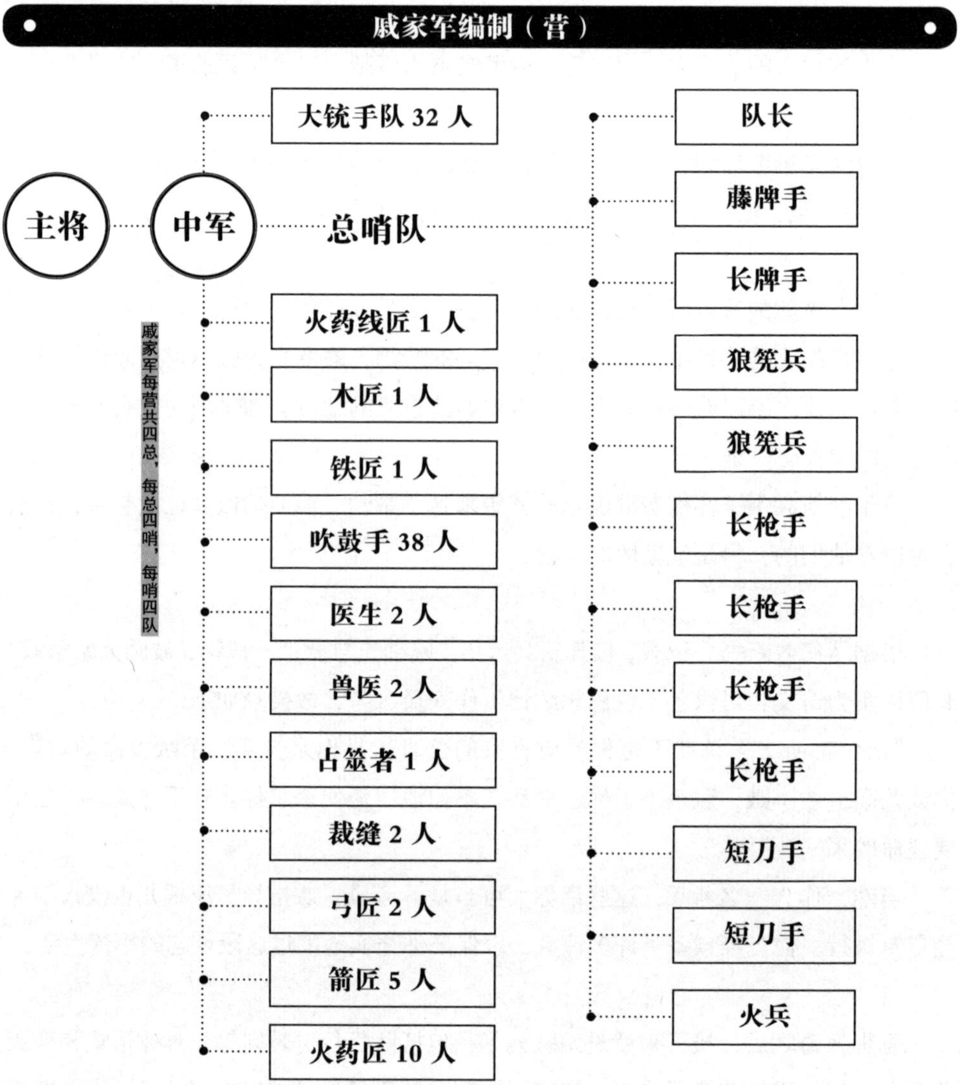

全部都是练实战的，套路选手一般不在聘请之类。

考虑到大家文化程度不同，以及智商的差异性，为保证良好的教学效果，戚教官把学习成绩分成九等，定期考核，考核的方式是实战。

规则如下：双方对打，你打赢了，就升级，升一级赏银一分；如果你打输了，就降级，降一级打五棍。

该规则简单概括为：你不打我，我就打你，反正打不过战友，就要被戚老师打。

横竖都是被打，还不如拼命打战友，顺便还能挣点零用钱。

于是，在这种几近惨无人道的训练方法下，新兵们生活在水深火热之中，每天都遍体鳞伤。然而，正是在这残酷的环境下，他们练就了非凡的武艺，成就了非凡的事业。

几百年后，这支特殊的部队已成为一个传奇，并以一个光荣的名字被永远载入史册——戚家军。

在中国历史上，曾有过无数支精锐的特种军队，比如汉代的虎贲军、三国时魏国的虎豹骑、唐代的玄甲军等，其战斗力之强罕有匹敌。但纵观古今，能名闻天下，且以将领的名字命名的军队只有两支：除去戚继光外，就唯有岳飞能够获此殊荣了(俞大猷的军队也叫俞家军，但名气不大)。

对于戚继光和他的军队而言，这是一个当之无愧的评价。

军队训练成型，戚继光决定带他们出去逛逛，其主要目的自然不是作战，不过是锻炼实战技术，见见世面。而他们的第一个目的地是台州。

不幸的是，就在台州附近的椒江，这帮新兵们第一次遇上了真正的敌人——倭寇。这是一件让戚继光始料未及的突发事件，毕竟都是新兵，指望他们打胜仗是不靠谱的。

然而，事情的发展超出了他的预料。由于长期以来新兵们饱受戚老师的摧残，累积了满腔怒火，心态已经接近失控的边缘。于是当敌人出现在面前的时候，他们突然意识到，发泄愤怒的时机到来了。

后果是十分严重的。这三千新兵如同野兽一般，瞬间便击溃了眼前的敌人，并穷追猛打，一直追出上百里外，把倭寇们赶下了海，这才算了事。

在此之后，这支新军一发不可收拾，沿路高歌猛进，于台州、温岭等地连续四次遭遇倭寇，四战而四胜。

戚继光心满意足了，在他看来，自己的目标已经达到，他已拥有了一支足够强大的军队。

然而事实证明，他错得很离谱。

嘉靖三十七年，戚继光的美梦被无情地打破了。

岑港，这个毫不起眼的弹丸之地，盘踞着缺兵少粮的倭寇——仅仅一千人而已。

戚继光带着他的三千新军，与卢镗、俞大猷一同发动了猛攻，他相信自己胜券在握，然而结果却并非如此。

面对这一小撮顽抗的倭寇，上万名明军竟然毫无办法，多次受挫而返，伤亡惨重。而之前威风无限的新军，在这群有组织的敌人面前，也全然没有了当初打散兵游勇的威风。

戚继光眼睁睁地看着自己苦心锻炼的新军开始败退，开始逃窜，开始丧失所有勇气，而这一幕，是他绝对无法接受的。

由于战局不利，戚继光被撤掉了参将的职务，眼看就要丢饭碗了，戚继光只得豁出老命苦思冥想，终于绝地反击，设计解决了这帮顽敌。

但残酷的现实仍然震醒了他，他终于意识到，要实现自己的梦想，要完成抗倭的大业，他还缺少极为重要的一环。

◆ 最后一个选择

在汪直被捕的那一天，戚继光就作出了一个清醒的判断：不久后，无数失去控制的倭寇将蜂拥而至，并发动疯狂的攻击，和平的侥幸与妥协将不复存在。要战胜这群暴徒，平息战乱，唯一的方法是，拥有更强的暴力，以暴制暴。

一直以来，戚继光都坚信，自己已经具备了胜利的所有要素：优良的武器装备，合理的战略战术，优秀的指挥将领（他自己），严酷的训练方法。

然而，他仍然失败了，他苦心练就的新军仍然不堪一击，他隐约感觉到，自己似乎还忽略了一个关键的因素。

经过几天的反复思索，他终于找到了这把最后的钥匙——士兵。

在戚继光看来，一支战无不胜的军队必须具备如下素质：

疾如风，徐如林；侵掠如火，不动如山；难知如阴，动如雷震（《孙子兵法》）。

这就是被无数军事家奉为经典的“六如真言”。兵家有云，达“六如”者，战必克，攻必取，无往不胜！

而在“六如”之中，最后两如要靠将领，前面四如必须要靠小兵。

对自己的能力，戚继光还是有信心的，但提起手下那帮人的素质，戚继光就只能无语对苍天了。

关于这个问题，戚继光曾与当时的台州知府，后来的举世名将谭纶有过一段极为有趣的谈话，谈话内容经本人整理，大致如下：

戚继光（下简称戚）：虽然我已尽全力操练，但经历战阵之后，我才发现，新军有很大的问题。

谭纶（下简称谭）：什么问题？

戚：我所部三千新军中，大部都是处州（今浙江丽水）兵和绍兴兵，这两地士兵各有特点。比如处州兵，作战十分勇猛，听命从不迟疑，冲锋陷阵，非常积极，是战斗的主力。

谭：有什么问题吗？

戚：但他们每次打仗之前，都要和我谈条件。

谭：谈条件？

戚：作战以前，他们要求必须知道作战的对手和人数，然后自行内部商议，如果认为能打，就作战，但要是他们认为不能打，即使费尽口舌，他们也绝不会卖力。

谭：……

戚：相对而言，绍兴兵更加听从命令，无论打什么仗，他们从来不会拒绝，完全服从，而且不怕辛苦，扎营修城之类的力气活，安排他们干，他们就会尽力去干，且从无怨言。而在战场上，如果敌人退却，他们会主动追击。

参考消息　风林火山

戚继光所信奉的这条六如真言，本来是用来打倭寇的信条。没想到日本人比他更信奉这几句话。在日本，一个叫武田晴信的年轻家督（也就是后来的武田信玄）在《孙子兵法》里看到了这几句话，拍案叫绝，立刻叫人把其中“疾如风、徐如林、侵掠如火、不动如山”这四如写在军旗上。从此，这面旗帜在每次战役时都陪伴着武田晴信，威震一时，“风林火山”精神也成为了整个武田军队构建的核心思想。

谭：遵从军令，作战勇猛，这不是很好吗？

戚：但问题是，如果敌人进攻，他们就会主动撤退。

谭：……

戚：当然，如果敌人再退，他们还是会追，但若敌人回军，他们会再次撤退。据我统计，但凡与敌人相接三十步内，即将肉搏之时，他们一般会全军退走。总而言之，关键时刻实在靠不住。

谭：那你打算怎么办呢？

沉默片刻后，戚继光用一声重重的叹息结束了这次谈话：

“我也没有办法。”

其实，在两人的这次谈话中，涉及了一个十分重要的理论——地理决定论。一般说来，生活在艰苦山区的人性格比较强硬，而且民风彪悍，不怕死；而在经济发达地区，混碗饭吃实在不难，不到万不得已，鬼才愿意拼命。

处州地区多山，经济条件差，是少数民族聚居区，当地人向来信奉脑袋掉了碗大个疤之类的玩命理论；绍兴山清水秀，读书人众多，且主要从事脑力劳动（如徐渭），实在不行还可以搞点旅游服务业，实在犯不着去拼死拼活。

而对于这种地区差异性，单靠训练是无法解决的，戚继光确实没有办法。

没办法就只能凑合着过了。但逢作战，戚继光只能安排绍兴兵守营，然后去跟处州兵做思想工作，劝说他们奋力杀敌。此来彼往，疲于奔命，每次打完一仗，都得累得半死不活。

为了让自己不至于在战死之前就被活活累死，戚继光决定去寻找一群勇猛强悍的人，来代替现有的士兵，组建一支真正战无不胜的戚家军。正如他跟胡宗宪所说的那句话——堂堂全浙，岂无材勇？他相信自己终究是会找到的。

一年之后，他终于找到了合适的对象——因为一次偶遇。

嘉靖三十七年，戚继光因事出公差，事情办完后，他没有原路返回，却兜了个圈子，准备视察民情。

然而，当他偶然路过一个地方的时候，却看到了一幕让他触目惊心的情景。

他经过的地方，叫做义乌，他看到的场景，是打架斗殴。

作为一名见惯杀人放火、尸横遍野的军事将领，戚继光的心理承受能力是相当强的，但他依然被这次斗殴震惊了。因为这并非一次寻常的街头流氓打架，从某种意义上说，这是一次载入史册的斗殴，是一次改变了抗倭历史的斗殴，是一次光荣、成功、团结的斗殴。

事情是这样的，义乌原本属于经济不发达地区，老百姓都很穷，偏偏老天爷够意思，该地陆续发现许多矿藏，于是当地的农民纷纷离开耕地，改行当了矿工。

矿自然比粮食值钱，慢慢地义乌人发家致富了，这下子旁边的穷兄弟永康（今浙江永康）不干了，希望义乌能拉兄弟一把，有钱大家一起赚，有矿大家一起挖。

但义乌人不答应，俺们挨了那么多年的苦，好不容易熬出点盼头，现在你来吃现成的，你算老几？

然而永康的穷兄弟们依然出发了，带着农具、铁铲和管制刀具，向着梦想中的致富地点奋勇前进，反正穷命一条，当今世上谁怕谁，吃定你了！

义乌方面得到消息，立刻组织数千人前往拦截，双方在义乌城外的八宝山（偏偏是这名字）相遇，就此开始了这场惨烈无比的斗殴。

戚继光之所以有幸看到这幕盛况，绝不是人家上午开打，他下午就赶到。真正的原因在于，这是一场十分特别的斗殴，义乌的百姓们用实际行动证明了一个事实——原来斗殴也是可以旷日持久的。

自嘉靖三十七年六月起，义乌矿工、乡民与从永康赶来的开矿者爆发械斗，双方参与殴斗人数累计达三万人左右，历时四个月，直到秋收方告结束。永康人被赶回原籍，双方死伤共计两千五百余人。

那是让戚继光永生难忘的一幕，无数平凡的义乌百姓在那一刻变得如此不平凡。他们不论男女老幼，大家一同上阵，用所有能找到的武器打击敌人，农民用锄头，矿工用镬头，连家庭主妇也拿起了菜刀，眼中冒着凶光，狂叫着冲进敌阵，大砍大杀，生人勿近。

他们不但砍人勇猛，还极具牺牲精神和优良的斗争传统。父亲伤了儿子替，哥

哥残了弟弟上，就连被人打到剩一口气、抬到家就死的人，临死前还要留下一句遗言：我死之后，你们接着打！

这真是一片神奇的土地。戚继光发出了由衷的感叹。

关于自己的所见所感，后来戚继光曾对俞大猷讲过这样一番话：

“我自幼随父从军，转历四方，二十二岁参加会试，正遇俺答进犯，担任警戒，后驻守蓟门，曾亲眼目睹鞑靼铁骑，来无影去无踪，动如惊雷，堪称迅猛。而后奉调入浙，与倭寇作战，此类人善用刀剑，武艺高强，且性情暴戾，确为难得一见之强敌。”

然而顿一口气后，戚继光终于说出了心中的恐惧：

“征战半生，天下强横之徒，我大都曾见过，却也从无畏惧。但如义乌人之彪勇横霸，善战无畏，实为我前所未见，让人闻风丧胆，可怕！可怕！”

而对于这场长达数个月的械斗，当地政府也没有丝毫行动，既不理也不管，只是每天派几个人去观战。对这种行政不作为的行为，戚继光却没有丝毫怪罪——毕竟大家都是混饭吃，还想多活几年，可以理解。

他急忙赶了回去，并连夜求见胡宗宪，说了这样一句话：若准我在义乌征兵四千，倭寇之乱必平！

胡宗宪略加思索，便同意了他的提议。

对于义乌人的战斗精神，戚继光已经有了充分的信心。但为确保万无一失，他决定提高招兵标准条件，只有最为精锐、最为勇敢的义乌人，才能成为这支强大军队中的一员。

那么要想加入戚家军，必须要满足哪些条件呢？对于这个问题，我大致可以给出一个简单的类比答案：即使你能通过层层海选，进军选秀节目总决赛，也未必能考得上戚家军。

这绝非耸人听闻，在胡宗宪的幕僚郑若曾所著的《江南经略》中，有着这样一份详细的招生简章，如果不服气大可以去对照一下：

凡选入军中之人，以下几等人不可用：在市井里混过的人不能用，喜欢花拳绣腿的人不能用，年纪过四十的人不能用，在政府机关干过的人不能用。

以上尚在其次，更神奇的要求还在下面：

喜欢吹牛、高谈阔论的人不能用，胆子小的人不能用，长得白的人不能用，为保证队伍的心理健康，性格偏激（偏见执拗）的人也不能用。

如果按照这个标准，即使打虎英雄武松先生前来应征，也是会落选的，因为他不但曾任公职（都头），而且性格也不太好（杀人之后用血留名）。

而被录取者，还必须具备如下特征：臂膀强壮，肌肉结实，眼睛比较有神，看上去比较老实，手脚比较长，比较害怕官府。

概括起来，戚继光要找的是这样一群人：四肢发达，头脑简单，为人老实，遵

戚家军入伍标准

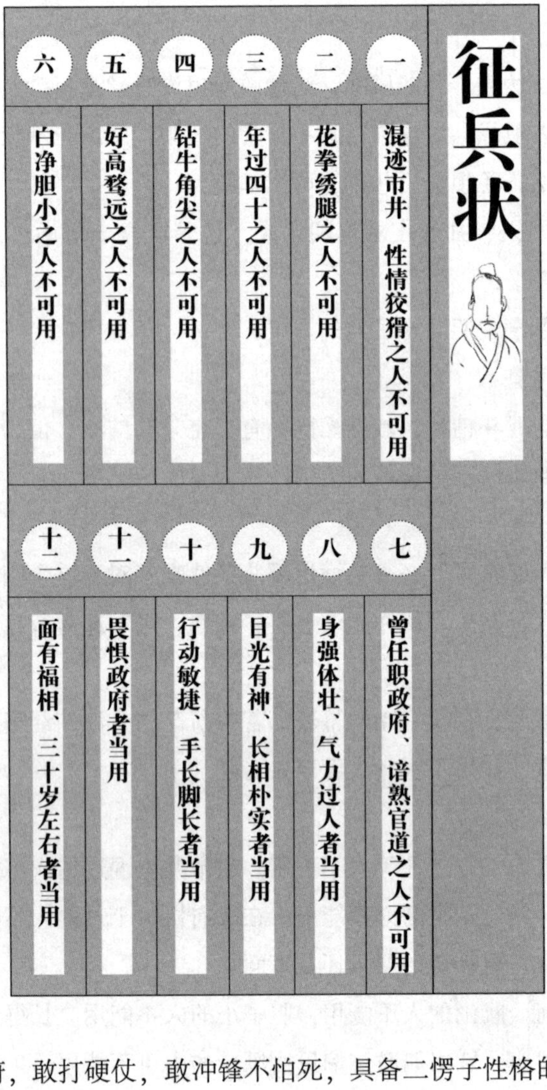

纪守法，服从政府，敢打硬仗，敢冲锋不怕死，具备二愣子性格的肌肉男。

事实证明，义乌确实人才辈出。虽然招聘要求如此之高，但经过海选，依然有四千多人光荣入选，可见当地群众除了极具商业潜质外，还有着相当高的政治觉悟。

新兵入伍之后，根据惯例，戚指导员又要训话了，只要听完他训话的内容，你就会彻底明白，这位仁兄为什么要搞出那份征兵标准：

“诸位都听了，凡你们当兵之日，是要拿饷银的，刮风下雨，袖手高坐，也少不得你一日三分。但你要记得，这银两都是官府从百姓身上纳来的，你在家种地辛苦，现在不用你劳动，白养你几年，不过望你上阵杀敌，你不肯杀敌，养你何用？！”

其实，戚指导员的意思很明白，要放到今天，用一句话就能概括：不要浪费纳税人的钱！

但问题在于，这种拿钱办事的传统职业道德教育，在我国向来就没有市场，“当兵吃粮，天经地义”，已经成为了诸多兵油子饭桶们的人生信条。

所以，戚继光设置了重重规定，只吸收不投机取巧、不怕死的老实人当兵。因为事实已经无数次证明，在战场上是绝不能投机取巧的，怕死的会先死，而老实人终究不吃亏。

戚继光终于找到了合适的训练对象。但正如他所预料的那样，失去控制的倭寇即将发动一次规模空前的进攻，留给他的时间已经不多了。

然而，戚继光并不知道，就在他招募训练的同时，一场更大的危机已经猛扑过来，它远比任何倭寇进犯都更为可怕，一旦稍有不慎，数十年的努力将毁于一旦，他的人生也将被彻底改变。

这是一次殊死的搏斗，但在这场争斗中，戚继光只不过是一颗无力的棋子，他的命运将取决于另一个人的努力。

这件事的起因发生在半年前，惹麻烦的人是赵文华。

第十三章

制胜之道

○而当一筹莫展的戚将军对他说出自己的苦恼时 唐顺之交给了他一本书 并告诉他 制胜之道就在其中

整垮张经之后，赵文华的日子是越过越好了。胡宗宪的工作十分出色，徐海被杀，倭寇势头大减，而作为胡宗宪的后台老板和直属领导，他当仁不让地以功臣自居，不但从皇帝那里拿了很多赏钱，还由副部长升任了部长（工部尚书）。

于是又一个得意忘形的故事就此开始。

赵文华发了，有钱了，翅膀硬了，他打算独立经营，把中间商兼干爹严嵩一脚踢开，直接跟批发商嘉靖同志联系。

为达到这一目的，他为嘉靖送上了一样东西——百花仙酒。说实话，这酒到底什么成分、多少度，我也不知道，但据赵文华同志介绍，他的干爹严嵩之所以能七八十岁还不缺钙，一口气上六楼，腰不酸腿不痛，多亏了这种酒。

嘉靖喝过之后，感觉还不错。回头又觉得不对劲儿，严嵩有这么好的东西，竟然不主动上交领导，自己独吞，实在是大大的可恶。

于是他下了一道手谕给严首辅，让他解释酒的问题。

严嵩万没想到，自己的后院竟然起了火，他勃然

大怒:

“文华怎么能干这种事情！”

怒完之后，皇上的话还是要回。这事要放在一般人身上很难解释，却绝难不倒严首辅，他发挥自己打太极拳的特长，作出了这样的答复:

“皇上太客气了，我平时不嗑药，也没吃什么特效补品，能活这么多年，我本人也很纳闷。”

嘉靖本来也没当回事，就让他糊弄过去了。严嵩却吓掉了半条老命，连夜找来了赵文华，把他痛骂一顿，要他收拾包袱滚蛋。

赵文华这才意识到，如果离开了严嵩，自己什么都不是。于是他跪地求饶，痛哭流涕，希望严老爹饶他一回，以后绝不再犯。

其实，严嵩对这个儿子还是有感情的，但当时正在气头上，也就没理会这茬儿。然而，就在这个微妙的时刻，另一个人突然进来插了一腿。

这个人就是徐阶。赵文华一送酒，他就知道要出事，蹲在一边准备看好戏。事情闹起来后，他看准机会，跑到了严嵩的府上，自告奋勇地表示：您不是看赵文华不顺眼吗，我就帮您收拾他吧。

徐阶走出了精妙的一着，如此动作，不但可以趁机除掉严嵩的爪牙，也不会得罪人，顺便表达自己对领导的尊敬，可谓是一举三得。

不过，严嵩到底是严嵩，他虽然讨厌赵文华，但也绝不会信任徐阶，感谢两句后，就打发他走人了。

参考消息 **不能太嚣张**

赵文华受到嘉靖宠信后气焰越来越嚣张，不但不再像过去那样敬重严嵩父子，就连皇上都不放在眼里了。赵文华曾经向嘉靖进贡过几服丹药，嘉靖吃了以后感觉不错，就让身边的小太监再去找他要点，谁知道这位赵大人想留着自己吃，舍不得拿出去给嘉靖，就推说已经没有了。还有一回，嘉靖特派亲使去他家里赏赐，谁知正赶上他在家里喝得烂醉如泥，领赏的时候连跪拜之礼也没行，一点不给皇帝留面子，嘉靖虽然没有追究，心里却气得不得了。

徐阶失望地走了，但他没有想到，自己的这一未遂举动却引发了一连串出乎意料的结果。

这个消息很快传到了赵文华的耳朵里，他彻底慌乱了，以为老爹真要解决自己，无奈之下，只好使出了绝招。

要说服严嵩已经不可能了，事到如今，只能走家属路线，给他们送礼，帮自己说话。但严世蕃是不能考虑的，这家伙心太贪，倾家荡产估计也填不了这个坑。情急之中，赵文华灵机一动，想到了另一个人。

严嵩这一辈子作恶多端，坑过的人不计其数，真可谓是“万人坑”。但俗话说秦桧也有仨朋友，在这世上，严嵩也有着一个全心全意、相知相守的人。

这个人就是他的妻子欧阳氏。当年严嵩被人踩得一塌糊涂的时候，他的老婆却不离不弃，始终在他身边支持着他。所以，严嵩这一辈子只有她一个老婆，从未纳妾，直到后来她去世了，严嵩也没有续弦，实在是标准的模范夫妻。

赵文华找到的人，就是欧阳氏。他不惜血本，准备了极为厚重的礼物，亲自上门跪地哭诉，希望求得原谅。

要说还是女人实在，老太太收了礼，加上看他可怜，就把他藏在里屋，等严嵩回来后，先灌他几杯酒，说了几句好话，趁他高兴把赵儿子喊了出来，然后下跪、流泪一套演完，严嵩也感觉自己还少不了这条狗，也就原谅他了。

按说事情到了这里，应该算是皆大欢喜，大团圆结局。然而，文华兄不愧是惹祸的高手，不久之后，他将得罪另一个人，而这个人，他是无论如何也搞不定的。

参考消息 **模范夫妻**

民间相传，本来与严嵩定娃娃亲的是他的妻子欧阳氏的姐姐，但欧阳家见严嵩家境太差，便执意悔婚，这时，欧阳氏站出来反对父亲，并提出自己代替姐姐嫁给严嵩。欧阳父一怒之下把小女儿赶出家门，交给一个族伯抚养，成年后嫁给了严嵩。虽然民间传说不一定可信，但事实上，严嵩是个公认的好丈夫，一生对老婆欧阳氏忠贞不二，不要说三妻四妾，他连侍妾都没有。夫妻二人携手白头，直至嘉靖四十年欧阳氏去世。

由于送礼花了太多血本，文华兄十分心痛，决心把本钱捞回来。当然，这对他而言，实在算不上什么难事，因为他是工部尚书，是全国最大的包工头，普天下那么多工程，随便捞一把，也就差不多了。

赵文华是这样想的，也是这样做的。他开始发挥特长，大捞特捞，管你是豆腐渣还是烂尾楼，能捞钱就行，谁爱住谁去住，反正我不住。

可是问题在于，赵尚书翻本的意愿实在太强烈，他加足马力，肆无忌惮地捞，加班加点地捞，终于捞出了麻烦。

因为皇帝大人也是要盖房子的。

◆ 烂尾楼问题

虽说嘉靖同志天天修道，但是毕竟尚未成仙，饭还得吃，觉还得睡，可是西苑的住房条件有限，所以他决定另盖新房。

这个房地产工程自然交给了工部办理。按说皇帝的工程应该加紧办，可是赵部长的脑袋不知是不是撞了柱子，竟然对此不理不问，放任自流，结果一栋房子修了好几个月还没成型，整成了烂尾楼。

嘉靖同志还是值得表扬的，他并没有催促赵文华，还是住自己的老房子。然而，不久之后的一个偶然事件，却将这位包工头彻底送上了绝路。

一天，嘉靖闲来无事，登高望远，忽然看见西长安街有一座豪宅，便问旁边的人：

“那栋房子是谁的？”

考验人品的时候到了。一百年前，明英宗朱祁镇曾站在高台上，看着类似的建筑，问出了同样的问题，而那次问答的结果是，曾经风光无限的石亨全家覆灭。

在皇宫附近盖豪宅向来是个很危险的事，但人们却屡教不改，赵文华显然也没有足够的觉悟。于是接下来的回答将决定他的命运。

如果赵部长的人品好、关系足，应该可以避过这场祸，可惜这位兄弟平日实在缺乏素质。

嘉靖身边的陪同人员立刻争先恐后地说出了赵部长的名字，还有一位不厚道的仁兄说了这样一句话：

“工部的建筑材料，大半都拿去修赵尚书的房子了，陛下的新房哪用得上！”

这服烂药下得实在太猛。看着眼前的豪宅，回想起自己的烂尾楼，嘉靖怒发冲冠：赵文华，你怕是活腻歪了吧！

赵部长的人生就到此为止了，皇帝大人降了他的官还不罢休，又把他彻底削职为民，并安排他的儿子去边境充军。虽然严嵩多方打点，但无济于事。

想翻本的文华兄赔大了，他连老百姓都没当成，在回家的路上就暴毙而亡。说是暴毙，是因为他的死法实在让人匪夷所思。

这位兄台一天晚上心情郁闷，就开始揉肚子，揉着揉着，就把自己给揉死了（手扪其腹，腹裂，脏腑出，遂死）。

对此我一直很纳闷，赵文华同志应该没有练过铁砂掌，揉个肚子都能揉得如此惨烈，如此有性格，也算是牛人了。

严嵩最重要的爪牙之一完蛋了，虽然他本人依然无恙，但严党的根基已然开始动摇。这是徐阶取得的第一个胜利，虽然作用不大，却是一个好的开始。

按说赵文华死了，事情也就完了，但经过二十多年的磨炼，徐阶已经懂得了这样一个道理：

痛打落水狗是不够的，最好连狗肉也一起吃掉。

不久后，给事中罗嘉宾上书皇帝，弹劾赵文华侵吞军饷，数额高达十万多白银。嘉靖更为恼火，下令抄家追赃。估计皇帝大人也没想到，这道命令竟然创造了一个追赃纪录。

由于抄家后赵文华的财产不够，这笔钱按规定由他的子孙代赔。没钱赔？不要紧，充军也是有工资的嘛。

于是这笔钱一直赔到了嘉靖的儿子的儿子，直到万历十一年，还只赔了一半。有人实在看不下去，说算了吧，然而，明神宗谨记爷爷的教诲，一定要他的子孙接着赔，要么赔光，要么死光。

赵文华同志的悲惨经历告诉我们，就算穷疯了，皇帝的东西也是无论如何不能动的。

赵尚书的死对严嵩来说是个损失，在徐阶看来则是个胜利，但对于胡宗宪而言，却是一个可怕的灾难。

胡宗宪自然不喜欢这位既贪又蠢的包工头，但这位包工头偏偏是他的靠山和支柱。现在他死了，自己不但失去了和严党的联系，也失去了有力的支持。胡宗宪这个名字早已在严党的名单上挂了号，时刻可能被人盯上，严嵩固然树大根深，自己却不是嫡系，一旦出了什么事，这只老狐狸未必肯出头。

事实上，他已得到消息，某些言官正在积蓄口水，准备要拿自己开刀。而上面没人保，万一被整下来，不但自己完蛋，连徐渭、俞大猷、戚继光这帮班底也要跟着一起走人，数年心血自然付诸东流。

十几年来，他卑躬屈膝，阿谀奉承，干了无数违心的事，说了很多违心的话，无非是为了当年那报国救民的志向。

胡宗宪不愿自己的抗倭大计毁于一旦，但严嵩已不能指望，徐阶和自己又无交往，思前想后，无路可走。

但就在他绝望之时，舟山的地方官给他送来了一件奇特的礼物，看着眼前的这件礼物，胡宗宪终于想到了一个方法，但同时他也意识到，要想一举成功，还需要另一个人的帮助。

于是他找来了徐渭。

对于目前的形势，徐渭还是比较了解的，所以他开门见山地问胡宗宪：赵文华已经倒台，你打算怎么办？

胡宗宪回答他，倒就倒了，没什么大不了的，只要皇上支持，就没人能动得了我。

徐渭没有说话，但他不以为然的表情却在质疑胡总督：你以为你是谁？皇帝凭什么支持你？

胡宗宪却面露得意之色，不慌不忙地告诉他：不用着急，我已经得到了一件宝贝，只要献给皇帝，不愁大事不成。

胡宗宪所说的宝贝，就是舟山地方官送来的那件礼物——白鹿。

说起这玩意儿，我也没见过，估计不是啥新品种，撑死也就是个白化病或者是基因突变的产物。

但要是把它送给嘉靖，那可真是拍对了马屁，因为他就好这个。

嘉靖同志几十年如一日地修道，只是为了成仙。但成仙这件事没个准儿，大臣们天天眼巴巴望着，您哪天要长翅膀扑腾扑腾飞上去了，我们放鞭炮恭送大驾，也好再选新人。可偏偏就这么拖着，金丹吃了无数颗，既成不了仙，也吃不死人，慢慢地嘉靖自己也没信心了。

于是他迫切需要上天的启示，也就是平常见不到的新奇玩意儿——历史术语叫“祥瑞”，来证明自己的努力没有白费，说明老天爷还是罩着他的，时不时还发点新品种下凡，鼓励他继续为修道坚持奋斗。白鹿自然是最好的证据。

但这个马屁要拍得好，拍得响亮，还需要一篇像样的文章。不能说句“臣胡宗宪所送”就完事了，你得阐明这头白化鹿出现的伟大意义以及对未来形势的指导作用，要坚定皇帝的信心，要让他相信，修道的前途是光明的，是远大的，是大有可为的。

这是一篇极为重要的文章，它关系着胡宗宪的前途，关系着抗倭大计，关系着东南沿海百姓的安宁。

“所以天下虽大，此文唯你可写。”胡宗宪一脸肃穆地注视着徐渭，他卷起了袖子，准备亲自为他磨墨。

徐渭已经彻底明白了，他明白了自己要做什么以及为什么要这样做，于是他提起了笔。

在那个夜晚，徐渭将自己天赋才智与毕生所学，慷慨地注入到这篇荒唐的文章里，为了一个高尚的理由。

这是一篇历史上著名的马屁文章，言辞优美，却荒诞不经。在许多人看来，这篇文章是大才子徐渭人生中的败笔，因为里面充满了卑微和下作，没有丝毫的气节。

但事实上，在这篇卑微下作的文章背后，隐藏着一种耀眼的光芒——即使卑躬屈膝，即使刻意逢迎，也绝不接受失败，绝不轻言放弃。

所以我认为，虽然胡宗宪贪诈，徐渭狂傲，但在那个晚上，他们做了一件伟大的事。

◆ 秘战法

徐渭的才学再一次得到了肯定，嘉靖同志看了文章之后，兴高采烈，不但赏赐了很多财物，竟然还跑去宗庙祷告，真可谓是喜出望外。

胡宗宪的地位彻底保住了。事实上，他不再需要依附于任何人，因为他已获得了皇帝的支持，为祸国家数十年的倭寇之乱将在他的手中被彻底扑灭。

而对于这惊心动魄的一幕，戚继光却毫无所知。当然，他就算知道了也没辙，对他而言，眼前有一个更为麻烦，也更实际的问题需要解决。

经过严格训练，义乌军已经具备了极强的战斗力。然而在几次与倭寇的遭遇战后，戚继光无奈地发现，虽说每次都能击败敌人，却总是杀人一千，自损八百，伤亡比例差不多。

这实在不是我军无能，而是敌人太凶狠。实事求是地讲，日本倭寇的战斗力确实极其强悍，因为这帮人孤悬海外搞抢劫，随时可能被人打死，想要活命只能拼命。而其中更为可怕的，是使用武士刀的武士和浪人。

要知道，一个日本人要想熟练地使用武士刀，至少要经过五年以上的训练。而且让很多人想象不到的是，在近身搏斗时，他们的刀很少与明军的武器相碰，出刀极其冷静，总是窥空出击，专斩没有盔甲包裹的柔弱部位，不击则已，一击必是重伤。说他们是武林高手，实在一点也不夸张。

相对而言，义乌兵的战斗精神也很顽强，但毕竟训练时间短，武艺这东西又不是烧饼，说成就成。而与对方死拼，实在也不划算，自己手下只有四千人，全日本的人都有成为抢劫犯的潜质，就算拼死对方四五千人，也是无济于事的。

戚继光很清楚，如果单靠近身肉搏，成本太高，且很难消灭倭寇。但在那个以冷兵器为主的时代，除了抄家伙和敌人对砍外，似乎也没有更好的办法。

就在戚继光无计可施的时候，一个人来到了他的身边，帮助他找到了那条制胜之道。

不久之前，唐顺之从京城来到了浙江，他的使命是巡视军务。与他当年的同事、现在的从一品内阁大学士徐阶相比，他的进步实在有限，混到现在还只是个五品官。

然而，这只是表面现象，实际上，他是一个有着非凡影响力的人。他的官衔说起来只有五品，却是个极为重要的职位——兵部职方司郎中。作为明军总参谋长，他在军中有着广泛的关系网，除此之外，他还和许多神秘人物有着说不清道不明的关系，连徐阶也摸不透他的底。

所以，就在他离京之际，徐阶特意找到了他，向他请教对付严嵩的办法。

然而，唐顺之只是笑了笑，他告诉徐阶，等到时机一到，自然有人来找你的。

告别了一头雾水的徐阶，唐顺之来到浙江，见到了胡宗宪。

对这位非同寻常的人物，胡宗宪极为敬重，待之以礼，并遵照其本人意愿，让他上前线指挥作战。正是在那里，他认识了俞大猷、卢镗，还有戚继光。

而当一筹莫展的戚将军对他说出自己的苦恼时，唐顺之交给了他一本书，并告诉他，制胜之道就在其中。

唐顺之之所以如此高深莫测，除他本人行踪诡异、四处晃悠外，还因为他写过一套书，此套书共六册，分别取名为《左》《右》《文》《武》《儒》《稗》，合称六编。据说此书上解天文，下通地理，无所不包，却没什么人看，只因有一个缺点——很难看懂。

他交给戚继光的那一册，就是其中的《武》。

正如唐顺之所言，彻夜苦读的戚继光，在翻阅其中一章之时，突然喜形于色，

参考消息 **戚继光作品明细**

戚继光一生所著的兵书、文集不算少，所著兵书有《纪效新书》《武备新书》《练兵纪实》《莅戎要略》；诗集有《止止堂集》；文集有《杂集》六卷、《将臣宝鉴》一卷、《禅家六籍》十六卷。其中《纪效新书》和《练兵纪实》记录了他的练兵心得和治军经验，这两部兵书流传了几百年，对后世影响甚大。可惜戚继光先生没生在现代，否则他单靠收这些书的版税就可以大发横财了。

他终于找到了他想要的东西。

戚将军再次自发地拿出了马克思主义哲学观，批判地吸收了唐顺之的理论，创造了属于自己的秘密武器。他相信，在不久的将来，这种独门绝技将大派用场。

他没有等太久，最为猛烈的倭寇进犯终究还是来了。

嘉靖四十年四月，两万余名倭寇集结完毕，向浙江进发，他们的目标是台州。著名的台州大战就此拉开序幕。

此时的戚继光已不再犹疑，恰恰相反，他很兴奋。作为一名军事将领，上阵杀敌才是他的本分，而且此时的他，已经有了必胜的把握。所以他放弃通常的防守策略，命指挥刘意驻守台州，而他自己则带领主力主动出击。他将用这一举动告诉倭寇们:

中国并不是他们烧杀淫掠的乐土，所有踏上这片土地的侵略者，都将付出沉重的代价。

种种迹象表明，敌军第一个进犯的目标将是宁海，戚继光立刻日夜兼程，率军前去迎敌，他会在那里指挥自己的第一场战斗。

而当他赶到宁海的时候，已有上千名倭寇登上了海岸。看见明军赶到，他们并不惊慌，因为根据以往的经验，明军最为畏惧的就是近身搏斗，只要靠近他们，击破前军，他们就会争相逃窜。

于是他们发动了冲锋，战斗顺利得似乎超出了想象，他们刚刚冲到明军面前，还没来得及动手，对方的队形竟然自行崩溃，三三两两地聚在了一起。倭寇们十分高兴，在他们看来，即将开始的又是一次猫追老鼠的游戏。

但如果他们仔细观察，便会发现，那些看似慌乱的零散明军却都有着相同的人数——十一个。

而在他们普及算术教育之前，就听到了一声响亮的号令:

“列阵！”

于是，一种前所未见的阵形就此出现在倭寇们的眼前，这也是它在历史上的第一次亮相。

在唐顺之交给戚继光的那本《武》里，有一卷名为《秘战》，其中有着这样的记载：秘战者，即新名鸳鸯阵之谓也。

这种全新的阵形即因此得名——鸳鸯阵。

如果要详细研究这个阵法，估计可以专写一书，所以这里只是大略介绍一下，大家看懂就行，权当是使用说明书。

简单说来，所谓鸳鸯阵的原理，和打群架大致相同。瞄准目标，群起殴之，远了用啤酒瓶砸，接近后用西瓜刀砍，贴身后就用匕首捅，不管你黑带白带，剑道几段，全部完蛋。正是所谓"乱拳打死老师傅"是也。

当然了，这只是一个形象的比喻。事实上，鸳鸯阵是古代军事智慧的伟大杰作，作为一个近身格斗阵法，在此后的百年之中，人们依然无法找到破解它的方法。

而这个由十一人组成的鸳鸯阵之所以能够名留军史，威名远播，是因为它不但有着极为可怕的战斗威力，而且几乎毫无破绽。

这是一个近乎完美的战斗队列，因为它有着无可挑剔的位置组合和武器装备。在这十一个人中，有一个是队长，他站在队伍的前列中央，其余十个人分成两列纵队，站在他的背后。

虽说只有十个人，他们却持有五种不同的武器，并组成了四道互相配合的攻击线。在队长身后，是两名持有标枪的盾牌兵，他们用盾牌掩护自己和后面的战友，并首先投掷标枪发动进攻。

掩护盾牌兵的，是站在他们后面的狼筅兵。所谓狼筅，是一种特制的兵器，形状十分怪异，以长铁棍为主干，上面扎满铁枝和倒刺，往前一挺，跟铁丝网一样，任谁也过不来。

狼筅兵的后面，是四名长矛兵，他们是队伍的攻击主力，看见敌人，就使用长矛前刺。

队列的最后，是两名短刀手，防止对手迂回，从侧翼保护长枪手。

这是一个毫无弱点的阵形，十一个人互相配合、互相掩护，构成一个完美的杀阵，就算你是日本剑圣宫本武藏，估计也没戏唱。

但所谓无知者无惧，宁海的倭寇们不管三七二十一，玩起了武士道，拼了命地往前冲。但还没走几步，很多人就被飞来的标枪射倒，运气好点的继续冲，就会被盾牌挡住或者是被狼筅钩住，倒刺拉扯几次，就算不死也要掉层皮。

如果鸿运高照，到现在你还没死，也不用高兴太早，因为还有四支长矛等着你，就算你想反击，但前面有狼筅和盾牌挡着，只能干着急，眼睁睁地看对方捅你，不被捅死，也被气死了。

情况大致就是这样。倭寇们没冲多久，就被标枪、狼筅和长矛杀死大半，剩下的人虽然还不知道这套阵法的结构和奥妙，但有一点他们是清楚的——再不快跑就死定了。

宁海前哨战就这样结束了，倭寇死伤二百余人，戚家军除一人轻伤外，毫无损失。

戚继光的第一次出击获得了完胜，倭寇全线败退。但多年的军事素养告诉他，事情并没有那么简单。

根据情报显示，此次敌军进犯规模达几万人之众，且经过周密的组织集结，虽说这只是支先头部队，但进展似乎太过于顺利了，顺利得如同有人安排一样。

戚继光的预感是正确的，这确实是一个陷阱，就在军队抵达宁海的同时，倭寇数千主力正向新河方向急行挺进，意图偷袭新河城。

当这个紧急军情传到大本营的时候，所有的人都惊呆了，因为新河城十分空虚，根本没有防护能力，而且里面主要驻扎着明军将领与士兵的家属，且以妇孺居多，如若落入倭寇手中，后果不堪设想。

这下大家紧张了，老婆孩子还在城里，有个三长两短不是闹着玩的，于是纷纷主动请战，希望立刻回援。

然而，戚继光却十分镇定，只是笑着对部下说道：

“不要急，请诸位放心，在援兵到来之前，那座城池是不会失陷的。”

作为一个不喜欢忽悠的将领，戚继光的每一次自信都是有理由的，这次也不例外。他之所以作出这样的判断，是因为他十分清楚，在新河城里，住着一个极为厉害的人。只要这个人在，倭寇就绝对进不了城。

◆ 戚继光最害怕的人

戚继光自幼饱读兵书，练习武艺，上过许多战场，见过很多死人，踩过无数尸首，也从没听说他吃不下饭，睡不着觉，是出了名的胆大包天。在这个世上，有人能让他感到害怕吗？

答案是肯定的。虽然他上过阵，虽然他杀过人，虽然他非常的牛，但他始终深深地畏惧着一个人，畏惧到了极点。

这个人就是他的老婆。

怕老婆是我国的传统美德，历史上留下了许多“气管炎”的光辉事迹，这其中自然少不了戚继光同志。他怕老婆的故事和他的丰功伟绩一同流传千古。

据说他的老婆实在太凶，闹得他实在受不了，一气之下从家里搬出来，住进了军营里。部下觉得他又窝囊、又可怜，纷纷煽动他：你老婆竟然如此嚣张，还敢欺负你，我们大家穿好盔甲，备齐刀剑，在营里等着，你把她叫进来，乱刀砍死，也就一了百了了。

戚继光估计是受尽了委屈，于是一气之下一跺脚：就这么干！砍死她！

约定的日子到了，手下全副武装，埋伏在营内，戚继光则派人去请自己的老婆进营。

老婆大人如约前来，她进入营房，看着周围手持刀剑的士兵，毫不畏惧，还大声喝问戚继光：

“找我来有什么事？”

在这位凶悍的老婆面前，戚继光没有示弱，他霍然站了起来，大声说道：

“我刚刚整队完毕，特请夫人前来阅兵！”

很明显，这故事是不真实的。因为就算戚继光想除掉自己的老婆，也不会如此大张旗鼓，召集这么多人来干，毕竟被老婆赶出门也不是啥光彩的事情。

但历史中真实的戚继光，确实是个非常怕老婆的人。在我看来，史实与上面这个故事之间的唯一区别是，他就算有这个心思，也是绝对不敢动手的。

很多人认为，怕老婆的实质其实是爱护老婆。不过，我相信戚继光同志是绝不会同意这个观点的，他是真怕，怕得心服口服。

因为他的这位老婆确实是个了不得的女人。十八岁时，刚刚上班的戚继光娶了一位姓王的姑娘过门，也就是后来的王氏。

当时戚继光已经是四品指挥，但他老婆的家世更为厉害，老丈人最高曾干到过总兵，是明军的高级将领。将门出虎女，王氏脾气倔犟，且自幼习武，善用刀剑，据说发起火来连戚继光都不是她的对手，经常被打得到处跑。

论家世比不过，想打架又未必打得赢，所以在两人有矛盾时，大都是戚继光让步。

虽然老婆很强势，但事实上，只要不触及原则问题，她对戚继光还是很好的。当年戚将军家里不富裕，有次买条鱼改善伙食，老婆做好了端上来一看——只有鱼头和鱼尾。

戚继光估计是老婆自己把鱼吃了，也就没做声，但到了晚餐的时候，王氏却又把剩下的鱼肉端了上来，戚继光这才恍然大悟，感动得半天说不出话。

不过，要是牵涉到原则问题，那就不好说了。这个所谓的原则问题，就是纳妾。

戚继光其实并不好色，他之所以动这个念头，实在是因为封建思想的毒害——不孝有三，无后为大。偏偏王氏就是没有儿子，好不容易生出来却又都幼年夭折。眼看老婆年纪大了，戚继光动起了心思，在他三十五岁那年，娶了第一个小妾沈氏，之后又分别娶了陈氏和杨氏。

在小妾的帮助下，戚继光终于有了自己的儿子，这就是后来的戚安国、戚昌国、戚兴国等人。

虽说在那万恶的旧社会，国家允许一夫多妻，娶个小妾也不会涉及包二奶问题，但这也要看具体情况。戚继光深知，如果让老婆知道了，那是要出大事的，所以他严密封锁了消息，这些事情都是他瞒着老婆干的。

但纸毕竟包不住火，三个女人还有那几个活蹦乱跳的孩子，你当老婆是白内障不成？

老婆生气了，事情闹大了。一般说来，听到老公包二奶，无非有以下几种反应:

要么息事宁人，要么去法院闹离婚——就连那位传说中著名的悍妇，外号“河东狮”的柳月娥，也不过是去老公的单位，找上级领导闹事。

王氏的处理方法却大不相同，当她听说这个消息后，既不找组织，也不找领导，随手抄起一把尖刀，奔着戚继光就去了。

值得夸奖的是，戚继光同志十分机灵，听到消息立马就溜了。王氏扑了个空，却绝不肯罢休，每日在家里蹲守，并且扬言：跑得了和尚跑不了庙，不剁了你誓不罢休！

戚继光同志麻烦了，有家不能回，在单位住也不是个事儿。于是他一咬牙，不戴任何盔甲，套着一件便装回了家，在老婆没来得及动手之前，便扑通一声跪下，然后号啕大哭，痛斥封建礼教，说自己也是受害者，为了生儿子才不得已如此，并且讲过去忆往昔，恩爱夫妻，同甘共苦，等等。

女人毕竟是女人，被戚继光这么一阵忽悠，心肠就软了，随即丢下尖刀，与戚继光抱头痛哭。

戚继光单刀赴会，凭借着勇气和对老婆的信任，化解了恩怨。但如果你认为事情如此简单，那你就错了。

事实上，历史中的戚继光是一个几乎从不冒险的人，他的兵法要诀是“谋定战”。也就是说，如果没有必胜的把握，他绝不会作战。而在其政治活动和日常生活中，他也一直遵循着这个原则。老婆如此凶悍，要是一时火起，真的把自己给剁了，那就亏大了。

然而，他依然不带侍卫，跑去找自己的老婆说理，且毫无畏惧。这并非他喝酒壮了胆，只是因为在他的那件便服下面，还穿着一件护甲。

参考消息 **戚将军的家庭纠纷**

戚继光和妻子王氏十三岁定亲，十八岁成婚。两人虽然感情很好，但是正所谓“英雄难过美人关”。四十八岁的时候，戚继光已经偷偷娶了第三个小妾，而且抱上了第五个儿子。眼见同甘共苦的丈夫一再不忠，王氏很愤怒，恨不得亲自拿刀杀了他。为了安抚王氏，戚继光把其中一个儿子过继给她，可是这个儿子早夭。心灰意冷的王氏终于不堪其扰，打包袱回了娘家，连句话也没再带给戚继光。

但如果据此认为戚继光同志狡诈，还是值得商榷的。面对如此彪勇的老婆，要想求生存求发展，确实是不太容易的。

而戚继光同志的经历也告诉我们，在娶一个强悍的老婆之前，必须作好充分的思想准备。

这就是倭寇们即将挑战的对手。不久之后，他们就将感受到戚继光曾经体会过的那种恐惧。

当倭寇到达新河城下的时候，人们极为慌乱，毕竟城中的士兵都已出征，仅剩下普通百姓和妇孺，毫无反抗之力。

关键时刻王氏挺身而出，召集仅有的上百名亲兵，命令他们立刻贴出告示，稳定人心。但要守住城池，仅这些人是不够的，于是她去了军械库。

军械库是存放兵器的地方，要想抵挡倭寇，只有拿出库中的武器，装备老百姓，才能坚持到援兵到来。

可偏偏那位看守是个死脑筋，说这里是戚继光交给他管的，除了戚继光的命令，他不听任何人调遣。

这位看守同志仗着戚继光撑腰，十分嚣张，坚决不肯打开库门。可惜，他面前的这个人，却是唯一的例外。

戚夫人都没用正眼看他，当即大喝一声：

“你算是个什么东西，快开库门！等戚继光回来，让他只管来找我！”

看守打了个哆嗦，他知道这女人惹不起，立刻打开了库门，并将武器分发到百姓的手中。

事情忙完后，王氏回到家中，穿上了自己家传的盔甲，登上城头，准备指挥作战。她将用自己的行动证明，勇气和英武并不是男人的专属。

但戚夫人虽然凶悍，倒也是个明白人：虽说现在人手不少，但这些百姓只能充充门面，要指望他们打胜仗，那也只能是抓瞎。于是在沉思片刻后，她决定使用一个计谋。

当倭寇们满怀着抢掠的梦想，跑步来到新河城下的时候，他们惊奇地发现，城头上竟然插满了旗帜，且杀声震天，站得水泄不通，时不时还从城内射来弓箭和火枪。

这个排场实在是太大了，就如同黑社会谈判一样，重要的是数量而不是质量。管你老头、老太太，还是家庭主妇，只要是个人，都被戚夫人拉着上了城头，虽说战斗力全无，但吓唬人还是有效的。

倭寇们吓得不行，但这么远跑来，就这么回去也实在不甘心，于是他们在城外扎营，准备多等几天。

他们只等了一天。

不是不想等，而是因为第二天，戚继光的援兵就到了。

虽说戚继光对老婆很有信心，但他也很清楚，光凭他老婆也是摆不平那一大帮倭寇的，所以他火速派出了援军。

于是苦苦等待着的倭寇们完蛋了。援军发动了猛攻，戚夫人自然不会放过这个机会，率亲军由城内杀出。但倭寇的战斗力确实厉害，两头夹击之下，仍占据一户大院继续负隅顽抗。戚家军随即改变策略，改用火枪攻击，击毙敌寇上百人，剩下的实在受不了了，只好分头逃走。

嘉靖四十年四月二十六日，新河战斗结束，倭寇死伤二百八十余人，戚家军仅阵亡三人。

作为一次遭遇战，新河战斗是十分成功的，但奉命率军前来救援的游击将军胡守仁依然感到了一丝不安。因为按照之前的判断，宁海不过是个陷阱，新河才是聚集倭寇主力的目标。然而经过交锋，他才发现这群进犯新河的倭寇仅千人而已，如果说敌军主力不在这里，那又会在哪里呢？

答案是宁海。

进犯台州的倭寇，原先大都是汪直和徐海的手下，跟着这两个人混的时间长了，基本上都懂得些兵法，所谓兵不厌诈，对他们而言并不是什么新鲜玩意儿。

所以当大家都认为宁海只是诱饵，新河才是进攻对象时，他们却改变了策略，只派出部分兵力进犯，而将主力撤回，并隐藏在宁海，等待最佳时机的到来。

这一招实在高明，确实瞒过了很多人，但是在那重重迷雾之后，有一个人却始

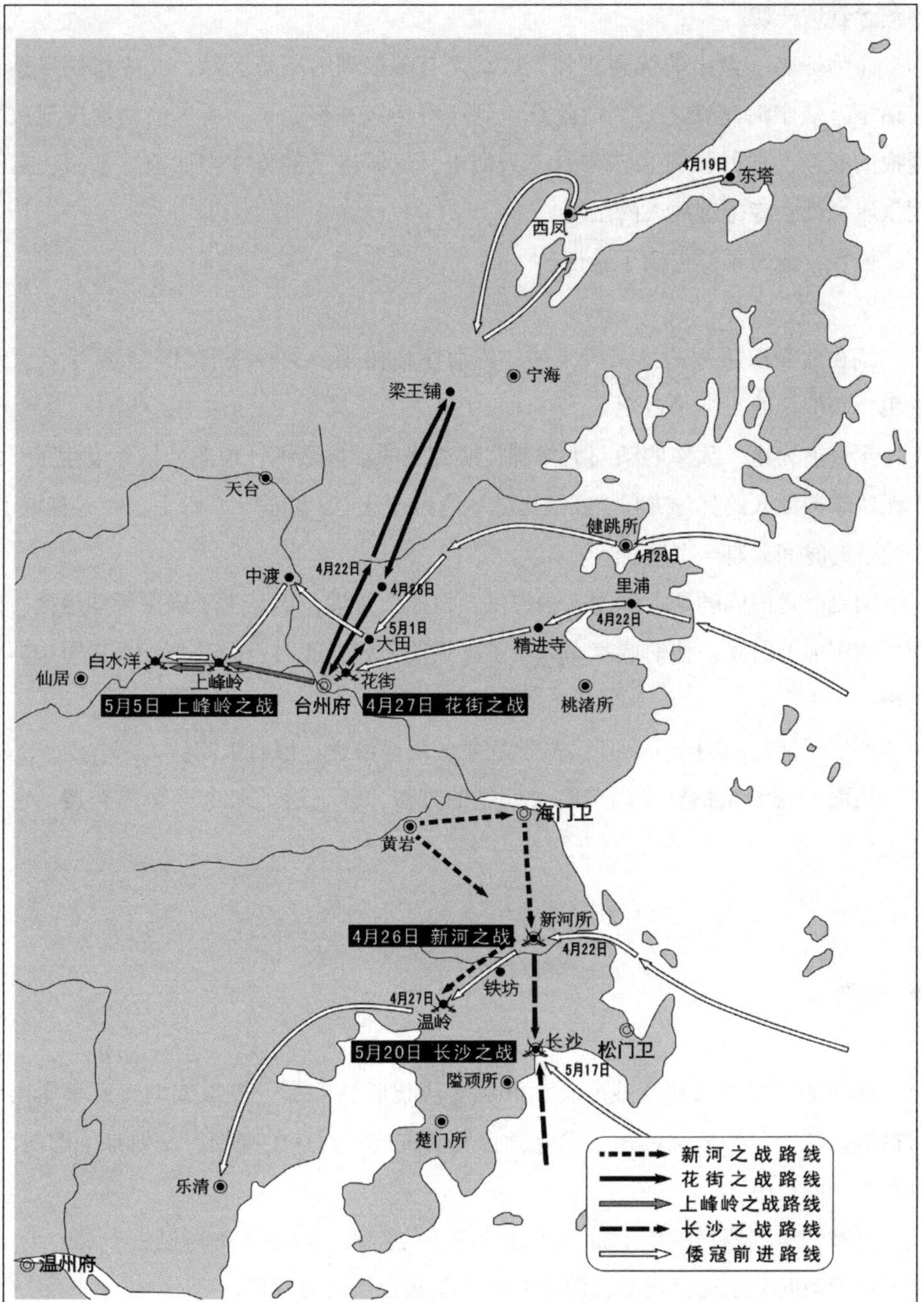
4月19日
东塔
西凤
宁海
梁王铺
天台
健跳所
4月28日
中渡
4月22日
4月26日
里浦
4月22日
5月1日
大田
精进寺
白水洋
上峰岭
仙居
花街
台州府
5月5日 上峰岭之战
4月27日 花街之战
桃渚所
海门卫
黄岩
新河所
4月26日 新河之战
4月22日
铁坊
4月27日
温岭
5月20日 长沙之战
长沙
松门卫
5月17日
隘顽所
楚门所
乐清
温州府
新河之战路线
花街之战路线
上峰岭之战路线
长沙之战路线
倭寇前进路线

↑ 台州大捷

终洞悉着这一切。

作为一名不世出的优秀将领，戚继光有着很高的军事天赋，此等伎俩自然不在话下。从宁海交锋之后，他就意识到这群倭寇并不简单，所以当新河出现敌军通报的时候，他并没有亲自带着主力回击，只派出了部将胡守仁前去救援，自己则偃旗息鼓，等待着敌人的出现。

很快，他的预测得到了验证。

就在他派出援军的第二天下午，紧急军情传来，大股倭寇已经集结准备大举进犯，而他们的目标是台州。

到目前为止，敌军的动向大体都在戚继光的掌握之中，但意外依然发生了：由于无法掌握敌人的具体方位，戚继光驻地离台州还有上百里，而对手已经兵临城下，留给他的时间只有一个晚上。

而更严重的问题是，你派人去打仗，自然要管饭，但是为了确保行动迅捷，当初抵达宁海的时候，他的戚家军只带了三天的干粮，此时已经是第三天，军中即将断粮。

所以眼前的问题十分棘手：战况危急，距离很远，没有饭吃。

然而，戚继光找到了一个解决问题的方法，他下达了命令：全军奔袭，台州开饭！

◆ 变阵

就在胡守仁结束新河战斗，大开酒宴庆祝胜利的那一夜，戚继光正率军向台州挺进。敌军已经抵达台州，拂晓就会发动进攻，而这个夜晚，是他唯一的时间，也是唯一的机会。

嘉靖四十年四月二十七日，经过一晚上的奔袭，戚继光率军挺进一百一十里，终于在黎明时分抵达台州城，而此时敌军距离台州还有两里。

时间刚刚好，刚刚好。

然而，当戚继光命令部队继续前进的时候，意想不到的情况出现了，一向听

鸳鸯阵、三才阵、五行阵

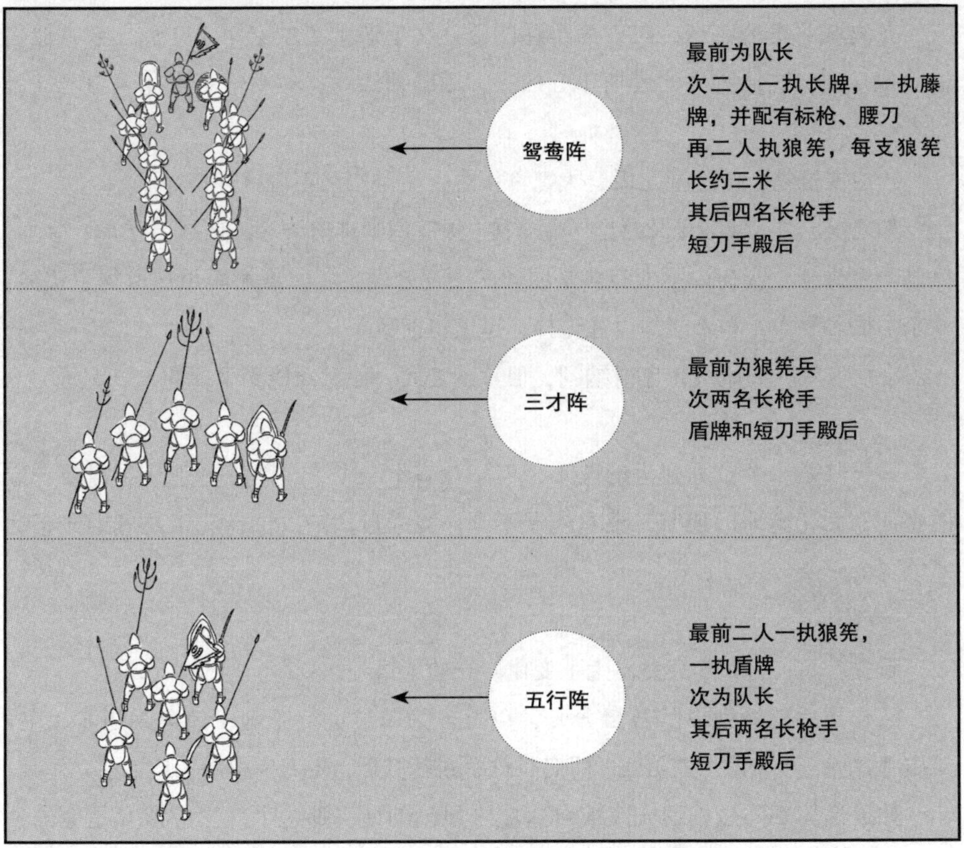

话的部下们竟然抗命了。

义乌的兄弟们罢工了。你老人家说好晚上跑路，到了台州就能吃饭，现在又出尔反尔，一定要先打仗，虽说我们实诚，你也不能这么忽悠人吧。

事实证明戚继光是有远见的，当年他费尽心思一定要挑老实人，为的就是今天。他不慌不忙地站出来，讲了一堆民族大义、国家兴亡之类的话，竟然把当兵的说得热泪盈眶，然后他当众叫出了炊事班，让他们拿着从城里取出的粮食，开始准备做饭，并作出了庄严的承诺：敌人在前面，饭在这里，打完仗，就吃饭！

于是士兵们顶着微亮的天色继续前进了，支持他们前进的，是一个极为朴素的念头：打死倭寇，就能吃饭。

在离城两里的花街，自以为得逞的倭寇终于遇上了戚家军。吃惊之余，他们惊恐地发现，这群敌人的表情十分凶狠，眼睛冒绿光，似乎恨不得吃了自己（可以理解）。

一边要抢劫，一边要吃饭，大家都很急，于是二话不说就开打。

如之前一样，戚继光又摆出了鸳鸯阵，倭寇们则排出一字阵迎战。所谓一字阵，就是一字排开，实在说不上有多高明。然而意外发生了，戚家军虽然取得了优势，砍杀了很多敌人，却未能如以往一样，迅速击溃敌军。

在后方观战的戚继光也很纳闷，但片刻之间，他已然找到了原因——地形。

鸳鸯阵是一个威力强大的阵形，但毕竟有十一个人，要发挥作用，需要一定的空间，而花街地形狭窄，根本施展不开，战局自然陷入僵持。于是戚继光下达了第二个命令：

“变阵！”

瞬息之间，鸳鸯阵突然发生了变化，开始了第一次变阵。

队长身后的两列纵队各自分开，以五人为单位进行布阵，狼筅兵迈步上前，与盾牌并列，形成第一道防线，两名长枪手跟随其后，短刀手殿后，开始独立作战。

如果说鸳鸯阵是戚继光改编自唐顺之原创的话，那这个阵形应该算是他的独立发明创造，主要用于狭窄地区的巷战，它的名字叫五行阵。

毕竟人少好办事，五个人比十一个人要灵活得多。倭寇们挥舞长刀，面对五行阵，既不能攻，也不能守，只要被狼筅挂住，顷刻之间就会被长矛刺穿。虽然许多人持刀狂呼，死战不退，但除了身上多几个窟窿，实在没有更多的收获。

于是他们决定逃跑，也就是在这个时候，戚继光再次下达了指示。阵形就此开始第二次变化。

在命令下达的那一刻，狼筅兵迅速上前，超越所有同伴，站在队伍的最前面，两名长枪手紧跟在他的身后，盾牌手和短刀手分别站在长枪手的侧方，保护他们的侧翼。阵形在狼筅兵的带领下，开始发动追击。

这是鸳鸯阵的第二种变化，它的名字叫三才阵，主要用于冲锋进攻，或是敌

台州大战

起因

汪直死后，倭寇开始向浙、闽转移。嘉靖四十年（1561），大批倭寇聚集浙江沿海

戚继光

倭寇

经过

新河战斗

花街战斗

上峰岭战斗

长沙战斗

唐尧臣、楼南、刘意、胡守仁、张元勋、陈濠、胡大受、丁邦彦、陈大成、王如龙等

倭寇两万余人

结果

明军五战五捷，伤亡不足二十人，共歼敌五千余人

↓↓↓↓↓↓↓↓↓↓↓↓↓↓

战争总结

戚继光知己知彼，指挥有方
戚家军特别能吃苦，特别能战斗
水陆军配合得当，文武官合作密切

军败退时的追击。

当然对于日本人而言，阵形变不变，实在已经不重要了，五行阵和三才阵都是要人命的，跑路才是最佳选择。戚家军追击残敌，再次大获全胜。

嘉靖四十年四月二十七日，花街战斗结束，倭寇伤亡一千余人，全军溃败，救出被掳百姓五千余人，戚家军伤亡合计：三人。

在新河之战与花街之战后，倭寇大势已去，戚继光继续发动攻击，并在上锋岭和长沙之战中大量歼灭敌军。同年五月末，进犯倭寇全线败退，日本的仁兄们乘兴而来，被人追着屁股打了一个月，没有抢到钱，反而赔了本，只好败兴而归。

这是一次光辉的战役，是一次以戚继光的彻底胜利、日本倭寇的彻底失败而告终的战役。

“臣都察院右都御史，总督直浙兼制军务胡宗宪上奏，(嘉靖) 四十年四五月，倭贼分犯台州水陆诸处，台金严参将戚继光，共擒斩倭首一千四百二十六夷，焚溺死者四千有余。”

自嘉靖四十年四月二十二日至五月二十七日，戚继光率其所部四千明军，对阵两万敌军，在无其他军队配合的情况下，五战五胜，共计歼敌五千五百余人，累计伤亡不足二十人，史称“台州大捷”。

第十四章

侵略者的末日

○虽然他们负隅顽抗 进攻受挫仍然狂叫着挥刀冲锋 但这一切都无济于事 在比他们更为勇猛的明军和威力强大的鸳鸯阵面前 失败是他们的唯一结局

◆ 妥协

戚继光终于功成名就了。因为在台州大捷中的优异表现，他升任都指挥使，从此，他开始被称为民族英雄、抗倭名将。但在这一切光辉的背后，是另一个戚继光——一个善于搞关系、迎合领导、请客送礼、拉帮结党的人。

在无数史书中，戚继光是英勇无畏的化身，他能谋善断，所向无敌。这一切都是事实，但他也有着另一面，比如他每到一个地方，都要先去拜码头，请客送礼，大吃大喝一通，然后再认同族找祖宗，大家就算是兄弟了。但是依照他的工资，绝不可能承担得起这么高的花销。所以结论就是：戚继光是一个既收礼又行贿的人。

在少年时代，每天环绕在戚继光耳边的，是父亲的教诲，教诲他一定要为人清正，不能搞歪门邪道。戚继光曾坚信并坚持过这些教导，他相信父亲是不会错的。

然而，从他十八岁到山东上任时起，他就发现自己错了。虽然他清正廉洁，虽然他刚正不阿，但这一切毫无用处，没有人理会他，也没有人帮助他，他的理想和信念或许很高尚，却根本无法实现。

而对他影响最大的一件事，无疑是俞大猷的被迫离去。

对俞大猷而言，岑港之战是一个十分惨痛的教训。和戚继光一样，他也开始了演练新军，并很快就锻造出一支极有战斗力的军队，此即所谓“俞家军”。而他的阵法也十分奇特，分别叫做三叠阵和夺前蛟阵，这里就不详细介绍了，你只要知道这两个阵形很牛就行了。

军队有了，阵法也有了，俞大猷准备大干一场。

然而，他没有等到这个机会，因为和之前一样，他再一次遇到了莫名其妙的事情，而这一次的主角是胡宗宪。

嘉靖三十八年四月，胡宗宪接到了这样一个通报，说有群倭寇在浙江沿海游荡，请示如何处理。

胡宗宪想了一下，下达了这样一个命令：

“不要管他们，别让这些人靠岸就行。”

两个月后，他接到消息，都察院监察御史李瑚告了他一状，罪名是纵敌逃窜，以邻为壑。

这也真是流年不利，胡宗宪没有想到，那帮倭寇是来抢劫的，不去东家就去西家，胡总督不接待，他们就跑到了福建，大抢了一把。

福建巡抚气得鼻子都歪了，暴跳如雷，一定要找胡宗宪算账，于是便把官司打到了皇帝那里，要求追究胡宗宪的责任。

但胡宗宪毕竟是浪大水深，几番动作下来平安过了关，事情经过大致如此。

但这个故事和俞大猷似乎毫无关系，麻烦又从何而起呢？

如果有关系，那这事就不奇怪了，俞大猷这一辈子，奇就奇在莫名其妙上。

事情了结后，胡宗宪开始回过味来，福建方面一口咬定是自己放任不管，莫不是自己这里有人透露了消息，当了内奸？

于是他开始查找蛛丝马迹，先查李瑚，福建人，再查自己人，福建的、层次高的，能接触机密的，于是答案终于出现了：俞大猷，浙江总兵，福建晋江人。

这真叫命苦不能怨政府，俞大猷同志老老实实干活，勤勤恳恳做事，就因为是福建人，结果竟然成了奸细。胡总督雷厉风行，他随即上书，把责任推到了俞大猷的身上。

皇帝又一次生气了，他当即下令，削去俞大猷的官职，把他抓进诏狱。

戚继光亲眼目睹了这一切。戚将军清楚地记得，当初胡宗宪是多么器重俞大猷，对这个人言听计从，而转瞬之间，他就把这个他曾无比信任的人亲手送进了监狱。从浙江军区司令员，到锦衣卫监狱的囚犯，只要短短的几天。

所以他终于意识到，把自己的命运和信念寄托在一个人的身上，是极其不靠谱的，亲密战友胡宗宪也不例外。

然而，就在他为俞大猷痛惜不已之时，另一个更让人吃惊的消息传来：俞大猷竟然出狱了，并调往北方边界戴罪立功。而根据消息灵通人士透露，能得到如此宽大处理，是严嵩收了钱，在皇帝大人面前说了话。

戚继光百思不得其解。官场之中，俞大猷的收入也就是个最低生活保障水平，家里有几文钱他很清楚，能养活老婆孩子就不错了，哪里有钱去行贿？但如果没有钱，严老贪怎么会帮他说话呢？

于是他开始怀疑，俞大猷和严嵩之间有着某种秘密的关系。

不久之后，他终于从朝廷内线那里得到了消息，俞大猷确实没有送钱给严嵩，也绝非严嵩的亲信，他能够得到宽大处理，是因为他有一个好朋友——陆炳。

俞大猷是如何搭上陆炳这条线的，谁也不知道，但可以确定的是，陆炳不但出面为他说情，还自己拿钱送给严嵩，当做是办事的费用。陆大人的面子严嵩自然要给，于是俞大猷就此光荣出狱。

这个答案震惊了戚继光。他没有想到，平日沉默寡言、老实巴交的俞大猷，竟然有这么硬的后台，而自己与他交往多年，关系非常好，竟然从未听他透露过一语。

戚继光感到毛骨悚然，他终于发现自己是如此的脆弱。他明白，自己固然有着舍身保国的伟大理想，但如果没有靠山，没有关系，俞大猷的今天就是他的明天。即使是平日关系极好的胡总督，也可能随时翻脸，让自己吃不了兜着走。

而那时，他将孤立无援，也不会有另一个陆炳来救他。

于是戚继光明白了，在残酷的现实面前，要想不负父亲的期望，就不能遵照父亲的处世方法。他决定改变这一切。

此后的戚继光开始了奔波。兵部有领导下来,他请客,他到兵部去,还是他请客。而酒桌上拜把子拉兄弟更是家常便饭。大家都认为戚继光够朋友、够大方。久而久之，他在兵部扎下了根，上级领导对他也十分重视。

但这并不是他的目的，戚继光知道，要想立于不败之地，他必须要找到自己的陆炳，找到一个真正的靠山。

在戚继光的靠山名单中，两个人的名字最先被划掉。第一个就是严嵩。因为他很清楚，胡宗宪是严党分子，如果自己要绕过胡宗宪结交严嵩，必定死无葬身之地，更为重要的是，严老贪胃口很大，要请他吃饭，先要数数自己荷包里有多少钱。

第二个是徐阶，这个人也不能考虑。虽然戚继光对他有好感，但毕竟在朝廷中，他处于下风，如果投靠此人，就等于与严嵩为敌，没准儿会比徐大人死得更早。

两位大哥被排除后，戚继光开始继续寻找。而种种迹象表明，当时的中央大学校长（国子监祭酒）是一个很厉害的人，将来必定前途远大，于是他在自己的名单上记下了这个人——高拱。

他的眼光确实精准。然而不久之后，他就发现，这是一个无法实现的梦想，因为这位高拱虽然官职不高，却是一个十分孤傲嚣张的人，而且此人还有个最大的特点——不收贿赂。

换句话说，这个人是针插不进，水泼不进，既不要钱，也不要女人。当然，高拱同志绝对不是无欲则刚，他只是将所有的欲望放在了一件事上——权力，他的最终目的是夺取帝国的最高统治权，而这是戚继光绝对无法满足的。

但天无绝人之路，就在戚继光感到前途渺茫的时候，他意外地发现了另一个人，此人是高拱的副手，时任国子监司业，相当于中央大学副校长，为人深谋远虑，极有发展前途。于是戚继光的名单上又增加了一个名字,也是最后一个名字——张居正。

这就是后来那对黄金搭档的起始。至于戚继光如何与张居正交好，实在不得而知。但可以确定的是，戚继光很会来事，而在某些方面，张居正也不正。

戚继光就这样稳定了他的地位。事实证明，他是有远见的，以至于后来胡宗宪完蛋，他依然屹立不倒数十年，这都归功于他的交际工作。

交际是要钱的，而以戚继光的级别待遇，即使借高利贷也不经用，所以闭着眼睛也能猜到，他有着除工资之外的经济来源。

这就是戚继光的另一面，似乎很不得体，似乎见不得人，似乎应该受到谴责。但你应该知道，他镇守东南之时，“百姓欢悦，倭寇丧胆”，千千万万人的生命因他而保全；他离职之时，“领将印三十余年，家无余田，惟集书数千卷而已”。他的所有收入，无论正当与否，都用于了交际，而他自己，是清白的。

在现实面前，绝不妥协的杨继盛是伟大的，因为他历经磨难，坚持了自己的理想：舍身取义，报效国家。但妥协的戚继光，同样是伟大的，因为一个同样崇高的理想。

嘉靖三十年，戚继光驻守蓟门，那年他二十四岁。作为一个年轻人，他并不安分，除了值班看书外，还喜欢到处乱逛，而事情正是发生在他闲逛的时候。

有一天，他外出远行，路过一座寺庙，看见里面烟雾缭绕，便下马进去看热闹，发现原来是有人在讲长生之道。

嘉靖年间，长生之道十分盛行，因为皇帝大人喜欢，老百姓们自然也不甘落后，纷纷效仿。但他们没有嘉靖同志那样的炼丹技术和原料，又想赶时髦，所以只能一堆人聚在一起吹吹牛，实在比较无聊。

然而，正是在这个无聊的聚会上，戚继光找到了自己的理想。

鉴于无法实践，且吹牛不用上税，大家开始积极讲述自己的长生观点，比如烧香拜佛、早上跑步、少吃多睡等。某些热衷者趁机四处搭话，劝人炼丹修道，戚继光也成为了他们的发展对象。面对着这片乌烟瘴气的混乱，戚继光的忍耐终于到了极点，他站了起来，高声说道：

“于长生之道，我也有所心得，愿与诸位共享。”

于是现场肃静下来，一个嘹亮的声音响彻整座寺庙：

“鞠躬尽瘁，夕死无憾，此即长生之术！”

然后他走出寺门，在所有人诧异的眼光中骑马扬长而去，一切都源自于此。之后他的所有举动，都是为了实现这个伟大的理想。

戚继光抗倭主要战绩

台州花街之战	斩首三百零八颗，生擒二人，其余淹死和未割首的数目不详； 牺牲三人
白水洋之战	全歼倭寇，斩首三百四十四颗，生擒五人； 牺牲三人
长沙之战	消灭倭寇三千名，解救百姓一千二百多人
横屿之战	消灭倭寇一千多名，斩首三百四十八颗，俘虏二十九名； 牺牲十人
牛田之战	击溃数千名倭寇，斩首六百八十八颗； 无一人牺牲
林墩之战	消灭倭寇三千名，斩首九百六十颗，俘虏二十六人； 牺牲六十九人（损失最惨重的一次）
葛塘之战	消灭三百多名倭寇，斩首一百五十多颗； 牺牲二十人
平海卫之战	斩首二千六百二十二颗； 牺牲十六人
仙游之战	击溃一万余名倭寇，斩首四百九十八颗，生擒一人； 牺牲二十四人
王仓坪之战	击溃倭寇近万名，斩首一百七十七颗； 无一人牺牲
蔡丕岭之战	击溃倭寇七千余名，斩首一百六十多颗； 牺牲三十一人

◆ 凯歌

在经营仕途的同时，戚继光一刻也没有放松过对倭寇的打击，多次全歼敌军，所谓“遇戚不得活”，实在是倭寇们的一致心声。也正是由于他太过生猛，除了几个愣头青外，老牌倭寇们都不敢去浙江，连经过他的防区，都要绕很远。

但倭寇们也得吃饭，戚继光断了他们的活路，他们只好另找地方抢劫，而这个新的开工地点，就是福建。

于是从嘉靖四十年起，倭寇们大肆入侵福建，其扩张力和战斗力十分惊人，当地明军不是对手，于是短短一年之间，北到福清，南到漳州，全部陷入敌手。

福建巡抚又扛不住了，只能再次向朝廷上书，但这次不是告状，而是请求胡宗宪支援，拉自己一把。

对此，嘉靖十分重视，他直接命令胡宗宪，火速派戚继光前去驰援。另一场战役的序幕就此拉开，所有人都看到了它的开始，却没人料到它的结局，胡宗宪和戚继光也不例外。

在福建，戚继光见到了前来迎接他的福建监军副使汪道昆，面对这位满头大汗、急得火烧眉毛的当地官员，戚继光镇定地问出了第一个问题：

“敌人在哪里？”

而他得到的回答是：“到处都是！”

看完形势图后，戚继光立刻意识到，这次麻烦大了。

由于当地缺少得力的将领，福建的倭患十分严重，几十个人就敢开抢，而明军对此束手无策，局势几乎完全失控。

这个烂摊子实在不好收拾，敌人不但多，而且分散，如果带着手下四处追，打不死也得累死。

虽然形势极其复杂，但戚继光相信，解决问题的方法，必定就在这片混乱之中。经过长时间的思索，他终于找到了这把钥匙。

倭寇敢于如此嚣张，根本原因在于他们没有畏惧感，以往的经验告诉他们，可以想抢就抢，想杀就杀，没人能够阻止。所以要想改变现状，就必须找到他们中间最强大的一股势力，将其彻底消灭，并用悬挂的尸体告诉所有的人，这里不是抢掠的乐土，而是死亡的坟墓。

而戚继光选中的打击目标，叫做横屿。

横屿是一个小岛，位于福建省宁德东北，岛上盘踞着千余倭寇，人数并不多。但戚继光之所以选中此处，是因为这里有着最难打败、最为顽强的敌人。

事实上，岛上的倭寇确实不同寻常，其中大部来自日本九州地区，那里是日本最为贫困的地区，当地居民凶恶野蛮，秉性顽劣。后来制造南京大屠杀的日军第六师团，就是由九州人组成的野兽集团。

他们在此盘踞了三年之久，平日烧杀抢掠，搞得此地附近几百里荒无人烟，宁德县城成为一片废墟。福建巡抚曾调集十几路大军围攻，却毫无成效，因为他们不但战斗力极强，还有着一个强大的天然帮手。

其实，横屿岛和陆地的距离很近，最多也就几里而已，说句寒碜话，戴个救生圈就能游过去。但奇怪的是，以往明军大规模进剿，总是眼睛看得见，两腿过不来。

之所以会有如此怪事，是因为横屿岛实在太过奇特，这里早上退潮，下午涨潮。涨潮的时候，海水十分汹涌，会淹没原有的陆地，将海岛与大陆的距离拉大近几十里。而退潮的时候，海水带来的大量泥沙会使道路十分泥泞，根本无法行走。

所以现在你应该知道原因了，每天白天落潮，下午晚上涨潮，这就意味着夜袭十分困难，而在光天化日之下横渡进攻，实在是被人当移动靶练习射击的绝佳机会。更为麻烦的是，即使你冒着被射成刺猬的危险往前冲，在你成功上岛之前，也很有可能被脚下的烂泥陷住或是摔个七荤八素。

好吧，就算你是神仙，腾云驾雾地上了岛，遇见了敌人正式开打，但有一点你必须要记住，一定要抓紧时间打完收工，并且最好保证打赢。因为到下午，潮水就会再涨起来，而且这玩意儿不等人，它两点涨潮，如果你三点还没有完事，对不住，兄弟你只能在岛上过夜了。万一你运气不好，上岛的人数不多或者没有打胜，就要有晚上被人摸黑干掉的心理准备，因为对方应该不太愿意与你和平共度这个夜晚。

所以，整整三年，前前后后十几万军队，几十位将领，对此都束手无策。于是戚继光来了，而他总是有办法的。

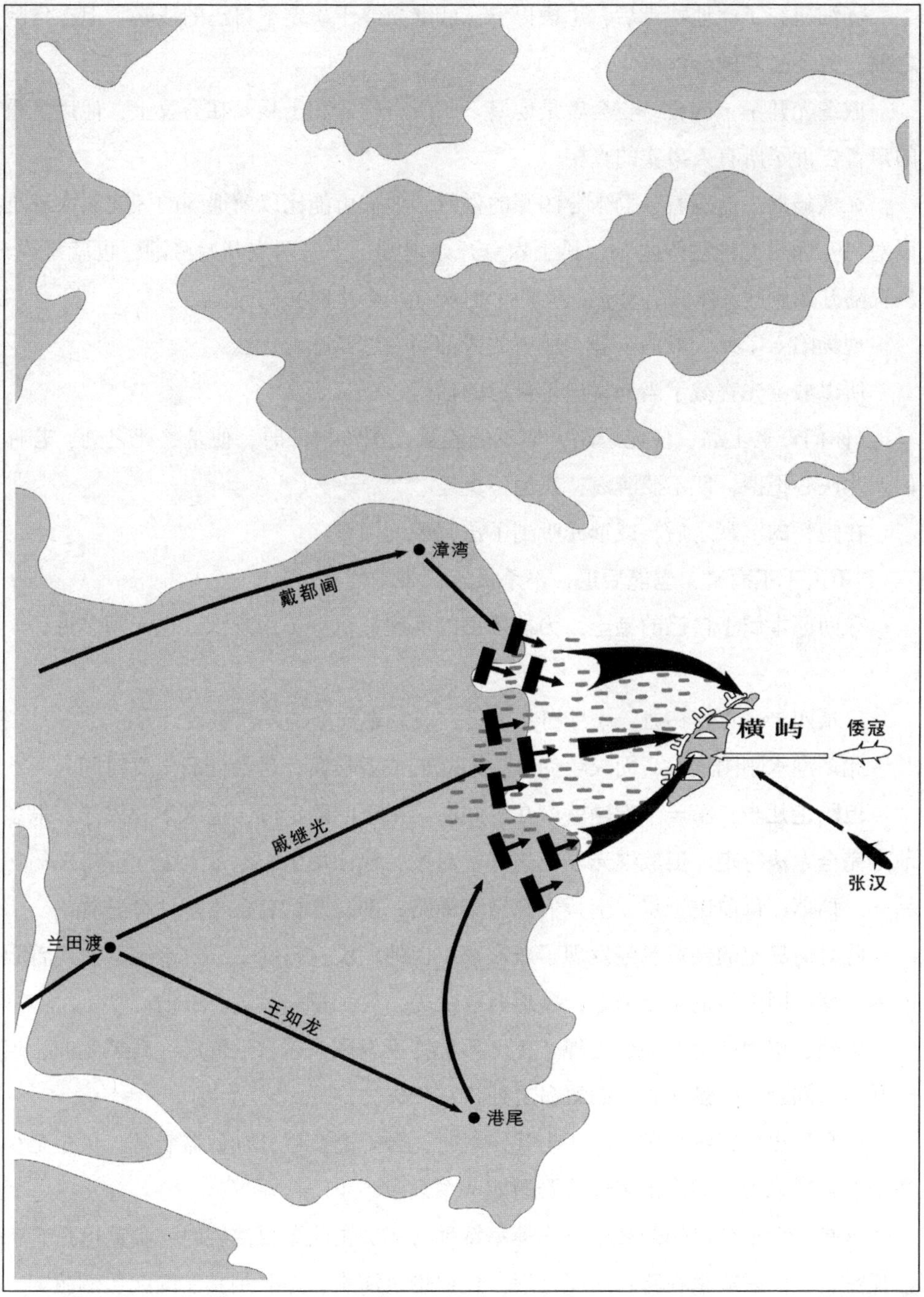

↑ 横屿之战

仔细研究了此地特点后，思虑再三，戚继光终于确定了自己的战略。但在作战之前，他还必须做一件事。

戚继光开了一次会，与会者是他属下的所有将领和士兵。在会议上，他用沉重的声音告诉了所有人事实的真相:

在横屿岛上盘踞着一群十分凶悍的倭寇，他们可能比以前遇到的任何敌人都难以对付，而且此地潮汐复杂，早上六点开始退潮，下午两点开始涨潮，也就是说，从登陆开始到战斗结束，你们只有四个时辰（八个小时）的时间。

现场陷入了死一般的宁静，所有的人都明白这意味着什么。

所以戚继光直截了当地说出了最后的话:

“你们一旦上岛，便无退路，如不能胜敌，潮汐再涨时，便是必死之刻，若你们无此决心把握，便不要渡海，我绝不责怪。”

在短暂的沉默之后，戚继光听到了雷鸣般的回答:

“不远千里而来，岂能后退，不杀倭奴，誓不罢兵！”

夺回原本属于自己的领土，为被杀害的同胞复仇，不用犹豫，也无须多说。

嘉靖四十一年（1562）八月初九凌晨，戚家军向横屿发起进攻。

此刻潮水刚刚退去，而天色尚早，倭寇们戒备松懈，是最佳的出发时间。

但刚走几步，第一个难题就横在了面前。由于刚刚退潮，道路十分泥泞，很多地方完全无法行走。但戚继光早已想好了对策，他让每个士兵带上了一件特殊的物品——稻草。每前进一步。士兵们都撒草铺路，部队开始有条不紊地行进着。

此时海岛上的倭寇已经发现了戚家军，但他们没有行动，只是冷笑着注视着眼前的一幕。因为他们十分清楚，要想登陆上岛，靠稻草是远远不够的。

果然，更为严重的问题出现了，士兵们终于发现，越靠近海岛，就越泥泞，但这并不是问题的关键，真正的致命之处，在于体力。

曾有历史学家统计过，明代士兵作战时，身上的盔甲外加武器装备，负重至少在十五公斤以上，而携带多种武器的戚家军只多不少。

这是一个十分可怕的数字，连美军特种海豹突击队平日演练时，负重也只有十公斤左右。而戚家军在跨越淤泥之后，还要趟过海水，是名副其实的武装泅渡。

事情似乎正如倭寇们预料的那样，明军开始体力不支，东倒西歪。照此下去，

即使能够爬到岸上，也根本无力作战。

后方的戚继光看到了这一切，他十分清楚，如果继续下去此战必败。于是，他让人拿出了他预先准备的那样东西。

前面的士兵们已苦不堪言，只凭借顽强的意志在苦苦支撑，而就在这时，他们听到了一阵响亮的鼓声。

士兵们回过头来，看到了这样一幕场景。

戚继光独自屹立在那里，奋力地击打着擂鼓。事到如今，已经没有任何办法，

横屿之战的战争艺术

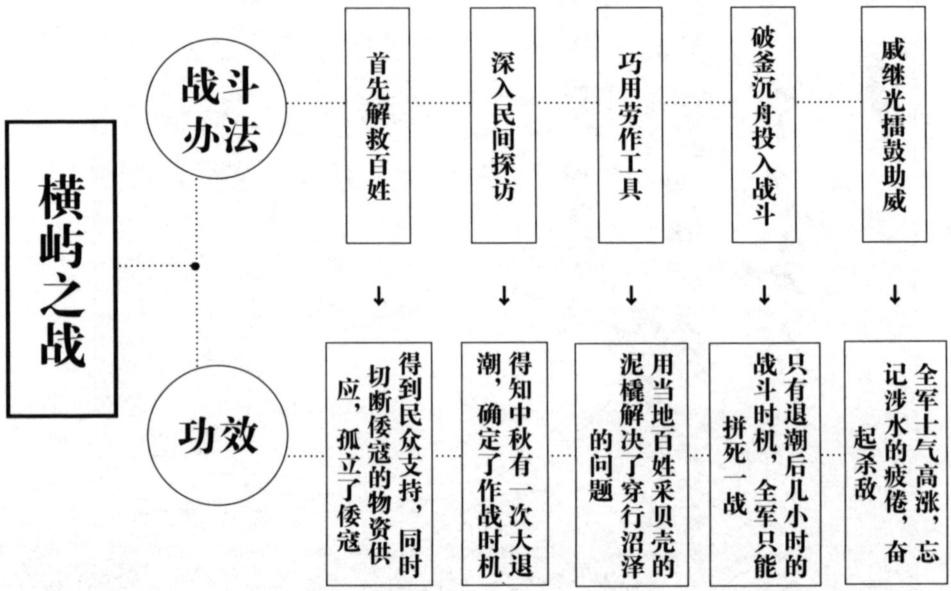

这是他能提供的唯一帮助。

于是在这个即将破晓的黎明，孤独而清越的鼓声回荡在天地之间，回荡在每一个人的心中。

片刻沉默之后，在鼓声的伴随下，明军支撑着疲倦的身体，向前方的小岛继续前进，凭借着顽强的意志以及必胜的信念。

因为那本就是属于他们的土地。

倭寇们慌乱了，他们亲眼看见了奇迹的发生，这支疲惫不堪的军队忽然重新奋起，征服了泥沼和海水，一步步向自己走来。

被巨大恐惧笼罩的倭寇立刻开始整队，集中全部兵力在海边列阵，准备玩一次“击其半渡”，等待明军上岸后，趁他们立足未稳，发动攻击将他们赶下海去。

然而，他们再次低估了对手的实力，作出了错误的判断。

登岸的明军并没有如倭寇所料，直接发起进攻，而是坚守原地，直到剩下的同伴赶到，排出那个特别的阵形后，才开始继续前进。这时倭寇们才如梦初醒，但为时已晚。自鸳鸯阵成形的那一刻起，他们的失败就已注定。

虽然他们来自出产最凶残野兽的九州，虽然他们负隅顽抗，进攻受挫仍然狂叫着挥刀冲锋，但这一切都无济于事，在比他们更为勇猛的明军和威力强大的鸳鸯阵面前，失败是他们的唯一结局。

战斗很快就演变成了游戏，倭寇全线溃败，而明军则变为三才阵和五行阵，四处追赶逃窜的倭寇，并将他们置于死地。岛上的千余名倭寇要么被杀，要么自杀，要么淹死或被俘，总之无一幸免。

横屿之战就此结束。三个时辰之内，明军全歼岛上倭寇，并解救出被掳妇孺八百余人，己方伤亡共计十三人。

在这场意志的较量中，戚继光和他的军队成为了当之无愧的强者。

战斗胜利了，用尽最后一分气力的明军士兵再也支撑不住，纷纷躺倒在地，动弹不得，寂静笼罩着战后的横屿。

戚继光沉默地看着眼前的这一幕，他知道，这是胜利的宁静，是无声的凯歌。于是一声高昂的吟唱就此响起：

万人一心兮泰山可撼，
惟忠与义兮气冲斗牛！
主将亲我兮胜如父母，
干犯军法兮身不自由。
号令明兮赏罚信，
赴水火兮敢迟留。
上报天子兮下救黔首，
杀尽倭奴兮觅个封侯！

此即千古传诵之《凯歌》，青史留传，余音不绝。

◆ 覆灭

横屿之战的真正意义在于杀鸡给猴看。此战之后，福建各地倭寇皆闻风丧胆，再也不敢嚣张放肆。戚继光乘胜追击，先后在杞店、牛田、林墩大破倭寇，先后歼敌五千余人，形势一片大好。

这时麻烦来了。虽然胡宗宪总领东南，但福建并不是他的属地，戚继光只是被暂借而已，时候一到还是要回去报到。有这么好的外援，福建巡抚自然舍不得放走，而且此时正是打击倭寇的最好时机，如果撤回浙江，必将前功尽弃。

于是戚继光决定向胡宗宪上书，要求延长租借期，他信誓旦旦地对福建监军汪道昆表示，胡宗宪是一个通情达理、顾全大局的人，如无意外，事情绝无问题。

但意外偏偏发生了，因为他的这封上书，胡宗宪根本就没有看到。嘉靖四十一年十一月，胡宗宪被削去官职，逮捕入京。

第十五章

英雄的结局

在残酷的命运面前 他已经顽强地坚持了太久 他的一切 都将被载入史册 因为他绝顶的才学机智和那些不朽的功勋

权倾天下的胡宗宪之所以落得这个结果，起因还是告状。不久之前，南京户科给事中陆凤仪弹劾他十大罪状，包括投靠严嵩、贪污腐化、谎报军功，以及个人生活作风问题等。

必须交代一句，此时的严嵩已经失宠，被皇帝夺去了官职，勒令回乡，严世蕃也谪守雷州卫。这里且按下不表，以后再叙。

一直以来，告胡宗宪的人总是络绎不绝，这并不奇怪，任谁坐在他那个位置上，都得被人告死。但在过去的几年中，却从未有人能奈何得了他。

因为胡宗宪不但聪明机灵，而且有皇帝庇佑，会搞关系，所以总是平安无事，涉险过关。

但所谓树大招风，日复一日，年复一年，总被人吊起来当靶子轮番攻打，皮肉再厚实，也是抵挡不住的。慢慢地，皇帝也不待见他了，加上陆凤仪所说的那些也并非虚构，这位仁兄确实投靠奸党、好大喜功、身边女人众多，生活作风上很成问题。

于是日积月累，骆驼背上的最后一根稻草终于落了下来，他彻底失去了皇帝对他的信任，被革职查问，关入监狱。而这一次，别说白鹿，就算白老虎、白豹子一起出来，也回天无力了。

嘉靖同志还比较厚道，念在胡宗宪确实做了很多工作，且送过白化鹿的情分上，免职后就放他回家了。

但这位仁兄当年为了急于立功，干过的缺德事实在太多，两年之后，他又被人揭发，说他曾假拟圣旨。摊上这么个罪名就算神仙也跑不掉了。

胡宗宪回到了阔别两年的监狱，等待问罪。但嘉靖同志为人实在不错，依然没有杀他的打算，只是将其关押待审。

然而，一向坚强的胡宗宪再也承受不住了。他费尽了心思，用尽了气力，不惜投靠奸党，不惜声名狼藉，奉承逢迎，溜须拍马，无所不用其极，他背弃了盟约，杀死了徐海，除掉了汪直，送出白鹿，屡报祥瑞，只为了实现自己的志向，为了拯救万民，平息倭乱。

但现在他却落得这样一个结局：腐臭的牢房，破烂的囚服，还有遥遥无期的羁押。坐镇东南的风光一去不返，即使将来出狱，等待他的也只是众人的唾弃和鄙视。

骄傲的胡宗宪是无法忍受这些的，他宁可舍弃生命，也不愿牺牲尊严。

不久之后的一个深夜，五十四岁的胡宗宪选择了自杀，在牢中结束了自己的生命。

在临死前，他写下了人生最后时刻的愤怒与不平：宝剑埋冤狱，忠魂绕白云。

从徽州到大同，再从大同到浙江，从一个小小的御史，到东南数省的总督，再到阶下囚。胡宗宪把他的毕生精力都奉献给了他的理想，却落得个这样的下场。我

参考消息 **公道自在人心**

虽然胡宗宪确实和严党纠缠不清，但他平定倭寇的功绩是不能磨灭的，就连嘉靖也没忘记他四年前献白鹿的贡献，说如果给胡宗宪加了罪，以后谁还敢为他办事。到了隆庆年间，人们更加怀念当初那个能办实事的胡宗宪。隆庆六年，明穆宗初步为他平反，到了万历十七年，明神宗又全面为他彻底平反，肯定他的抗倭功绩，将他的官衔尽数恢复，追谥襄懋，并赐予了御葬的荣誉，赐归葬故里天马山。

胡宗宪的结局

1558

南京御史李瑚称胡宗宪加剧倭患，抗倭不力，掩败饰功

1559

兵部调查组追加谎报军功、受贿、作风不正等罪名，继续弹劾

1560

兵部调查员称胡宗宪巧立名目、侵盗军需

1562

南京给事中陆凤仪列举胡宗宪“十大罪” → **免去职务 赶回老家**

1565

直隶巡按御史王汝正指控其贿赂严党、假拟圣旨 → **落入大牢 含恨自杀**

相信，在他死前的那一刻，是绝望而又不甘的吧。

所以在这里，我诚实地写下了关于他的一切，他的贪狡背盟，他的阴谋机巧，他的坚忍无畏，他的精忠报国，以及他所有的好与坏、是与非。

我相信，历史终将给予他一个公正的评价。

胡宗宪完了，但他的志向并未半途而废，戚继光成功地避开了所有纠葛，继续着自己的抗倭战争。不久之后，他和官复原职的俞大猷一起进军福建，历经兴化、仙游之战，清除了福建的倭寇。此后的五年中，他又穷追猛打，至隆庆元年（1567），为祸中国数十年的倭患终于被平息。

自嘉靖三十三年起，在胡宗宪的统领下，经过戚继光、俞大猷等人的不懈努力，历时十二年的长期战斗，日本强盗们终于被赶出了中国。

这场历时极长、影响极大的抗倭之战，虽然过程极其惊心动魄，却并没有什么太大规模的战役，几十万人对砍的大场面也从未出现过，但我依然详尽地记录下了它的过程。

因为在这次祸乱中，有名的胡宗宪、戚继光、俞大猷，以及千千万万无名的老百姓，都用他们的行动，对侵略者发出了一个响亮的声音:

这里是我们生长的地方，我们将守卫在这里，永不屈服，绝不退让。胆敢进犯这片土地的人，必将付出最为沉重的代价。

而这出好戏的几个主角，也有着各自不同的结局。

平定福建后，俞大猷去了两广地区，就任广西军区司令员，在那里他成功讨伐叛乱，并获得了他一生中的最高职务——右都督（一品）。

但他没有想到，自己这辈子还真是有始有终，到了这个份儿上，莫名其妙的事情竟然还没完。他明明为官清廉，家里穷得不行，竟然被人告黑状，说他贪污腐化，只得回家休养。不久后再次出任福建总兵，没承想几年后因为部下犯错被降职，之后又升官，万历八年（1580）去世，年七十七，追封左都督。

折腾了一辈子的俞大侠终于不用再折腾了，虽然他一辈子都很莫名其妙，但他的丰功伟绩将永世流传。

戚继光去了蓟门，十七年后，当年那个巡逻的小军官又回到了这里，但他的称呼已经改成了戚总兵。在这里，他将得到盟友张居正的全力支持，并发挥出自己的最大能量。关于他的故事还很长。

现在还剩下最后一位主角，而他的结局最为奇特，也最为悲惨。

在胡宗宪被抓走的时候，徐渭一句话也没说，因为他知道，说什么都没用了，事情已经没有挽回的余地。现在他要担心的，是他自己。

覆巢之下岂有完卵的道理他十分清楚，作为胡宗宪的幕僚，他自然也难逃干系，

徐渭自杀←

但更让他痛苦的是自己梦想的彻底破灭。

徐渭是有梦想的，他虽然诗词书画样样精通，却并不想做一个文学家或艺术家，他希望获得功名，成就一番事业，这才是他真正的抱负。

当他成为胡宗宪的左右手，指挥若定、运筹帷幄的时候，他曾一度以为自己的前程将会无比光明。然而，转瞬之间，命运却再次将他抛入了深渊。

希望已经落空，加上时有传闻，说要把他抓去跟胡宗宪做伴，徐渭的精神彻底崩溃了，他试图自杀，具体方法如下:

方法一，用斧头砍自己的头。

方法二，用钉子钉入自己的脑袋。

方法三，用锤子捶自己的肚子。

要说奇人就是奇人，自杀也用这么奇怪的招数。但更奇怪的是，虽历经不懈的努力，他竟然还是没有死成。虽然他鲜血满面，长钉入脑，内脏出血，偏偏就是没死，创造了医学界的奇迹。

所以也有人猜测，他不过是为了避祸装疯自残而已，但如果装疯，他的本钱似乎也下得太大了。但总而言之，他吃了很多苦，却还是进了监狱，不过不是被胡宗宪牵连，而是因为杀人。

由于在自杀（或是装疯）中太过卖力，他一时错手，杀掉了自己的妻子，悔恨之余，被当地政府逮捕法办。看在他名气大，加上又是误杀，没有处决他，只是关进了牢房。

这一关就是七年。后来他的同乡听说此事，设法营救，终于让他走出了监狱。

此时已是隆庆年间，天下已然大变，物是人非。五十多岁、历尽沧桑的徐渭看上去似乎比七十岁的老头还要苍老。没有人会想到，这个外表落魄不堪的人，竟然就是当年志得意满、意气风发的东南第一军师。

失去了妻子，失去了前程，连希望也已经失去。

于是孑然一身的徐渭开始流浪。他游历全国，福建、直隶、山西，然后是蓟州。在那里，他再次见到了戚继光。

徐渭平生为人孤傲，自负奇才，经常蔑视他人，却唯独对戚继光礼遇有加。因为在他看来，此人极其生猛，其才不下于己，所以引为知交。

见到这位久别的战友，戚继光十分激动，他安排了酒宴，招待老朋友。在酒桌上，两人把酒言欢，谈及徐渭将来的去向时，戚继光表示，希望他能留下来，在自己的军中效力。

徐渭却只是笑而不答，戚继光是个机灵人，也就不再提起。徐渭并没有变，虽然落魄，虽然流浪，却依然是那个心高气傲的徐渭。

于是话题又回到了当年的平倭事略，精研兵法的徐渭开始畅谈天下名将，在他看来，自嘉靖以来武将堪称杰出者唯三人而已：戚继光、俞大猷以及谭纶（时任蓟辽总督），其余的皆是泛泛之辈，不值一提。

这里提一下谭纶。此人虽后来的名气不如戚继光，当时却是戚继光的上级。他文官出身，喜好军事，从军三十余年，极有谋略，且对敌作战勇猛，每次打仗都要亲自上阵。据统计被他亲手杀死的敌人就多达上百人，可谓是杀人如麻，名将之誉实至名归。

戚继光同意徐渭的说法，却也说出了这样一句话：

“你说得没错，只是在我看来，还有一个。”

第二天，拜别了戚继光，怀着好奇心的徐渭出发前往辽东，他要亲眼见一见那个连戚继光也推崇备至的第四个人——李成梁。

在辽东，徐渭听到了这样一个消息，时任辽东副总兵的李成梁家要请先生，于是他毫不犹豫地前去应聘。

当看到眼前这个落魄的半老头子时，李成梁差点准备让人给他盛点饭，打发他赶紧走人。但出于礼貌，他还是极有耐心地询问此人有何专长，能教些什么。

“兵法。”

当这个答案传到众人的耳朵里时，在场的所有人几乎同时哄堂大笑，李成梁也禁不住笑出了声。自己就是武将，还要你这个糟老头来教兵法？

然而，堂下这个人却丝毫不乱，只是静静地看着那些嘲笑他的人。

李成梁不笑了，因为他突然想起一件事，不久之前，蓟州总兵戚继光曾派人快马前来报信，描述过一个类似的人。

他改变了态度，小心翼翼地问道：

“阁下是从孟诸（戚继光号孟诸）那里来的吗？”

徐渭微微点了点头。

于是李成梁严词呵斥了那些无礼的部下，问出了第二个问题：

“阁下可是姓徐？”

在得到再次肯定后，他立刻迎下堂来，恭敬地向这位老先生行礼。旁边的人惊讶至极，都瞪大了眼睛，但李成梁却清楚地知道，当他还是一个落魄秀才的时候，这个人已经筹谋东南、名震天下。

他把自己的长子李如松和次子李如柏叫到身边，当面交付给了徐渭，并叮嘱他们要用心向学，虚心讨教。

徐渭并没有辜负李成梁的期望。在此后的日子里，他将自己的文赋才学，以及在那段抗倭岁月中所领悟的一切，悉数教给了这两个少年。

毕竟徐渭的这套理论和之前的先生教授的完全不同，特别是他所传的抗倭兵法，似乎并不适于对付那些平日纵横驰骋于平原之上的蒙古骑兵。李如松产生了疑问:

“学这些有用吗？”

徐渭看着眼前的这个孩子，十分严肃地点了点头。

于是在一个又一个的夜晚，李如松专心致志地学习，钻研着徐先生教给他的一切，他相信终有一天会派上用场。

不久之后，徐渭提出了辞职，虽然李成梁百般挽留，他却依然离开了这里，或许在他看来，自己的使命已经完成。

二十多年后，朝鲜，平壤。

被追得只剩半条命的朝鲜国王李昖终于回到了他的王宫，而在此之前不久，这里还曾是侵朝日军将领小西行长和加藤清正的指挥部，但现在，他将在这里召开盛大的宴会，欢迎那个赶走日军、将他接回王宫的人。

蓟辽提督李如松如约前来了。作为援朝军指挥官，他率军自入朝以来，连战连捷，多次击败日军小西行长部，歼灭上万敌军，接连收复平壤、开城、平安、江源等地，以一己之力挽救了朝鲜战场危局。

李昖十分崇敬李如松，对他的用兵之法也佩服得五体投地，毕竟要是没有这位仁兄，估计他还不知在哪个山沟里蹲着。但在他的心中，也有着一个悬而未决的疑问，于是借此机会，他请教了李如松:

“贵军如此善战，那为何之前祖承训将军会失败呢？”

李昖所说的祖承训，是先前入朝的明军将领，但他作战不利，没多久就全线败退回国，与后来的李如松形成了强烈反差。

李如松笑了笑，吩咐手下拿出了一本书，展示在李昖面前:

“制倭之策，皆在此书之中也。”

这本书的名字叫做《纪效新书》，作者戚继光。

李昖大喜，看过了封面后，准备从李如松的手中接过此书，继续看内容。然而，

徐渭的一生

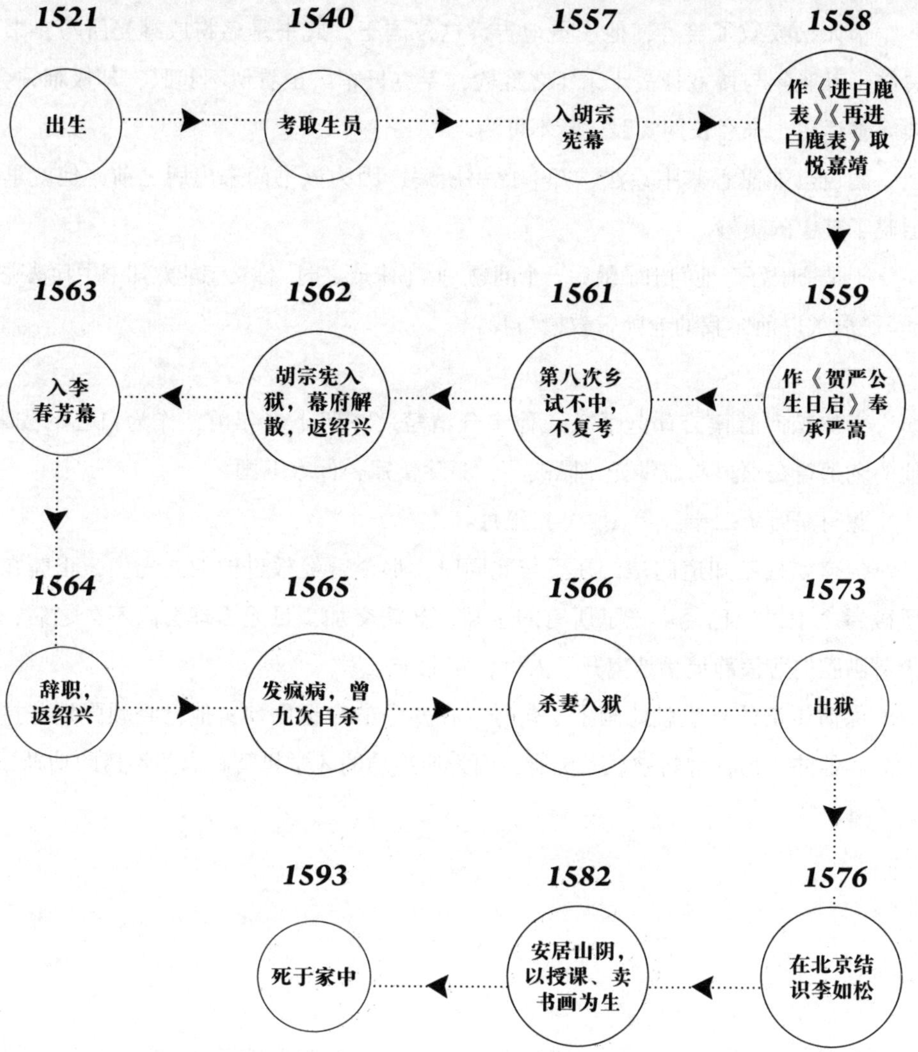

李如松表面上保持着微笑，手却紧握此书，缓缓地收了回来。

这是一个很明确的表示——这本书不能给你看。

李昖没有勉强，却牢牢地记住了此书的名字，后来命人到中国大量购买。《纪效新书》就此传入朝鲜以及日本。

虽然李如松拿出了硬通货，但李昖仍有所怀疑，他接着询问李如松，难道他打胜仗就只凭这一本书不成？

李如松收敛了笑容，他庄重地告诉这位国王，此书是名将戚继光所写，书中总结了其当年与倭寇作战十余年之经验，专克日军。虽看似不起眼，却极难领会，要妥善运用，未经长期实践，断不可为。

而自己能熟悉其中兵法，却非此书所赐，因为该书尚未出版之前，他就早已通晓了其中的奥妙。

于是李昖好奇地问出了最后一个问题：此书未成之时，你又怎能熟知书中兵法呢？

“很久以前，我的老师曾教授与我。”

李如松向着南方昂起了头，他十分清楚，在四十多年前，作为自己的先辈，他的老师曾在那里与戚继光一同战斗，驱除倭寇，保家卫国。

此时是万历二十一年（1593）正月。

但李如松不知道的是，几乎与此同时，那个曾经教过他的老先生，正躺在一所破屋之中，他已经卖光了所有的字画，贫病交加，且无人理会。不久之后，他带着满腔的悲愤静悄悄地离开了人世，年七十三岁。

徐渭传奇的一生就此画上了句号，在残酷的命运面前，他已经顽强地坚持了太久。他的一切，都将被载入史册，因为他绝顶的才学机智和那些不朽的功勋。

第十六章

曙光

○就在那一刻 被抛在一边的严嵩颤抖了 他以畏惧的眼神看着身边的徐阶 这才意识到 十多年来 他从未把这个人放在眼里 也从未意识到此人的可怕

◆ 痛苦的旁观者

无论胡宗宪和徐渭结局如何，他们总算有过辉煌光明的时刻。然而，对于徐阶而言，从头至尾，他的生活都笼罩着重重黑雾。杨继盛死了，唐顺之走了，众叛亲离的场景再一次出现，手下纷纷另寻出路，没有人愿意依附于他，因为没有人愿意和严嵩作对。

而最让他感到痛苦的，无疑是王世贞事件。

王世贞被列入了严嵩的黑名单。其实，这位才子并没有得罪过严首辅，所有的一切，只是因为在杨继盛死后，他帮助这位穷困的同学收了尸，并且还号啕大哭一场。

不过是帮人收了尸，不过是痛哭了一场，难道连这点权利都没有吗？

对于严嵩而言，答案是肯定的，反抗者要整，同情反抗者也要整，他把自己的矛头对准了王世贞。

但王世贞是聪明的，他十分小心，没有留给严嵩任何把柄。但严首辅终究找到了一个突破口——他的父亲。

说来也巧，恰在此时，王世贞的父亲王忬工作上出了问题，被革职查问。本来这是件可大可小的事，但由于儿子的问题，严嵩横插一杠，竟然问成了死罪。

王世贞慌了，他舍弃了所有的尊严和立场，即刻离职赶往京城，直奔严嵩的家。因为他知道，所有的一切都掌握在这个人的手中，包括父亲的生死。

这招单刀直入也有些年头了，陆炳用过，严嵩也用过，现在是王世贞。不过，可惜的是，这次他的工作对象不是夏言，而是严嵩。

王世贞跪在严嵩的门口，日夜不息，不停地磕头求饶，不停地痛哭流涕。严嵩似乎也被感动了，亲自接见了他，当场表示此事不用担心，有我严嵩在，你爹自然没事。

王世贞相信了他的话。但过了一段时间，不但没见父亲出狱，刑部的同事还透风给他，说严嵩曾数次催促，让他们赶紧结案，杀掉王忬了事。

王世贞惊呆了，但他也没有别的办法，思前想后，他决定用最后一个方法，一个许多人死也不肯用的方法。

第二天，在朝臣们上朝的便道上，王世贞和他的弟弟跪拜不起，面对前去上朝的文武百官，不住地磕头，直到血流满面，希望他们能够帮忙说句好话，放了自己的父亲。

然而，没有人理会他们。

于是王世贞做出了为无数读书人痛心疾首的举动，他跪在地上，自己扇自己的耳光，一边扇一边哭，扇到脸部红肿，口中还不住呼喊，希望有人善心发现，帮他们救父亲。

依然没有人理会他们。

所有的人都看见了这悲惨的一幕，但所有的人都没有出声，因为像杨继盛那样的人毕竟是少数。

于是一个月后，王忬被杀掉了，王世贞悲痛欲绝，却无计可施。

严嵩再次获得了胜利。然而，他没有想到，这其实是他继杨继盛事件之后，干的第二件蠢事。因为王世贞，是个绝对不能得罪的人。

要知道，这位王兄虽然不是什么大官，却是大才子。他是文坛领袖，社会影响力极大，据说无论任何人，只要得到他的称赞，就会声名鹊起，任何字画古董，只要他说好，大家就认定是真好。用今天的话说，他是个有话语权的人。于是严嵩就麻烦了。

能够捧起人，自然也能踩倒人。此后的几十年中，除了个人文学创作外，他的主要工作都放在了骂严嵩上。他曾写就一书，名《首辅传》，篇中大骂严嵩。由于他多才多艺，是文坛三栖明星，除了写书外，他还善于写诗、写戏，这里面当然少不了大骂严嵩。比如那出著名的《鸣凤记》，被后人传唱几百年，经久不衰，而严嵩就此与曹操并列，光荣地成为了白脸奸臣的代表人物。

由于他对严嵩恨之入骨，在他的书中，有一些歪曲事实的情况。但在我看来，与他曾失去的一切和他遭受的痛苦相比，这似乎也是可以理解的。

但这些不过是身后骂名而已，对于当时活蹦乱跳的严嵩而言，并没有任何影响，

“笔杀”严嵩

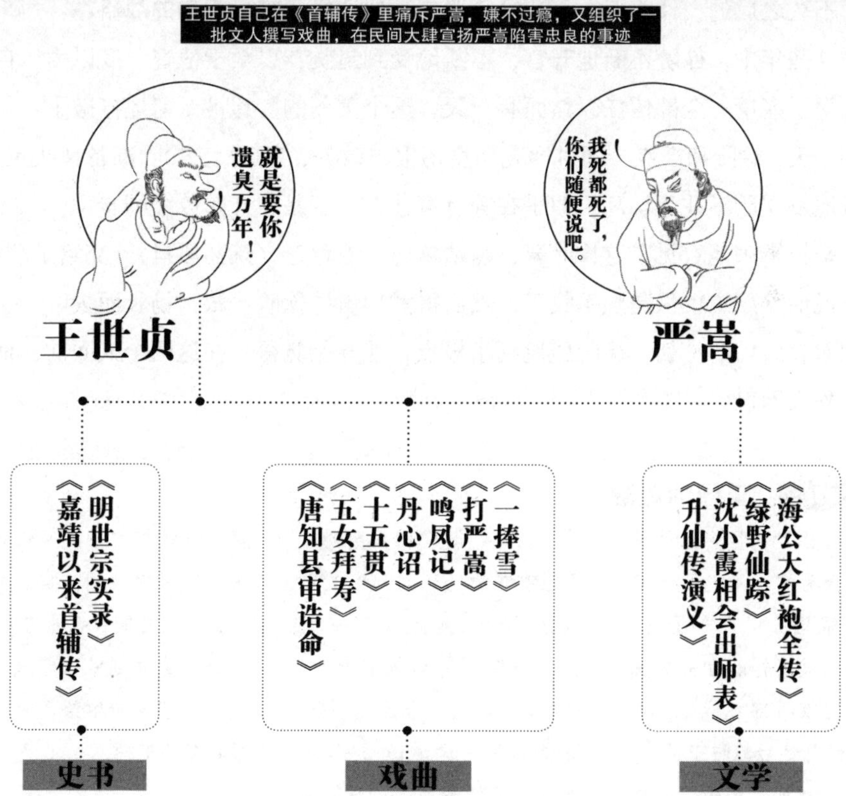

他依然照吃照睡，骨骼好身体棒。

亲眼目睹这一切的徐阶惊呆了，他没有想到，严嵩竟然狠毒到了这个份儿上，竟然如此折磨一个同情者，作为一个老牌政治流氓，可谓是实至名归。

作为流氓的升级版本，政治流氓是十分特别的。而两者之间最大的不同在于：流氓混黑社会，砍死人后，要受处罚进监狱；而政治流氓混朝廷，整死人后，会接着将别人赶尽杀绝，斩草除根。

徐阶很清楚这一点，而他更清楚的是，要对付这个可怕的人，现在还远不是时候。所以从自打耳光的王世贞面前走过时，他没有停留，更没有挺身而出，因为他知道，在这股强大的势力面前，哀求或是愤怒，根本没有任何作用。

积聚力量，等待时机，他相信自己终将获得最后的胜利。

而不久之后的一件事情，更让徐阶确信，他选择了唯一正确的战略。

在这些年中，徐阶不断地升官，不断地受到封赏，以至于他曾一度以为，自己已经获得了嘉靖的全部信任。然而有一天，这个美丽的梦想被无情地打破了。

那一天，徐阶和严嵩一同进西苑向皇帝报告政务，完事后，徐阶准备掉头走人，却惊奇地发现严嵩并不动窝，似乎在等待着什么。于是他开始放缓脚步。

于是接下来他看见了这样一幕，嘉靖拿出了五色芝（炼药原料），交给了严嵩，却没有说话，严嵩也只是顺手收下，然后得意地看了徐阶一眼，扬长而去。

面对着眼前的一切，徐阶尴尬到了极点，他开始觉得，在这两个人面前，他不过是个外人而已。

参考消息 **王忬的疏漏**

王世贞自称世代显贵，仗着家里三代为官，不把严家父子放在眼里。但人非圣贤，王世贞之父王忬以抗击倭寇而做到南京兵部右侍郎，被调任蓟辽总督后却防守不善，让蒙古人有可乘之机。嘉靖三十八年，鞑靼骑兵突破了王忬镇守的长城防线，大肆抢掠了迁安、蓟州、玉田一带，在边墙以南停留五日之久。朝廷震怒，王忬也因此下狱。更糟的是，这道防线一破，蒙古各部蜂拥而入，继鞑靼第一次抢掠之后，又进行了另一次针对大同、宣府的抢掠，紧接着俺答也冲击宣府，军事形势立刻紧张起来。这就是王家父子留给严家父子最致命的把柄。

还是皇帝大人机灵，打破了这片难堪的沉默：

“你任职吏部尚书，应该关心政务，就不要做炼丹这类事情了。”

嘉靖是笑着说完这句话的，然而，徐阶却在那笑容之中，感受到了前所未有的恐惧。

自从夏言死后，徐阶小心翼翼，畏首畏尾，吃苦受累，奉承巴结，只是为了在这座政治金字塔中不断进步，不断攀升，直到那最高的顶点，获得皇帝的信任，以实现自己的抱负，除掉那个令他恨之入骨的人。

经过多年的努力，他来到了这个位置，距离最终的目标严嵩只有一步之遥。然而，在这一刻，他才意识到，这一步几乎是无法跨越的。

自嘉靖二十一年严嵩入阁以来，他已经在皇帝身边度过了近二十个年头，嘉靖已经习惯了严嵩，习惯了他的言谈举止，习惯了他的小心伺候，他们已不仅仅是君臣，还是某种意义上的朋友。

而他们之间那一幕默契的情景，也告诉了徐阶，或许皇帝愿意提升他，或许皇帝愿意让他办事，但皇帝并不真正信任他。在这位天子的心中，自己不过是个办事员，绝对无法与严嵩相比。

这就是事情的真相，这就是严嵩强大力量的源泉。徐阶绝望了，但他已没有回头路，于是他再次弯曲了膝盖，向皇帝跪拜行礼：

“臣愿为皇上炼药，望皇上恩准！”

原则不重要，尊严也不重要，无论是玉皇大帝、太上老君，还是如来佛祖、基

参考消息 **制药的血泪史**

为了配合丹药的炼制，嘉靖特意在御花园里修建了一座承露台，命几十名宫女每天凌晨手捧玉盘站在台上，让露水慢慢集中在盘子里，嘉靖就用这些露水顺服丹药。这些采露的宫女每天天色微亮就得起床，清晨的寒露冷得让人受不了。此外，嘉靖还打听各种稀奇古怪的配方，迫害宫女取血炼药，甚至因为害怕泄露消息而杀掉被取血的宫女。仅嘉靖一朝中，记录在案的被杖毙的宫女，就有二百多人，是以才有了“壬寅宫变”的发生。

督耶稣，只要你信，我就不再反对，因为我要生存下去，要坚持到最后的那一刻。

我会继续忍耐，直到在将来的那一天，用绳索亲手套住那个罪大恶极者的脖子，让他血债血偿！

于是在之后的日子里，徐阶干了这样几件事情：首先他把自己的孙女许配给严嵩的孙子——做妾。其次在内阁事务中，他不再理会具体事件，一切唯严嵩马首是瞻，严嵩不到，他绝不拍板。最后他还舍弃了自己的上海户口，借躲避倭寇之名，把户籍转到了江西，就此成了严嵩的老乡。

严嵩绝不是一个容易相信他人的人，特别是徐阶这种有前科的家伙。但这几招实在太狠，加上几年的观察，他发现徐阶确实没有任何异动，于是有生以来，他第一次开始放松警惕。

对这样一个极其听话、服服帖帖的下属，似乎也没有必要过于为难，所以严嵩改变了对徐阶的态度，不再提心吊胆、对他日夜戒备。虽说他仍然不放心这个老冤家，但至少就目前而言，徐次辅已不再是他的敌人。

已经不是敌人了，而变成了仆人。

在当时的内阁中，所有的事情都是严嵩说了算，即使有人找到徐阶，他也从不自己拿主意，每次都说要请示上级。根据明代规定，内阁学士之间并没有明确的等级之分，到底谁说了算，还是要看个人。所以当年张璁虽只是阁员，却比首辅还威风。

而现在徐阶已经是从一品吏部尚书兼内阁次辅，遇到事情居然连个屁都不放，慢慢地，他开始被人们所鄙视，讥笑他毫无作为，胆小如鼠。

参考消息 **徐阶改户口**

徐阶改户口确有其事，为了巴结严嵩而改是其中一种说法（《明史》里的记载）。根据《世经堂集》中徐阶一些作品的前序还可以发现，早在嘉靖十年，徐阶就有了搬家的想法。后来在嘉靖十三年、十五年又几次提到，所涉及之地均是民风淳朴的地方。到了嘉靖二十六年，他再次提起这个念头的时候，便有一发不可收拾的感觉。考从过往，自跟随老师聂豹时起，徐阶就跟江右学派结下了不解之缘，选择迁至南昌，或许自有其中的一份情结使然。

于是不久之后，都察院御史邹应龙找上了门。

他满脸怒容，一见徐阶，就亮开嗓门大声说道：

“尚书大人每日坐在家中，想必不知外面如何议论阁下吧！”

邹应龙，字云卿，嘉靖三十五年进士，时任都察院监察御史，在不久的将来，他将成为一个至关重要的人物。

而作为一个新晋官员，他之所以能够得到老牌政治家徐阶的信任，并成为他的嫡系，除了他为人正直、厌恶严嵩外，更重要的原因在于，他是王学的忠实门徒。

既然是同门中人，自然是无话不说。他极为愤怒地告诉次辅大人，外面的许多大臣都在讥讽他胆小怕事、唯命是从，不过只是严嵩的一个小吏而已！

在当年，这句话大概是骂人用语中最为狠毒的。昔日诸葛亮激司马懿出战，用的无非也就是这一招。

按照邹应龙的想法，听到此话的徐阶应该勃然大怒，跳起来才对，然而他看到的，却是一个依旧面带微笑、神态自若的人。

于是他再次愤怒了：

“大人如此置若罔闻，难道你已不记得杨继盛了吗？！”

当这句质问脱口而出之时，邹应龙惊恐地发现，那个微笑着的好好先生突然不见了，取而代之的，是一个面露杀气的人。

“我没有忘，”徐阶用一种极为冷酷的语气回复了他的训斥，“一刻也没有忘记过。”

等待只因值得，隐忍只为爆发，要坚信，属于我们的机会终会到来。

◆ 胜算

徐阶就这样在屈辱和嘲讽中继续胆小怕事，继续唯命是从，继续等待着，在沉默中积蓄力量。直到有一天，他作出了一个判断。

嘉靖三十七年三月，一件不同寻常的事情发生了。

给事中吴时来、刑部主事董传策、张翀纷纷上书，弹劾严嵩奸贪误国。在明代，弹劾是家常便饭，似乎也没有什么好奇怪的，但问题在于，事情并没有看上去的那么简单。

首先这三个人是在同一天上书，如果说没有预谋，很难让人相信。而自杨继盛死后，弹劾严嵩者大都没有什么好下场，敢触这个霉头的人也越来越少。这三位仁兄突然如此大胆，如果不是受了刺激，自然是受了指使。

至于何人指使，只要查查他们的档案，就能找到答案：董传策是徐阶的同乡，吴时来、张翀都是徐阶的门生。到底是谁搞的鬼，白痴都能知道。

严嵩感觉自己上当了，他意识到这是徐阶精心布置的一次打击。但他不愧是政坛绝顶高手，立刻想出了对策，一面向皇帝上书，请求退休，一面在暗地里密奏，表示其背后必定有人暗中指使。

这是一次经过精心谋划的应对，因为严嵩十分清楚，这位皇帝啥都不怕，就怕阴谋结党，一定会命令追查。

果然嘉靖很快下令，把三人关进了监狱，严刑拷问，一定要他们说出主谋。但这三位兄台敢于弹劾严嵩，自然是有备而来，被锦衣卫往死里打，却打死也不说。案件查不下去，只好认定他们是心有灵犀，自觉行动，全部都发配充军去了。

对于这个结果，严嵩虽不是太满意，但也就凑合了，在他看来，自己成功地击退了徐阶的进攻，获得了胜利。

然而，严嵩却忽略了一个问题：以徐阶的智商，应该知道这种弹劾不会有结果，为什么还要做这种无谓的事呢？

所以答案是：他错了。

真正的胜利者并不是他，而是徐阶。因为这不是一次进攻，而是试探，徐阶已经达到了他的目的。

在不久之前，他找来了吴时来、董传策和张翀，安排他们上书弹劾，并向他们事先说明，这是一次必定失败的弹劾，而他们可能面对免职、充军，甚至杀头的后果。

三个人毫不犹豫地答应了，因为一个完全相同的信念和目标。

事情果然不出所料，弹劾无效，他们被发配边疆。然而，这只是严嵩所看到的那一面，此事的另外一个结果，他并不知道。

嘉靖已经不耐烦了，虽说他并不会因为弹劾而处罚严嵩，但长年累月，他都要为这位仁兄擦屁股，处理骂他的公文，正如一些史书所记载的那样：“上虽慰留之，然自是亦稍厌嵩矣。”

而且严嵩还忽视了这样一个细节：以嘉靖的聪明，就算没有证据，自然也知道这次弹劾是徐阶所指使的，虽做了个样子，把三个人逮捕入狱，最终却还是从宽处理，发配了事。如果他要处理徐阶，随便找个由头就是了，根本不用什么证据。

这是一个危险的信号，它意味着徐阶在皇帝心目中地位的提高，它意味着当徐阶和严嵩发生矛盾时，皇帝的庇护将不再只属于某一个人。

老奸巨猾的严嵩只看到了对他有利的那部分，而徐阶已经明白了所有的一切，他清楚地知道，决胜的时机虽然还没有到来，却已不再遥远。

话虽如此，毕竟还是惹了大事，徐阶随即请了大假，躲在家里闭门谢客，继续当庄子的儿子——庄（装）孙子，人也不见，事情也不管。

徐阶再次开始了等待，因为机会总是在等待中出现的。两年之后，当他听到那个人死讯时，他开始重新振作起来，因为直觉告诉他，机会已经来到了门口。

陆炳死了，嘉靖三十九年（1560）十一月，这位聪明绝顶、精于权谋的特务离开了人世。终其一生，我们大概可以给他这样一个评价——懦弱。

出身于名门望族，自幼苦读圣贤之言，他知道严嵩是坏人，知道他做了很多坏事，但他依然与坏人合作，依然同流合污。他掩护过沈鍊，保护过裕王，帮助过俞大猷，所谓“多所保全，折节士大夫，未尝构陷一人”，所谓“周旋善类，亦无所吝”，绝不是能够随意得到的评价。

然而，他依然是懦弱的。在黑暗面前，他不敢决裂，也不敢奋起反抗，而最让他感觉到自己软弱无力的，大概就是李默事件了。

李默，是陆炳的老师，当年他主持武会试时，对陆炳十分欣赏，并特意提拔，两人就此成为了师徒，建立了十分深厚的情谊。

李默是一个正直的人，此外还有点固执，所以在担任吏部尚书的时候，他和严嵩产生了不可调和的矛盾，无论别人如何惧怕严嵩，他却始终不买这位首辅大人的账。于是当他主持会试，并亲自出题的时候，严嵩找到了一个将其置于死地的破绽。

明朝著名锦衣卫指挥使

	任职期	主要业绩	下场	罪恶指数
蒋献	洪武年间	办“蓝玉案”	被朱元璋赐毒酒毙命	★★★
纪纲	永乐年间	诛杀建文旧臣	因支持汉王夺嫡被杀	★★★★★
马顺	正统年间	王振同党，害死不少大臣	在朝堂上被群臣打死	★★★★★
卢忠	景泰年间	闹出“金刀案”	结案后被凌迟处死	★★★★
门达	天顺年间	恃宠而骄，陷害袁彬	发配广西充军，死在当地	★★★★★
钱宁	正德年间	得武宗宠幸，大力建豹房讨好皇帝	被江彬挤走	★★★★★
陆炳	嘉靖年间	勾结严嵩，贪污	正常寿终	★★★

在那次会试中，李默出了一道这样的题目：“汉武、唐宪以英睿兴盛业，晚节用匪人而败”，这看上去应该算是一道普通的历史议论题，并没有什么问题。

然而，几千年的历史告诉我们，一件事、一个人有没有问题，关键在于谁来看以及怎么看，如果在不恰当的时间得罪了不恰当的人，自然就是玩你没商量了。

严嵩随即使出了联想大挪移神功，揭发李默之所以出这个题目，是想影射当今皇帝。虽然这似乎是两件根本不沾边的事，但经过严大人的不懈努力和蛊惑，李默终于被皇帝关进了监狱，之后又不明不白地死在监狱里。其手段真可谓是狠毒到了极点。

然而，面对这一切，陆炳却并没有出声，他眼睁睁地看着老师被关入牢房，被残忍地整死，却不敢站出来，不敢去反抗严嵩。

虽然他懂得是非，心存善念，虽然他威风八面，位高权重，被授予太保（正一品）兼少傅（从一品），是明代三公兼三孤衔的唯一获得者（太师、太傅、太保合称三公，少师、少傅、少保合称三孤，整个明代除陆炳外，无人兼得），但他依然是一个彻头彻尾的懦夫。

对于徐阶而言，这个人的死实在是一件天大的好事，因为陆炳虽然为人尚可，却是严嵩的重要盟友。此人十分精明，如若要解决严嵩，必然要过他这一关。正如严世蕃所说，三人中若得其二，天下必无敌手。

现在陆炳已经死了，徐阶少了一个强大的对手，然而，他也仍然得不到任何帮助。杨博还活着，他也还是极其讨厌严嵩，但这位仁兄却不愿意也没法掺和进来，

参考消息　**李默事件**

要说赵文华除了给严嵩添乱外，还真没看出有什么用。李默事件其实就是赵文华一手鼓捣出来的，原因很简单——被皇帝骂了。被骂了，就怕失宠，怕失宠就要推卸责任。李默为人孤傲，平时跟赵文华就不对盘，于是赵文华脑筋一转就告了李默的黑状。眼看着自己的老师被赵文华整死，而严嵩未必没有责任，陆炳十分愤恨。但嘉靖何许人也，陆炳更是清楚，这种忤逆大罪也不能轻易去求情，只得暗恨于心。

因为他有一个独特的兴趣爱好——打仗。

张居正后来曾经说过,他最景仰的人之一就是杨博。这位仁兄之所以名声在外,是因为他文武兼备、智勇双全,不但担任过国防部长(兵部尚书),以后还干过人事部长(吏部尚书),如此跨专业发展,可谓是复合型人才。

他最牛的一次表现,是在嘉靖三十三年。鞑靼发动十余万大军进犯蓟州,消息传来,边军十分惶恐,以为要完蛋了,杨博却十分镇定,每天都卷着铺盖在古北口城墙上打地铺,呼呼大睡,睡醒了也不下去,就在城墙上待着督战。他不下去,别人也不敢下去,一天到晚都屯在这里,这就可怜了蒙古人,连续打了四天四夜,连墙根儿都没摸着,只好全部撤走。

战后不久,嘉靖为表彰他的功勋,升他为正部级都察院右都御史,兼任兵部尚书,此后他又担任了宣大总督。这么一位牛人,之所以没有进入朝廷,天天在边界喝风,除了他本人热爱战争,对政治不感冒之外,也要拜严嵩同志所赐。

由于严世蕃的提醒,严嵩对此人戒备万分,每次嘉靖想起杨博,准备召他回来的时候,严大叔不是说他身体不好,就是说边界太忙,他走不开。就这样,杨博在祖国边疆站了十几年岗,就算想帮徐阶的忙也没辙。

而高拱更是老奸巨猾,他既不争,也不靠,每天就等着参加嘉靖同志的追悼会,然后一夜之间奴隶翻身做主人。

但低调的他,却还是引起了严世蕃的注意。此人虽说人品极坏,眼光却着实精准,随着时间的推移,他逐渐发现了高拱的才能和企图,于是他找上了门,并且开门见山:

"我听说裕王殿下对家父(严嵩)一直有所不满,不知是否属实?"

这是一句要人命的话,而面对着严世蕃的质问,高拱显现出了超凡的反应能力,他镇定地回答:

"这是子虚乌有的事情,严首辅是国之栋梁,裕王在皇上身边多年,一向对严大人礼遇有加,传言绝不可信。"

这句话恩威并施,先说我不得罪你,再讲明老子也不是好惹的,裕王毕竟是裕王,你最好放聪明点。严世蕃自然明白,聊了一阵后就走了。高拱却十分清楚,这位仁兄突然上门,一见面就亮刀子,绝不只是为了过过嘴瘾。于是他派人给严世蕃送去了厚礼，这才算把事情摆平。

在高拱看来，保住裕王，就保住了一切，徐阶死也好，活也好，都不关他的事。

张居正倒是想插一脚，可他现在只是个中央大学副校长，才是个正六品官，朝中像他这样的一抓一大把，真可谓是百无一用。

于是几番穷折腾，变来变去之后，徐阶终于再次看清了形势：在他的身边，没有任何可靠的帮手，而且在他的面前，还有一个最为可怕的敌人——严世蕃。

◆ 暗示

打了这么多年交道，徐阶已经看得十分清楚，严嵩之所以能够长盛不衰，枝繁叶茂，只是因为严世蕃。

这位严公子虽然是个瘸子外加独眼龙，却实在是聪明盖世，但凡官场上的那套玩意儿，无论显规则、潜规则，他都了如指掌。他在朝廷的职务是工部左侍郎兼尚宝司丞，工部搞工程，而尚宝司管机要，严世蕃就相当于建设部副部长兼机要处处长。

这两个岗位是朝廷里最肥的肥差，让严世蕃干这份工作，那就是让黄鼠狼去看鸡。而他对阴谋及人心的把握，更是到达了人类智慧的顶点，想在他面前耍诡计，只能是班门弄斧。

比如当时的一位河道总督，奉命去修缮淮河，朝廷拨了十万两白银，这位兄台想捞一把，用了五万两完工，自己留下三万，其余的自然要送给严副部长。

可是严世蕃收到钱后，却还是把他叫到了自己府上，让他把剩下的钱交出来，总督大人装糊涂，说结余就这么多，实在没钱了。

于是严长官生气了，看见对方不上道，当即拍案而起：

“不要自作聪明，你手里至少还有三万两！”

总督闻言大惊，只好老实交代，把剩下的钱交了出来，严世蕃同志也算够意思，还是给他留了点。

油水被挖走，疑问却尚未解开，严世蕃又没有现场观摩，怎么知道自己捞了多少钱呢？

看见对方乖乖就范，严世蕃便帮他解开了他这个疑团。他拿出了一张业绩考核表，得意地告诉对方，是这张表告诉他的。原来这位仁兄每次审查河防工程时都格外留心，仔细观察，久而久之，他总结出了一个规律：其实，一直以来，朝廷修河堤的钱总是绰绰有余的，只要拿出一半，考核成绩就能合格，如果用到七成，考核必定是优秀。

而这项工程的考核只是合格，所以他断定对方吞掉了一半。

在贪污腐化上，严世蕃充分发挥了细致入微、实事求是的科学精神，做到了手中有数、心中不慌，人精明到了他这个程度，真可算是极致了。

但这些在徐阶的眼中，也不过是小把戏而已，真正让他感到恐惧的，是严世蕃的另一项特殊能力。

嘉靖皇帝是一个很聪明的人，不但很难糊弄，也很难伺候，他经常会干一些出人意料的事情，只为了不让大臣看出自己的心思。自从修道修玄之后，他变得更加难以捉摸，从不主动透露自己的意思，经常让身边的大臣们无所适从。

因为在给大臣下达命令时，他使用了一种特殊的方法——递纸条。

这不是作弊，也不是为了晚上约人去看电影，事实上，它是一种极为凶险诡异的政治手段。

之所以说它诡异，是因为嘉靖写出的那些纸条，即使写成告示，贴在街上，也是毫无关系的。因为在纸条上的，并不是什么具体事项，而是暗语。

这些暗语或者是几个字，或者是一句话，看上去不起眼儿，然而，在这些暗语之中，却隐藏着嘉靖的真实意图。

之所以说它凶险，是因为这些纸条往往只会写给内阁中的几位大臣，用来传达自己的态度，但如果你不够聪明，没有及时参透纸条中的玄机，皇上支持你反对，皇上前进你后退，那就麻烦大了。

可是问题在于，这些所谓的暗语，唯一的标准答案只掌握在嘉靖自己的手里，如果你搞不明白，没有会意，他虽不会责怪你，心里却知道你不够聪明，不可重用。

他相信，只有采用这样的方式，才能有效地控制住所有的人。

可是他错了，这个世界上的聪明人并非只有他而已，严世蕃也应该算一个，而他的那种特别能力，正是破译暗语。

嘉靖三十四年，张经被免职之后，赵文华想让刚当巡抚的胡宗宪顶替总督的位置。这是一个十分重要的人事任命，所以奏折送上去很长时间，都没有得到任何回音。

突然有一天，严嵩收到了一张嘉靖写给他的纸条，上面只写了六个字：

宪似速，宜如何。

严嵩略一琢磨，便了解了其中的含义，宪自然是指胡宗宪，这句话的意思是胡宗宪似乎升得太快，你认为应该怎么样。

于是他准备再为胡宗宪说几句话，建议破格提拔干部，并写好了奏疏。就在他准备送上去之前，严世蕃凑了过来。知道了事情的原委，然后他大笑了起来。

"你错了，"严世蕃得意地说道，"皇上的意思并非如此。"

他告诉自己的父亲，那个宜如何的宜字，并不是应该的意思，而是指杨宜。

杨宜，时任南京户部右侍郎，从政经验丰富，对于嘉靖而言，他比愣头青胡宗宪要可靠得多。所以皇帝的真正意思是，胡宗宪升得太快，你认为杨宜如何。

这虽然是一句问话，但严嵩很明白，它代表的并不是疑问，而是一种态度，所以他立即上书，推荐杨宜接任总督。

这只是嘉靖同志诸多谜语中的一个。由于他自幼苦读，十分博学，在纸条上经常使用典故和生僻字，所以只有与他同样学识渊博且聪明绝顶的人，才能解开这些暗语。

毫无疑问，严世蕃符合这个近乎苛刻的条件。

于是在之后的日子里，严嵩始终能够在第一时间迎合皇帝的意图，并逐渐成为嘉靖不可或缺的人。

对于这一独特专长，严世蕃十分自负，他和嘉靖同志一样，认为自己是独一无二的，所以他也犯了同样的错误。

事实上，他并不是暗语的唯一破解者，在这个世界上，至少还有一个人也具有相同的能力，很不幸的是，这个人正是徐阶。

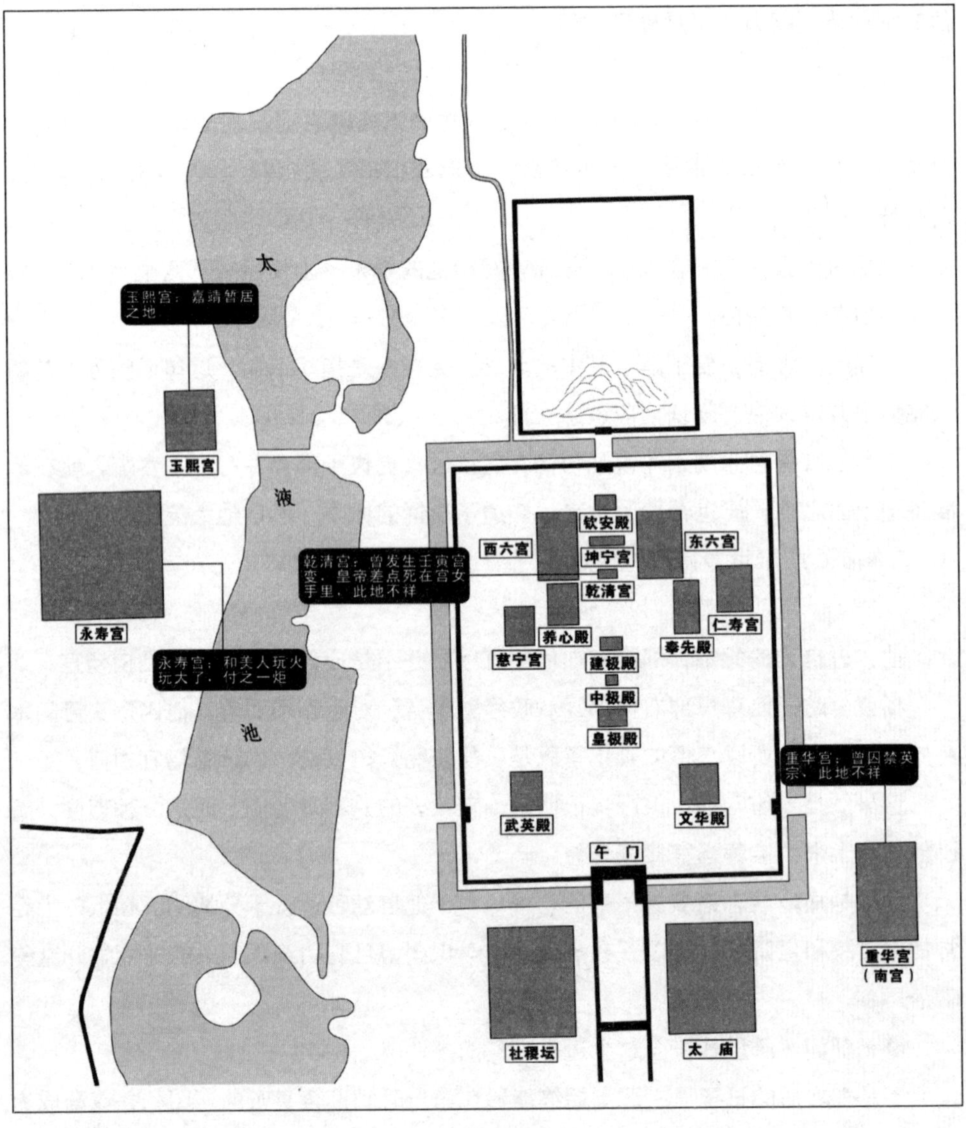

↑ 紫禁城

徐阶也曾经遇到相同的境况，在属于他的那张纸条上，写着这样几个字：卿齿与德，何如？

当看到这六个字的时候，徐阶吓得魂都没了。句中所谓齿，是指年龄，所以这句话的意思是，你的德行与年龄是匹配的吗？

用另一个角度讲，它也可以这样翻译：你这把年纪，怎么是这样的德行？

一般说来，如果不是要收拾人，绝不会说这样的话。但在短暂的恐慌之后，徐阶镇定了下来，他再次仔细分析了这六个字，并凭借他的智慧找到了正确的答案：所谓德，不是德行，而是指欧阳德。

欧阳德，时任礼部尚书，所以这句话的真正意思是，你和欧阳德，谁的年纪更大？

就这样，徐阶成为了第二个破译者，并就此稳固了自己的地位。而这一切，严世蕃并不知道。

但处于暗处的徐阶却也无计可施。问题很明显，要解决严嵩，必须除掉严世蕃，可是严世蕃实在太过聪明，毫无漏洞可钻。

既不能进，也不能退，这场智力竞赛再次陷入了僵局。然而，就在他百无聊赖、苦苦等待之时，一个偶然事件的发生，却彻底改变了双方的力量对比。

嘉靖四十年十一月，由于消防工作不到位，宫里失火，说来也是凑巧，哪里不好烧，偏偏就烧了西苑的永寿宫——皇帝大人的寝宫。

这下嘉靖同志无家可归了，只好搬到玉熙宫暂住。如此长久下去也不是个事，于是他找来了严嵩，询问有关重建的事情。

不知道严嵩同志那天是不是吃错了药，自己有好几套房子，就不管领导的死活了，随口说了这样一句话：

“三大殿刚刚修完，余料不足，陛下可以暂时移居南宫。”

这就是找死了，你哪怕建议他住工棚，也比让他去南宫好。所谓南宫，就是当年明英宗朱祁镇住过的地方，他被自己的弟弟关押在那里，度过了一段十分难忘的时光。

对这段历史，大家都心知肚明，而严大人为了凑合，竟然建议嘉靖去住那所独

参考消息 **西苑失火**

西苑失火，其实罪魁祸首是嘉靖。当晚，他与宠姬尚美人在西苑内放烟花，一不小心把房子点着了，古代都是木头房子，不着火才奇怪。永寿宫烧成了一片狼藉，嘉靖在错愕之余居然还不忘安抚美人。嘉靖二十六年，坤宁宫也发生过一次火灾，嘉靖有意无意地拖延救人，致使方皇后为火所伤，直至病逝。其中原因，据说是“壬寅宫变”后，方皇后借机除掉了牵涉其中的曹端妃，嘉靖一直对曹端妃颇为宠爱，懊悔之余对方皇后也心怀不满。

特的牢房，实在不知他怎么想的。

果然皇帝大人发火了，对严嵩怒目而视。此时冷眼旁观的徐阶意识到，自己等待多时的机会到了，他立刻站了出来:

“陛下暂居偏殿，阴湿狭小，臣于心不忍，虽三大殿刚成，但据臣估算，以其所剩余料，足以重建永寿宫，三月即可成功。”

听到这话，嘉靖顿时兴高采烈起来，他连声夸奖徐阶，并将此事交由其全权处理，朝堂上随即充满了喜悦的气氛。

就在那一刻，被抛在一边的严嵩颤抖了，他以畏惧的眼神看着身边的徐阶，这才意识到，十多年来，他从未把这个人放在眼里，也从未意识到此人的可怕。现在他终于明白了，但为时已晚。

在长达十余年的忍耐之后，徐阶终于第一次占据了上风，他看着严嵩衰老迟缓的背影，心中充满了快慰。十几年来，在这个朝堂上，严嵩用尽了手段，耍尽了阴谋，杀掉了一个又一个无辜的人，而作为一个旁观者，他见证了所有的惨剧，也学到了所有的权谋。

严嵩，这都是你教给我的，现在，我将把从你那里学到的一切，一样不少地还给你！

所谓屋漏偏逢连夜雨，就在严嵩因为房子问题焦头烂额的同时，另一个打击也向他袭来。

他的老婆死了。相濡以沫几十年，夫妻感情非常深厚，所以对于严嵩而言，这是一个十分沉痛的噩耗。然而，他没有想到的是，事情要严重得多，在噩耗的背后，是一场毁灭性的灾难。

根据明代惯例，母亲死了，儿子要守孝服丧，这一重任自然要由严世蕃来承担。但是这样一来，严嵩就麻烦了，因为青词是严世蕃写的，主意是严世蕃出的，儿子去守灵，工作就完了。他既破译不了嘉靖的暗语，也无法应付纷繁复杂的局面。

于是嘉靖对他的信任不断减少，对徐阶的欣赏却与日俱增，而朝中的墙头草们也纷纷改换门庭，严党的实力大幅削弱。自担任首辅以来，他第一次感到自己竟如此地脆弱。

如果这样下去，毁灭只是个时间问题。但作为一个从政四十余年、老奸巨猾的人物，他决不甘心就此完蛋。为了保全自己，反败为胜，他终于想出了一个办法。

不久之后的一天，在西苑值完班后，严嵩主动找到了徐阶，表示想请他吃顿饭，并恳请他务必光临。

徐阶如约而至，寒暄两句大家开吃。然而，刚刚吃到一半，严嵩突然停了下来，叫出了自己全家老小，站在徐阶的面前，突然带头跪了下去，随即几十口人黑压压地跪了一片。

还没等徐阶反应过来，严嵩就用极其哀怨的口气说道：

"我年纪已经老了，也活不了多久了，我的这些不肖子孙就拜托您照顾了。"

面对这个后生晚辈，这个和自己作对十余年的敌人，严嵩毫不犹豫地跪了下去。其实他并不情愿，却也十分清楚，在目前敌强我弱的情况下，他必须忍气吞声，积蓄力量，而这是麻痹对方的唯一方法。

看着眼前的这一幕情景，徐阶陷入了思索，眼前的一切似乎非常熟悉。

想起来了，那是在十五年前，严嵩和严世蕃跪在夏言的面前，苦苦哀求着他网开一面，并保证自己会痛改前非。

那是在三年前，王世贞跪在严嵩的面前，泪流满面，哭天抢地，只求他放过自己的父亲，而严嵩和蔼地扶起了王世贞，承诺一定尽力营救。

于是他立刻上前拉起了严嵩，作出了明确的表示：

"首辅大人不用担心，一切都包在我身上。"

严嵩，你终于害怕了吗？你终于想退出了吗？

但一切已经太晚了，这是一个不能弃权的游戏。为了你的贪欲和利益，你杀掉了夏言、沈鍊、杨继盛，你舍弃了那些在俺答铁蹄下呻吟的百姓，你害死了许多无辜的人，破坏了所有游戏规则，现在你想收手，已经不可能了。

它并不是游戏，而是一个残酷的赌局，你不能退出，直到你把从这里赢得的财富，连同你的本钱，全部输得干干净净。因为我所要夺走的，不是你的首辅宝座，甚至也不是你的性命，而是你所有的一切。

单靠善良和正直对你是无济于事的，我将用我自己的方式战胜你。

为了我所坚持的信念，以及正义。

第十七章

胜利

○就这样　政坛常青树　混迹江湖半辈子　担任首辅十余年的老寿星严嵩终于倒台了　此刻距沈鍊之死五年　距杨继盛之死七年　距夏言之死十四年

◆ 门徒

似乎一切都已经明朗，陆炳死了，严世蕃离开了，皇帝厌倦了，严嵩这位老江湖的好日子终于到头了。

但徐阶发现，纵使情况对自己极为有利，那个他等待多时的机会却仍然没有出现。几十年的政治搏杀经历告诉他，若发起攻击，就要穷追到底，但在有必胜的把握之前，绝不可轻举妄动。

嘉靖已经离不开严嵩了，从嘉靖十七年起，二十多年之中，严嵩和他几乎朝夕相处，清楚他的脾气，知道他的喜好，两人之间已经形成了一种超越君臣的关系。所以严嵩才能够得到嘉靖的全部信任，并利用这种信任去清除异己，谋取利益。

也就是说，即使他们之间出现了裂痕，也并不意味着严嵩会就此完蛋，最多不过是骂几句，给个处分之类，所谓革职抄家实在是一个遥远的童话。

徐阶清楚地知道这一点，所以他并不着急，二十年都等了，也不在乎多等几年。优势已经在自己这边，而现在需要的，不过是最后的临门一脚。

等待已经不足为惧了，过去多年的腥风血雨让他明白，在政治这场耐力赛中，无论眼下有多风光，只有坚

徐阶的优势和劣势

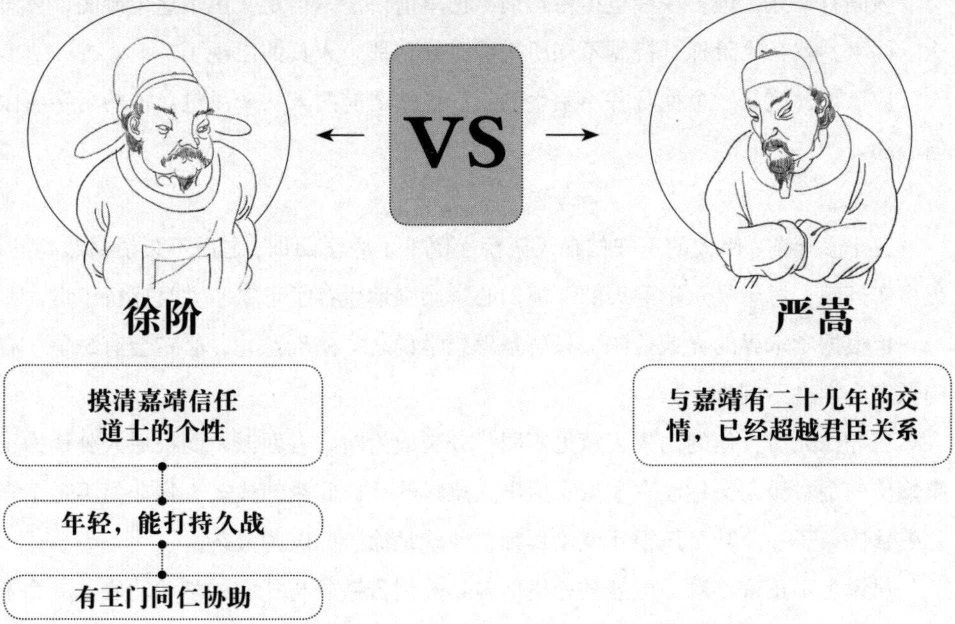

持到最后的人，才是真正的胜利者。而与严嵩相比，自己有一个最大的优势——年轻。

不要紧，不要紧，生命还很漫长，斗不死你，熬也熬死你。

本着等待参加严嵩遗体告别的觉悟，徐阶开始了又一轮的静候。他原本以为这一次自己又要等很久，然而，不久之后，一个不速之客的到来，打破了所有的宁静。

对于唐顺之临走前所说的话，徐阶一直心存疑虑，他曾想问个究竟，可是出人

参考消息 **奇才唐顺之**

嘉靖朝很奇怪，特别不缺文武全才，比如赵时春、胡宗宪、杨博、唐顺之，都是文韬武略无一不精，连戚继光都自称向唐顺之学过枪法与兵法。不只戚继光，赵文华在祭海的行程中，亲眼目睹了倭寇作乱以及他们杀人越货的残酷手段后，心有余悸之余，也想到了唐顺之。思量再三，赵文华决定保荐唐顺之，把他招回到兵部。自此，唐顺之几乎一直生活在海上。嘉靖三十九年，在后代小说中扔支毛笔都能杀人的唐顺之，于抗倭途中累死在焦山附近。

意料的是，嘉靖三十九年，这位神秘的同志因操劳过度，竟然死了。

人固有一死，但多少你也得留句话，把事情说清楚再走，留下这个谜团，算怎么一回事？就在徐阶抓耳挠腮不知所措的时候，那个人真的出现了。

应该说，这是一个徐阶并不陌生的人，虽然之前两人从未见过。他的名字叫做何心隐。

三十多年前，伟大的王守仁在天泉桥上留下了心学四训，之后不久便飘然离世。但事实证明，思想是永不磨灭的，他的心学顽强地生存了下来，并且盛行于世。

但根据学术界的光荣传统，只要是思想学说之类的玩意儿，必定会有纷争，有门派，心学也不例外。

王守仁死后，他的门人因意见不同，分裂成为左、右两派。而被后人公认为正宗嫡传的是右派，又称江右学派。但出人意料的是，此派的代表人物非但不是王守仁的嫡传弟子——甚至压根儿就没拜师，他就是徐阶的老师聂豹。

虽说名不正言不顺，但聂豹凭借他多年的刻苦钻研与扎实的学术功底，成为了江右学派的学术领袖之一。而在天泉桥上得到真传的两位嫡传弟子钱德洪与王畿，却部分修正了王守仁的理论，成为了王学左派，又称浙中学派。所以徐阶和唐顺之虽同为王守仁的二代弟子，却分属于不同的派别。

但事实证明，对后世影响最大的却并非上述两派，而是另一个当时并不起眼的派系——泰州学派。

作为左派的第二分支，泰州学派的观点最为激进，也最为尖锐。而创立此派者，正是王守仁那位最不安分的弟子王艮。

这位当年曾想拿王守仁开涮，穿着白衣白帽招摇过市的人，也着实不是个安居乐业的主儿。在他的阐述下，心学成为了一把反抗封建礼教的利剑，不但痛骂四书五经，连孔圣人也成为了它的批判对象。而何心隐正是此派的传人。

帮派问题就介绍到这里。可见牛人就是牛人，王守仁同志才死了三十多年，竟然搞出这么多门派，而且由于观点不同，他们之间还经常搞论战，骂得你死我活。所以虽说大家都是王门中人，关系却并不太好。

而作为泰州学派中最为奇特的人物，何心隐有着极为复杂的背景。

何心隐，原名梁汝元，正德十一年生，这位仁兄虽非高官显贵，且外貌平凡，却是一个极为厉害的人物。他交际广泛，社会关系复杂，用今天的话说，是个黑白两道都吃得开的角色。

更为可怕的是，这个人没有信仰，也没有禁忌，他藐视皇权，不信神仙，狠批孔夫子，被读书人奉为经典的所谓圣贤之书，在他的眼里只是一堆狗屎。所以除本名外，他还得到了一个外号——“何狂”。

此外，他还痛恨封建礼教，曾公开宣扬个性解放，认为政府除了瞎折腾，起不了任何作用,还不如废掉了事。这在当年,大致算是个无政府主义者兼社会危险分子。

正因为他观点激进，加上又喜欢闹事，连泰州学派的同志也不喜欢他。比如当时的朝廷高官，后来的礼部尚书、内阁大学士赵贞吉，虽与他同属一派，却极其厌恶这位狂放不羁的仁兄，老死不相往来。

但无论有何不同，说到底只是个观点问题，作为王学传人，他们始终坚守着同样的信念和胆略：宁王叛乱，就打倒宁王，杨廷和跋扈，就赶走杨廷和。虽风云变幻、潮起潮落，然中流砥柱，傲然不倒。

现在是严嵩，尸位素餐、杀害无辜、党羽众多、位高权重的严嵩，于是王守仁的精神火焰被再次点燃：匡扶正道，赤手空拳，亦敢与龙蛇相搏！

正是在这熊熊火焰的映射下，江右学派再传弟子徐阶、泰州学派再传弟子何心隐，还有已经死去的浙中学派再传弟子唐顺之，消除了他们所有的门户之见，一门三派终于再次团结起来，为了一个共同的目标。

出乎徐阶的预料，何心隐对于目前的形势竟然十分了解，他们再次进行了详尽的敌我双方力量对比，这才发现，原来王学门人的力量竟然如此强大。

除去那些小鱼小虾和徐阶自己不说，那位暗语中曾经出现的礼部尚书欧阳德，就是心学的忠实信徒，而徐阶的老师聂豹，也曾担任吏部尚书、太子太保，如果把这些老家伙也忽略不计，还有户部右侍郎赵贞吉，礼部左侍郎、张居正的老同学李春芳，等等。

然而，问题在于，虽然这帮人中部长、副部长一大堆，却没有像陆炳、杨博那样的天才，根本无法发挥作用，真正能派得上用场的只有徐阶自己而已。

可能是唯恐徐阶不够沮丧，何心隐进一步指出了一个更残酷的事实：

即使是你本人，徐阶，也毫无用处。

十几年来，你都在思索着同一个问题：怎样才能除掉严嵩。你努力经营，苦心隐忍，只是想找到这个问题的答案，但事实上，答案一直在你眼前，你却视而不见。

其实谜底十分简单：在这个世界上，唯一能够除掉严嵩的，只有一个人——皇帝。

嘉靖已经五十多岁了，已经不再是那个玩弄群臣于股掌中的人。虽然他沉迷于修道，习惯于严嵩的服侍和迷惑，但他依然是皇帝，一个聪明的皇帝。

而在这样一个人的掌控之下，没有人可以公然除掉严嵩，除了皇帝自己。

也就是说，纵使严嵩已经不再受到信任，纵使时机已经成熟，但要彻底解决严嵩，就必须得到皇帝的首肯。而凭借徐阶的影响力，这实在是个无法完成的任务。

徐阶无奈地认可了何心隐的观点，但他并不气馁，因为他知道，方法或许就在眼前这个人的心中：

“那你有办法吗？”

“是的，我有办法。”何心隐自信地答道。

◆ 玄机

在这个世界上，每个人都会有自己不知道的事情，再聪明的人也不例外，包括嘉靖在内。

而一旦有了疑问，却又得不到解答，人们的第一反应就是去问人，但如果这个疑问无人能够回答，那又该去问谁呢？

嘉靖就遇到了这样一个难题。他的问题很多，比如国家前景如何、明年会不会灾荒、我还能活多久，等等。而这些问题大臣是不敢也不能回答的，因为他是皇帝，而且十分刚愎自用，如果自作聪明，闹不好是要杀头的。

但这难不倒嘉靖，他很快就想到了解决难题的方法，既然不能问人，那就问神。

虽然神仙和咱们不住在一个小区，也不通电话，不能上网，但经过我国人民的长期科研，终于找到了和神仙们联系的方法，比如跳大神、上身之类的高科技手段，并作为著名的糟粕垃圾，一直流传至今。

但上述方法都是民间百姓使用，皇帝自然有皇帝的独特搞法。而嘉靖的那套系统叫做扶乩。

所谓扶乩，是一种玄乎其玄的玩意儿，大致方法是皇帝把要问的问题写在纸上，然后密封起来，由太监转交给道士，再由道士当众烧毁，权当是转交给神仙，这就算是问完问题了。

那么答案去哪里找呢？你总不能指望天上掉块砖头，上面写着几个大字“我不知道”吧。

正确的程序是这样，先找来一个沙盘，在沙盘上搭个架子，架子上有两根树枝，分别由两个太监用指头搭住，等到道士把皇帝的问题烧掉，不，是转交神仙，两人便即刻做中风状，两眼紧闭，任由指头在沙上乱画，神仙的答案就是这个了。

可能有人会问，要是画得四不像，那该怎么办？告诉你，不要紧，皇帝大人自然会去琢磨，毕竟我们也不能指望神仙大人的书法水平。

二十多年来，皇帝一直通过这种方式和神仙沟通，交流心得，请教问题。于是疑问又出现了，以嘉靖的性格，怎么能够几十年如一日去研究扶乩中出现的莫名其妙的符号呢？

嘉靖并不是一个有耐心的人，所以答案是，他所看到的并不是鬼画符，而是足以识别的汉字。

其实用指头搭在树枝上，也是可以写出规范回答的，但需要一个条件——故意。只要你没有被鬼上身，只要你还有清醒的意识，你的手腕就能让你写出清晰的汉字。当然这绝不是神仙的意图，而是你自己的答复。

也就是说，嘉靖先生费尽心机得到的所谓神仙热线，不过是出自几个道士太监的手笔，但由于他过于期待上天的信息，所以仍然无怨无悔地相信了几十年。

其实这也怪不得道士和太监，人家也是迫不得已。你写那些无聊的问题，不许人看，偏偏还要神仙回信，乱画一气你又看不懂，看不懂就要发脾气，到时自然还是下人们遭殃。道士也好，太监也罢，大家出来混，不过是想混饭吃，何苦难为人呢，就这么忽悠着过吧。

在这个把戏中，最为关键的人不是皇帝，而是那个烧掉纸的道士。

因为他是转交皇帝问题的人，也是最为重要的一环。所以这个职位一向由皇帝最宠信的道士担任，比如之前的邵元节，后来的陶仲文，以及现在的蓝道行。

蓝道行人如其名，还真是有点道行。据说他算命看相十分之准，名声很大，便被推举进宫为皇帝服务，并担任那个烧纸的工作。

何心隐的第一步计划就此实现。

这位蓝道行先生固然是个道士，但他除了信太上老君外，还信王守仁。

作为道士兼何心隐的朋友，蓝道行对心学的兴趣似乎一点不亚于修道炼丹，而作为忠诚的王学门人，他们有着共同的敌人——严嵩。

政治局势最为复杂的时刻莫过于此：严嵩失势，开始收缩防守，徐阶得势，却无法根除对手。在这迷雾重重之中，清醒而睿智的何心隐终于找到了唯一的突破口——嘉靖。

嘉靖是一个太过聪明的人，他防备大臣，厌恶太监，但他也有着自己的弱点——道士。只有道士才能得到他的信任，只有道士才能真正影响他的决定。

于是在不久后的一次扶乩中，嘉靖同志和神仙展开了一次深入沟通。

这一次，嘉靖同志提出了一个十分有深度的问题：为什么天下未能大治呢？

当然，根据程序，他提出的这个问题是密封的，只有神仙知道而已。但在他把纸条交由蓝道行同志转呈的时候，由于神仙大人出差，蓝大仙自然当仁不让，临时担任了代言人的角色。

所以当写有问题的纸张被当众焚烧之后，在中风太监的操控下，神仙的回答显露在沙盘之上：

“奸臣当道，贤臣不用！”（特别提示：标点系本人友情提供）

看到神仙发话了，嘉靖随即写了第二张纸条：

“奸臣何人？贤者何人？”

神仙再次回答：

“奸臣如严嵩，贤者如徐阶。”

如此看来，严嵩和徐阶的知名度实在很高，居然连神仙都知道。

忽悠继续进行，但如果你认为嘉靖同志就这么好糊弄，那就错了。这位聪明绝顶的皇帝发出了质疑：

“既然如此，为何奸人不遭天谴？”

我相信，当蓝道行偷看到这句问话时，他的精神已经紧张到了极点，但他没有慌乱，而是作出了一个完美的回答：

“留待皇帝自裁！”

原来老天爷也是尊重自己的，嘉靖终于满意了，严嵩的命运就此定局。

既然老天爷都不喜欢严嵩了，那么还是让他滚远点的好，不然自己的长生报告，老天爷估计也不会签字盖章的。这大致就是那天之后，嘉靖同志的真实感想。

这个消息很快就传到了徐阶的耳朵里，他当即兴奋起来，因为他知道，自己等待十余年的机会终于来到了。

于是他找来了邹应龙。

“现在是动手的时候了。”

当邹应龙听到这句话时，他毫不迟疑地答应了，在屈辱和隐忍之后，反击的时刻终于到来。

“我即刻写奏疏弹劾严嵩！”他摩拳擦掌，准备马上就干。

徐阶却拦住他，神秘地笑了笑：

“弹章自然要写，但对象并非严嵩。”

邹应龙愣了一下，随即点了点头。姜还是老的辣，一点不错，真正的目标应该是另一个人。

他立刻赶回家，连夜写好了那份著名的奏疏。虽然在历史上，这篇弹章的文才与知名度远远不如杨继盛和海瑞的那两篇，但是，有效。

很快，嘉靖就看到了这篇奇文，真可谓是开门见山：

“工部侍郎严世蕃凭藉父权，专利无厌！”

鉴于篇幅太长，这里就不多列举了。在列举了众多罪行之后，邹应龙写下了一句在弹章中十分罕见的话：

“臣请斩世蕃首悬之于市，以为人臣凶横不忠之戒！”

刀子都亮出来了，真可谓是杀气冲天。

虽说邹兄是奉命行事，但他依然是值得称赞的，因为在这篇奏疏的末尾，还写着这样一句话：

“苟臣一言失实，甘伏显戮！”

这就是传说中的玩命。综合此文的中心思想，不外乎这样一个意思：

严世蕃是个坏人，罪行累累，请皇帝陛下杀了他，如果我说的话有一句不真实，陛下就杀了我吧！

积聚了二十年的怒火终于爆发了，不用再忍了，也不用再退了。生、死，成、败，就看这一锤子买卖！

锤子锤中了。合适的人，在合适的时间，锤向了一个合适的目标。

徐阶实在是聪明到了极点，他知道严嵩已经失宠，但他更知道，二十多年的交情，嘉靖绝不忍心对严嵩下手。所以要彻底扳倒严嵩，必须先打倒严世蕃。

严世蕃是严嵩的智囊，也是严党的支柱，而更为重要的是，对于这个人，嘉靖没有任何手软的理由。

很快，皇帝显示了震怒，他连下几道谕旨，严令缉拿严世蕃，并将其逮捕入狱。而严嵩也接到了一道令旨，大意如下：虽然你儿子有罪，但我相信与你无关，你是无辜的，可是你毕竟是他爹，怎么说也要负上点教育责任。所以我体谅你，现在撤去你的所有官职，你也不用管事了，安心退休回家养老吧！至于你的退休工资，我也会按期发放的。

参考消息　邹应龙梦中受启

邹应龙梦见自己带了随从出去打猎，看见远处有一座高山，对准放了一箭，箭却不知飞到了哪里。继续往东走去，前面又是一座山，不过要小多了，山边有一幢楼，下面全是田，田里有一堆米，米上盖着草。他又发了一箭，这下子，楼倒了，小山倒了，高山也跟着倒了下来。他一下惊醒过来。醒来以后细细捉摸：高山，合起来不就是一个“嵩”字吗？东边的楼是“东楼”，那是严世蕃的字，田上面有米，米上面再加草，合起来正是“蕃”字！邹应龙立刻明白了，这个梦是告诉他要对准严世蕃攻击，连带着打倒严嵩。邹应龙于是不再犹豫，连夜修成《贪横荫臣欺君蠹国疏》，控告严世蕃贪污误国。

此时，是嘉靖四十一年五月。

接到圣旨的严嵩如五雷轰顶，他曾预料到有这么一天，却没有想到来得这么快、势头这么猛。但老流氓就是老流氓，他又拿出了从前的手段，一方面上奏请罪，暗地里却上密折向皇帝求情，表示自己身体好，还能多干几年（多贪几年），希望继续为大明发挥光和热。

但他等来的不是皇帝的挽留和感动，而是朝廷官员的催促：已经是退休的人了，怎么还不上路？快滚！

就这样，政坛常青树，混迹江湖半辈子，担任首辅十余年的老寿星严嵩终于倒台了，此刻距沈鍊之死五年，距杨继盛之死七年，距夏言之死十四年。

但胜利终究还是到来了。

历史一次又一次地告诉了我们这样一个真理：

正义和公道或许会迟到，却绝不会旷课。

◆ 终结？

一切都如此的顺利，严嵩倒了，严世蕃入狱，严党四分五裂，胜利已然属于了徐阶。

当邹应龙因奏疏命中而名声大噪，严世蕃黯然神伤高唱囚歌，朝中一片欢欣鼓舞之时，徐阶却到了一个谁也想不到的地方，去拜访一位特殊的客人。

他去的是严嵩的家，而去的目的，是为了安慰严嵩那受伤的心灵。

和所有人一样，严嵩大为意外，但意外之余他也感激涕零。都到了这个时候，徐阶同志竟然还如此仗义，实在是个好人，于是他顿首不已，千恩万谢。

可以肯定的是，徐阶没有精神失常，更不会突然发善心，作为这一切的始作俑者，之所以会如此这般，只是因为他很清楚，一切还尚未终结。

第十八章

致命的正义

○我要你眼睁睁地看着身边的亲人一个个地死去 就如同当年杨继盛的妻子那样 我要你亲眼看着你曾经得到的一切 在你眼前不断地消失 而你却无能为力

◆ 严嵩的反击

严世蕃入狱了，严嵩倒台了，在很多人看来，徐阶同志的屁股即将挪到首辅的宝座上，事情已经圆满结束。

有这种看法的人，大致是不懂政治的。在这个世界上，什么都好商量，但只要涉及利益二字，翻脸会比翻书更快。

而翻脸的程度及其表现方式，就要看利益多少了。动嘴动手，还是动刀子动导弹，都取决于此。要知道，平时上街买菜，为几毛钱都要吵一吵，而在皇帝不大管事的当年，首辅的宝座就是最高权力的象征，也是最大的利益，不打出个天翻地覆、沧海桑田，那才有鬼。

徐阶清楚这一点，严嵩自然也知道，几十年的政治经验让他很快由震惊中恢复平静，并开始积聚反击的力量。接下来，他将用行动告诉对手，自己之所以能够屹立政坛二十年不倒，绝非偶然。

徐阶，让你看看我真正的实力吧，较量才刚刚开始。

事实上，严嵩之所以能够超越之前的杨廷和、郭勋、张璁、夏言等人，成为最为强大的权臣，靠的绝不仅仅是严世蕃的聪明，还有他的同党。因为一直以来，严嵩都不是一个人在战斗。

严嵩这个名字所代表的并不是一个人，而是一股势力，一个利益共同体。我当了郎中，你就是员外郎，我当了侍郎，你就是郎中，大家共同进步，共同发财。

现在徐阶竟然要整治严大人，那还得了？老婆才买了首饰，儿子要上私塾，我还指望升迁，你徐阶敢动我们的饭碗，就跟你玩命！

刑部右侍郎鄢懋卿就是上述人等中的一员。自投靠严嵩以来，他做了很多坏事，正是在他的建议之下，杨继盛最终被杀，作为回报，他获得了管理盐政的美差，捞钱简直捞到了丧心病狂的地步。之前嘉靖同志每年只征六十万盐税，他上任之后，竟然要求改征一百万，既可以讨好皇帝，又能够趁机敲诈地方，不愧为奸人本色。

所以当严嵩下台的消息传来时，他立即找来了严党的同伙，紧急商量对策。鉴于严嵩已经退休回家，在仔细分析形势之后，鄢懋卿决定了第一步行动计划——解救严世蕃。

作为严党的智囊，严世蕃起着不可替代的作用。所以眼下最重要的，是把这位仁兄捞出来，让他拿个主意，大家这才好办事。

但这件事谈何容易。严世蕃由皇帝下旨查办，涉及严重经济犯罪，住的是京城模范监狱，不是打架斗殴关进派出所，等人担保就能搞定的。

更麻烦的是，这件案子是皇帝交办，按例由三法司会审。而所谓三法司，是指大理寺、都察院和刑部。要想捞人，必须摆平这三大部门，一个都不能少。

鄢懋卿是刑部右侍郎，刑部的事情自然好办，但严嵩已经倒了，内阁没有说话的人，大理寺和都察院怎么解决？

这就是鄢懋卿面临的大致情况，看上去确实很难办，但事实结果告诉我们，他做到了：

经过三法司会审，一致认定严世蕃贪污罪名成立，查实金额共八百两，着令发配雷州充军。

多年的工部侍郎包工头兼机要处长，原来只值八百两，还真是个吉利数字。

当然了，处理结果也不可谓不重。所谓雷州，就是今天的广东雷州，在当年是著名的蛮荒之地，到那里充军十有八九回不来。

但历史对我们说，规矩是死的，人是活的，死缓可以转无期，无期可以转有期，有期再转保外就医，事情就解决了。严世蕃自然也不例外，但他的方法比较简单——逃跑。

这位兄台刚走到半路，不知是买通了押送人员还是自行决断，竟然就这么跑了回来。按说要是逃犯，总得找个比较偏僻的地方藏起来，起码没有人认识自己。可严世蕃实在是艺高人胆大，他竟然跑回了江西，堂而皇之地住下来，照常上街买菜，东游西逛，比衣锦还乡还衣锦还乡。

重大贪污犯变成八百两，充军充回了家，严党的势力确实超出了徐阶的想象。但当他正准备回击时，皇帝突然下达了一道谕旨，正是这道谕旨使事情再次失去了控制。

毕竟是多年的老朋友了，说句寒碜话，就算是条狗，养二十多年也有感情了，何况严嵩长得比狗精神得多。所以在驱赶了严嵩之后，嘉靖便感到了一种孤独，很快，这种孤独就演变成了同情，于是他下令：

“严嵩退休了，他的儿子也已认罪，今后有人再敢上与邹应龙相同的奏折，立斩！”

这下徐阶完了，他本已准备趁势追击，用奏章把严世蕃淹死，可嘉靖的命令刚好击中了他的要害。转瞬之间，他失去了所有进攻的手段，只能坐在原地，等待着对方的反击。

徐阶之所以对严世蕃如此执著，是因为他十分清楚，这是一个破坏能量太大的人，只能关在笼子里，绝不能放归大自然。以此人的智商，如果稍有不慎，自己就会被置于死地。而事实也验证了他的预想，不久之后，严世蕃就出招了，不但狠毒，而且致命。

严嵩退休之后，按道理应该回老家，他却在经过南昌的时候停了下来。因为他不甘心就此失败，而且他很清楚，事情还没有结束。

事情的发展证明了严嵩的直觉，这位老江湖在南昌等来了皇帝的谕令和他那聪明绝顶的儿子。

在谕令中，严嵩看到了希望，而在他的儿子那里，他找到了反败为胜的方法。

严世蕃依然十分沉着。他告诉自己的父亲，虽然事已至此，虽然徐阶已经成为首辅掌握重权，但他并不是坚不可摧的，一切都可以从头开始，只要突破一个人——蓝道行。

严世蕃那个只有一只眼睛的脑袋，却有着极为可怕的智慧，在无数的表象之下，他牢牢地抓住了事物的本质。一点也没错，蓝道行正是问题的关键所在。

嘉靖之所以驱赶严嵩，是因为神仙不喜欢他，而不是蓝道行。所以只要证明那天在沙盘上写字的人不是神仙，问题就都解决了。要是顺便能把徐阶拉上，说明他与此事有着千丝万缕的联系，那他就是欺君之罪，必死无疑。

到那个时候，严嵩将光荣返聘，继续牟取私利，消极怠工，严党将再度掌权，所有的一切都将回到起点。

行动开始，严嵩先命令朝中的同党送钱给蓝道行，希望他反戈一击，指证徐阶策划此事，事成之后保证升官发财。

蓝道行拒绝了。

既然软的不行，就来硬的。严嵩出钱买通了宫中的太监，指使他们诬陷蓝道行，并将其关入了监狱。更为恶劣的是，他还疏通狱卒，对蓝道行严刑拷打，百般折磨，逼他诬陷徐阶（似乎也算不上诬陷）。

蓝道行依然拒绝了，虽然他被打得遍体鳞伤，却始终不吐一字。

软的硬的都不吃，严嵩纳闷了。在他看来，蓝道行不过是个江湖骗子，一个吹牛的道士而已，怎么会如此强硬？

从道士到钢铁战士，只是因为一件东西——信仰。在这个世界上，信仰是最为坚固的物体，一旦坚持，就很难动摇，而金钱、美色在它的面前，是极为软弱无力的。

蓝道行是一个道士，但他却信仰王学，他相信，在这位传奇人物的光明之学中，他能够找到真正的光明。所以无论是利诱还是威逼，金钱还是皮鞭，他都决不屈服。

这就是信仰的力量，是任何物质无法动摇的力量。而对于这些，利欲熏心的严嵩，是永远无法理解的。

蓝道行挺住了，徐阶也挺住了，严嵩一击不中，再次开始了等待。他相信随着时间的推移，皇帝会逐渐想起他，同情他，到时配合朝中的严党势力，他必定能东山再起。

这是一个不错的打算，事实上也很有可能，之前的那道谕令已经部分证明了这点。令人费解的，却是徐阶的态度。严嵩此次大举进犯，可从头至尾，他都没有作出任何反应，更没有利用手中的权力发起反扑，虽然这对他而言十分容易。

政治家是这个星球上最坚忍的动物，他们从不轻举妄动，只有在胜券在握的情况下，才会发动最后的猛击。经过严世蕃和蓝道行事件，徐阶已经看清了严嵩的真正实力，他知道，虽然自己身居首辅，但是严嵩对皇帝仍有着相当的影响力，而在朝中，严党依然拥有强大的势力。

所以现在只有等待，等待对手的下一个破绽，它一定会再次出现。

于是，徐阶对严嵩的攻击不但毫不在意，反而还经常写信问候在南昌的严嵩，恭祝他身体安康，多活几年。他明知严世蕃擅自逃窜回家，也从不派人去查，就当做不知道。

更有甚者，在徐阶成为首辅之后，他的儿子曾经对他说，老爹你受了那么多委屈，现在终于熬出头了，应该找严嵩报仇。

出人意料的是，徐阶竟勃然大怒，破口大骂：

“要是没有严大人，我哪有今天的地位，你怎么能够这样想？”

对儿子都这样，别人更是如此。久而久之，这些话都传到了严嵩的耳朵里，让他深有感触。

原先当次辅的时候低调做人，现在大权在握，也不落井下石。徐阶的举动使严氏父子产生了这样一个感觉：徐首辅是一个厚道人。特别是严世蕃，他当逃兵跑回来是尽人皆知的事情，要想整治他，把柄是现成的，徐阶对此却毫无动作。所以这

位自负天下第一聪明的人也由衷地感叹了一句:

"徐大人不坑我啊!"

严世蕃是个太过聪明的人，所以他也有点太过自负。在这十几年中，他从没有把徐阶放在眼里，而是把他当做看门大叔之类的人物，肆意欺凌，蛮横无理，然而徐阶都忍了。现在的徐首辅依然故我，丝毫没有报复的打算和行动，看来他还准备继续忍下去。

严世蕃放心了，他似乎忘记了自己的逃兵身份，堂而皇之地在江西盖起豪华别墅，准备当土财主，享受之前十几年的腐败成果。

然而，狂得过了头的严世蕃并不知道，从不坑人的徐大人此时正在挖坑，一个比上次更大的坑。因为所谓复仇，从来都不是热菜，而是冷盘。

严世蕃不了解徐阶，徐阶却了解严世蕃。他很清楚，这位独眼龙天才虽说聪明绝顶，却也有着一个致命的缺点。

估计是因为身体残疾，严世蕃存在某种心理问题，简单说来就是有点变态。综观他的一生，只做坏事，不做好事，着实不易，而且他穷奢极欲，做事情不分场合，不分地点，想怎么干就怎么干。

比如当年他母亲死了，本该在家守孝，帮老爹干活，他却只是每天躲在家里搞女人，对老爹交代的事情全然不理。严嵩同志都八十多了，头晕眼花，公文看不懂，青词写不来，几次被皇帝骂得狗血淋头，才有了后来下课倒台的事。

所以从政治学的角度讲，严世蕃是一个天才的幕僚，却是一个蹩脚的政治家。他不懂得隐藏压抑自己的欲望，在这一点上，他和自己的父亲差得太远。他当逃兵也好，盖别墅也好，徐阶一概不管，因为他相信，自己等待的那个破绽必将在这个人的身上出现。

成也世蕃，败也世蕃，命也。

◆ 一块砖头引发的血案

在徐阶看来，把严世蕃放出来比关在笼子里好，让他去飞，让他去闯，终有一天会惹出麻烦的。

正如所料的那样，麻烦很快就来了，但肇事者不是严世蕃，而是另一位老熟人——罗龙文。

这位仁兄前面已经介绍过了，他是胡宗宪的同乡，为剿灭徐海当过卧底，立过大功。但之前也说过，此人心胸狭窄，好挑是非，不太讲道理。所以在胡宗宪倒台后，他因势利导，不知钻了谁的门路，竟然投奔到了严世蕃手下，所谓臭味相投，两人很快结成知交。

既然是知交，严世蕃充军，罗知交也充军。同理，既然是知交，严世蕃当逃兵，他自然也当了逃兵。不过他没有逃到江西，而是再次审时度势，投奔了他当年的敌人——倭寇，成为了逃兵兼汉奸。

虽说饭碗有了，但抢劫毕竟是个高风险的活儿，不比京城里自在。久而久之，罗龙文越来越怀念过去的美好时光，也越来越痛恨坑他的邹应龙与徐阶，经常对人大声疾呼：

"必取邹应龙与徐阶的首级，方泄我心头之恨！"

这大致也就算个精神胜利法。他一无钱，二无人，凭几个抢劫犯，也就只能在千里之外发发牢骚而已，反正京城里的人也听不见。

但他绝对想不到的是，自己的这句话正是最终毁灭的起始。

很快，京城的徐阶就听到了这句话。天真的罗龙文并不知道，作为严世蕃的重要同党，从他逃跑到投奔倭寇，都有人在一旁监视着他，看着他由逃犯成为抢劫犯，却从来没有人去制止。因为在徐阶看来，这个人现在的举动，将会成为诛杀严世蕃的利器。

得知这句话后，徐首辅立即开始了行动。他不但将此话向皇帝上奏，大张旗鼓地进行宣传，还调派大量锦衣卫保护自己和邹应龙的家，并公开表示自己的人身安全受到了严重威胁。

严嵩整治蓝道行之时，可谓是生死攸关，徐大人却稳如泰山。一个人在千里之外威胁了几句，他却如此激动，归根结底，只是因为一个原因——政治目的。

只有把罗龙文的事情闹大，才能引起所有人的警觉，从而引出严世蕃。罗小弟做了倭寇，严大哥自然也逃不脱干系，而对于这位独眼龙，皇帝大人一直就没什么好感。

严世蕃和严嵩已逐渐被逼入死角。到目前为止，一切都在徐阶的掌控之中，但连他自己也没有料到，一件偶然事件的发生，却让这场好戏早早落幕。

事情的起因，只是一块砖头。

与罗龙文不同，严世蕃不沮丧，也不发牢骚，他正在江西袁州一心一意地盖自己的新房。恰如徐阶所料，严世蕃实在有够嚣张，按说一个逃犯，找几个狐朋狗友，盖了小茅屋住，躲着过日子也就罢了。可这位兄台竟然找了四千多民工，还唯恐人家不知道，每天敲锣打鼓地开工修豪宅！

当然，严世蕃敢如此招摇，袁州的知府大人自然也是打点过的，所以也没人去管他。

可惜的是，明代的官员编制并非只有知府。

工人多了，自然会聚成一团找乐子。就在他们说说笑笑的时候，一个人路过此地，便多看了他们两眼。这帮人正好干完了活儿想找事，就向这位路人挑衅，说着说着，不知是谁无聊，还朝人扔了块砖头，路人当场挂彩。

这位兄台还算理智，没有大打出手（对方人多），只是走上前来找他们的领导——严世蕃的仆人理论。

可是严府的仆人态度蛮横，根本不予理睬。旁边有人看出苗头，觉得这人举止不一般，估计是个官，便提醒这位仆人客气点。

毕竟给严世蕃跑过腿，平日见过大场面，所谓宰相门人七品官，这位仁兄眼睛一横，当场大喝一声：

老子在京城见过多少大官，你算是个什么东西，还不快滚！

面对这位凶仆，路人一言不发，捂着伤口，带着羞辱默默地离开了。

仆人的自尊心得到了极大的满足，大祸也就此种下。

这位路人的名字叫做郭谏臣，时任袁州推官，正如那位仆人所说，并不是什么大官。但这位狗腿子明显不了解官场的某些基本概念，比如背景、靠山，比如一荣俱荣，等等。

郭谏臣是一个推官，主管司法，也就是当年徐阶曾干过的那份工作。虽然他不如徐阶有前途，但他有一个要好的朋友，这个人的名字叫林润。

于是在饱受屈辱却无法发泄的情况下，郭谏臣将自己的委屈与愤怒写成书信，寄给了林润。

谁不好惹，偏偏就惹上了这个人，只能说是严世蕃气数已尽。

林润，字若雨，福建莆田人，嘉靖三十五年进士。这位仁兄虽说资历浅，却是个不简单的人物。他先被分配到地方做县令，由于表现突出，很快就被提拔到南京担任御史。

要知道，在短短几年之内由地方官升任御史，是很不容易的。由于御史要经常上书皇帝，如果运气好某篇奏疏得到领导赏识，像胡宗宪那样连升几级也是很有可能的。

而这位林润可谓是御史中的佼佼者。他不但性格强硬，而且十分聪明，刚上任不久就敢于上书弹劾自己的领导——都察院左副都御史、著名贪官鄢懋卿，且弹词写得滴水不漏，让人抓不住任何把柄。

虽然最后这次弹劾因为严嵩的庇护而不了了之，但林润的骂功与机智给严世蕃留下了很深的印象，便请这位兄台吃了顿饭。

在饭局上，面对财大势大的严世蕃，林润没有丝毫的畏惧，反而反客为主，谈笑风生。这件事情给严世蕃留下了很深的印象，之后一直对林润十分客气，唯恐得罪了他。

然而，林润最憎恨的人正是祸国殃民的严氏父子，所以当他收到郭谏臣的书信时，一个念头油然而生——弹劾严世蕃。

虽然之前邹应龙已经告过一次，而且嘉靖曾警告过，敢再拿此事做文章者，格杀勿论，但林润仍然决定冒一次险。

和杨继盛不同，林润并没有杀身成仁的打算，他的这步棋虽险，却是看好了才走的。从后来的事情发展看，他很可能与徐阶有着密切的联系，所以对于目前的形势，他可谓了如指掌。经过之前的罗龙文事件，嘉靖的耐心已到了顶点，只要再点一把火，愤怒的火山就会彻底喷发。

嘉靖四十三年（1564）十二月，林润正式上书，烽烟再起。

这是一份十分厉害的弹章，在文中，林润再次运用了他的智慧。他不但弹劾严世蕃擅自勾结盗匪，欲行不轨，还爆出了那个地球人都知道的罪行——逃兵。

刻意隐藏两年，只是为了今天。

看到奏章之后，嘉靖果然大怒。他再次忘记了自己说过的话，严令查办此事，逮捕严世蕃。

◆ 天下无双

在得知谕令内容之后，徐阶却没有丝毫兴奋，反而显得十分焦急，并立即派出了密使，要求务必在第一时间将此事告知林润。

徐阶似乎过于着急了，谕令下达后，林润自然会知道，不过迟一两天而已，又有什么区别呢？

参考消息　枉杀抗倭状元

林润虽然敢于直言，被人称为铁面御史，但这个人没什么判断力，人家说什么他就信什么。嘉靖二十年，状元沈坤在家守孝时，目睹了倭寇在乡间横行的惨状，于是变卖祖产，自己掏钱组织了一队乡兵来抗倭。可后来沈坤和淮安知府范槚起了冲突，范槚派人推倒沈坤等人筑成的防御工事，还告了沈坤一状。正好赶上林润处理这件事，而林润在调查沈坤案时没有好好彻查，偏信了范知府等人的一面之词，结果害得一代抗倭状元屈死狱中。

但事实证明，这是一个极为明智的决定，正是这关键的一两天，改变了事态的进程。因为徐阶很清楚，林润的奏疏虽然言辞犀利，却没有实据，目前唯一能证明严世蕃有罪的，不过是半路逃回老家而已。

而当谕令公开后，朝中的严党成员必定会给严世蕃报信。以严世蕃的智商，一定会马上溜号,跑回充军地雷州。如此一来,林润就成了诬告,事情也就会不了了之。

所以决定事情成败的，是信息传播的速度。

徐阶的预料一点没错，就在谕令颁布的当天，严世蕃的儿子、锦衣卫严绍庭便连夜出发赶去报信。但当他上气不接下气地到达江西时，看到的却只是一片狼藉。因为两天之前，林润已经到此一游，抓走了正在砌砖头的严世蕃。

这还不算，林御史送佛送上天，连小兄弟罗龙文也一起抓了，并上了第二封弹章，历数严世蕃的罪恶，连人带奏疏一并送到了京城，严世蕃再次成为了囚犯，再次来到了京城。这一次，所有的人都认定他将彻底完蛋，包括徐阶在内。

然而，当这位严大少爷进入京城之后，让人意想不到的事情再度发生了。

严世蕃和罗龙文刚刚到京，便解掉了身上的镣铐，堂而皇之地接受朝中官员的宴请，吃好喝好后连监狱大门都没去，就直接住进了早已为他们准备好的豪宅。

总而言之，这二位仁兄并非囚犯，反倒像是前来视察的领导。

目睹这一奇观的徐阶再次震惊了。两个朝廷钦犯在光天化日之下竟然如此嚣张，而朝廷百官却视若无睹，无一例外地保持了沉默。大理寺不管，刑部不管，都察院也不管。

难道只有我看到了这一切？！徐阶禁不住颤抖起来，他感到了一种前所未有的恐惧。

严嵩倒台了，严世蕃也二进宫了，事情已到了这个地步，严党竟然还有这么强大的力量，还能如此肆无忌惮、无法无天！

从震惊中恢复过来的徐阶开始了新的思索，他终于认识到，这是一股极其顽强的势力，是一个无比坚固的利益共同体，而要彻底毁灭它，单靠常规手段，是绝对办不到的。

要击破它，必须找到一个突破口，而严世蕃是最为合适的人选。既然弹劾没有用，逮捕没有用，甚至关进牢房也没有用，那么我只剩下了一个选择——杀了他。

要让所有胁从者都知道谁才是朝廷的真正统领者，要用最严厉的手段告诉他们，依附严党，死路一条！

就在徐阶下定决心的时候，严世蕃正颇为轻松地与罗龙文饮酒作乐。但同为囚犯，罗龙文却没有严世蕃那样的心理素质。虽说严党关系广、势力大，不用蹲黑牢，也不用吃剩饭，但毕竟自己是来受审的，如果到时把干过的那些破事都摊出来，不是死刑立即执行，至少也是个死缓。

然而严世蕃笑着对他说：

“我等定然无恙，不必担心。”

罗龙文松了一口气，他以为严世蕃已经搞定了审案的法官。

严世蕃却告诉他，负责审理此案的三法司长官，刑部尚书黄光升，以及都察院左都御史、大理寺卿全都不是严党，而且素来与他有仇，隐忍不发只是时机未到，到时一定会把他往死里审。

还没等罗龙文消化完这个噩耗，严世蕃又接着说了一件让他匪夷所思的事情：

“我已派人四处散播消息，为杨继盛和沈鍊申冤，他们之所以会死，全部是我等所为。相信这件事很快就会传到三法司那里。”

罗小弟就此陷入了极度的恐慌，他大声向严世蕃吼道：

“你疯了不成？这不是自寻死路吗？！”

“不要慌，”严世蕃依旧镇定自若，“这些罪名不但杀不掉我们，还能够救我们的命。”

他平静地看着一脸疑惑的罗龙文，自信地说道：

“杀我的罪名自然有，却不是三法司的那些书呆子能够想出来的。在这世上，能杀我者，唯两人而已。”

“一个是陆炳，他已经死了。另一个是杨博，我已打探过，他前不久刚刚犯事，现大权旁落，在皇帝面前已说不上话，不足为惧。”

于是，自信的严世蕃发出了最后的预言：

“任他燎原火，自有倒海水！”

我的计划万无一失，是绝不会落空的，陆炳死了，杨博废了，世间已无对手，举世之才唯我一人而已！谁能杀我？！

徐阶能。

在十多年前夏言被杀之时，他还只是个未经磨砺的副部级愣头青，无论是权谋水平还是政治水平都还差得太远。但经过多年的血雨腥风，他已习惯并掌握了所有的规则和技巧。到了今天，他已具备了参加这场死亡竞赛的能力。

事实上，从严世蕃进京的那天起，他的一举一动就已在徐阶的严密监控之下，从花天酒地到散布消息，徐阶都了如指掌。与三法司的官员们不同，经过短暂的思考，他就明白了严世蕃的企图，并了解了他的全盘计划。

这是嘉靖年间两个最高智慧者的对决，胜负在此一举。

这是最后的考验，十余年的折磨与修炼，历经山穷水尽、柳暗花明，终于走到了这一步，优势已尽在我手。在我的面前，只剩下最后一个敌人。

杀了此人，天下将无人能胜我。

◆ 徐阶的正义

正如严世蕃所料，三法司采纳了街头巷尾路边社的意见，将杀害杨继盛、沈鍊的罪名套在了严世蕃的头上，所谓冤杀忠臣、天下公愤之类，写得慷慨激昂。

完稿之后，他们依例将罪状送交内阁首辅徐阶审阅。

徐阶似乎已经等待他们多时了。他接过稿件，仔细看完，然后微笑着夸奖道：

“这件事情你们做得很好，文辞犀利，罪名清楚。”

“不过我有个问题想请教各位，”徐阶突然收敛了笑容，用冷峻的口气说道：“你们是想杀严世蕃呢，还是想要救他？”

这是一个侮辱智商的问题，几位司法干部当即涨红了脸，大声叫道：“那还用说，自然是要杀了他！”

看着激动的同志们，徐阶笑出了声：

“此奏疏一旦送上，严世蕃必定逍遥法外，诸位只能白忙一场了。”

这又是个什么说法？众人目瞪口呆，愣愣地看着徐阶，等待着他的解释。

“你们并不明白其中奥妙，虽说杨继盛之事天下已有公愤，却绝不可上奏皇帝，要知道，杨继盛虽是为严氏父子所害，斩首的旨意却是皇上下达的。”

“当今皇上是英察之主，从不肯自认有错，你们如果把这条罪状放上去，岂不是要皇上好看？如此受人欺瞒，皇上的颜面何存？到时皇上发怒，严世蕃自然无罪开释。”

徐阶说得没有错，严世蕃的如意算盘正是如此。为了实现自己的企图，他先放出风声，说自己最害怕杨继盛事件，然后诱使三法司的人将此罪状上达，因为嘉靖皇帝的性格他十分了解，这位仁兄过于自负，认定自己天下第一，没人能骗得了他，也从不肯认错。

现在你要告诉他，兄弟你错了，人家借你的手杀掉了杨继盛，你还在上面签了字，你是个白痴、冤大头，他自然要发火，否定你的说法，于是严世蕃同志刚好可以借机脱身。

这招十分狠毒，即所谓拖皇帝下水，不是一般人能想得出、用得上的。比如后来的上海滩第一老流氓杜月笙，也曾用过这手。当时正值解放前夕，蒋介石之子蒋经国奉命到上海整顿金融秩序，打击投机，干得热火朝天，结果搞到了杜月笙的头上，不但毫不留情，还明确表示整的就是你。

杜月笙也不争辩，乖乖受罚，暗中却指使他人检举孔祥熙的儿子投机倒把，把事情直接闹到了蒋经国那里：如果你不处理他，凭什么处理我？

于是轰轰烈烈的上海金融保卫战就此草草收场，蒋氏家族和孔氏家族都是一家人，有事好商量，杜流氓也得以解脱。

但严世蕃却没有杜月笙的运气，因为他的对手是徐阶，是一个足以与他匹敌的人。

书呆子们头晕眼花了，他们的脑袋还没回过神来，只是傻傻地问徐阶，既然如此，那就请您出个主意，定个罪名，我们马上去办。

然而，徐阶接下来的举动却让他们更为吃惊，这位深不可测的首辅大人只是微微一笑，从袖子里拿出了一份早已预备好的奏疏：

“我已经写好了，你们送上去就是了。”

怎么着？难道您还能未卜先知？

怀着对徐大人的无限景仰和崇敬，三法司的官员们打开了那份奏疏，杀气扑面而来。

简单说来，严世蕃的罪名有以下几点：首先他和罗龙文是哥们儿，而罗龙文勾结倭寇，严世蕃也与倭寇挂上了钩，他们聚集海匪，并企图里通外国，逃往日本。

其次，他勾结江洋大盗，训练私人武装，图谋不轨。

最后，他还占据土地修房子，而根据现场勘察，这是一块有王气的土地，严世蕃狗胆包天，竟然在上面盖楼，实在是罪大恶极（这条罪名当年胡惟庸也挨过）。

看完了这封奏疏，三法司的书呆子们也已断定了严世蕃的结局——必死无疑，因为嘉靖最为反感的两个词语，正是“犯上”与“通倭”。

三法司的官员们揣上这份致人死命的奏疏，哆哆嗦嗦地走了，临走时，他们以无比敬畏的眼神向徐大人告别。而徐阶依旧礼貌地回礼，面色平静，似乎之前的那一切从未发生过。

在近三百年的明代历史中，这是让我感触极深的一幕，每念及此，不禁有毛骨悚然之感。因为在这场平淡的言谈分析中，虽然没有刀光剑影，却蕴涵着一种更为可怕的智慧。

作为当时世间最为精明的两个人，严世蕃和徐阶都敏锐地抓住了这场斗争的最关键要素——嘉靖。事实上，严世蕃死不死、放不放，并不取决于他有没有罪，有多大罪。别说内通日本人，就算他勾结外星人，只要嘉靖不开口，严世蕃就死不了。

打了这么多年的交道，严世蕃简直比嘉靖还要了解嘉靖，他知道这位皇帝是死要面子的人，才想出了这一绝招，如无例外，安全过关应该不成问题，可惜他偏偏碰上了徐阶。

只要分析一下前面的那段对话，你就能明白，徐阶的城府只能用两个字来形容——恐怖。

他破解了严世蕃的计划，还提前写好了奏疏，定好了罪名。而要做到这些，他必须了解以下三点，缺一不可：

首先，他十分清楚嘉靖的习性，知道他打死也不认错，所以他明白哪些能说，哪些不能说。

其次，他知道三法司的那帮蠢人的想法，也料到他们会定哪些罪名。

能够掌握皇帝和群臣的心理，已经极为不易，但我们可以肯定的是，对于这两点，严世蕃也了如指掌，因为他的诡计正是建立在此之上。

但徐阶之所以能够成为最后的胜利者，是因为他还掌握了最重要的第三点——严世蕃的心理。

他不但知道皇帝是怎么想的，法官是怎么想的，还知道严世蕃的想法，甚至连他用的阴谋手段也一清二楚。自负天下才智第一的严世蕃机巧狡猾，机关算尽，却始终在徐阶的手心里打转，最后被人卖了还在帮着数钞票。

但是，这绝不能怪严世蕃同志，套用一句电影台词：不是国军无能，只是共军太狡猾。

对人心的准确揣摩，对事情的精确预测，还有深不可测的心机谋划，这是极致的智慧。在我看来，它已经超越了人类的极限。

在这场暗战中，严世蕃输了，却输得并不冤枉，因为他输给了一个比他更聪明的人。而真正可悲的人，是嘉靖。

这位天资聪慧、刚愎自用的皇帝，终于为他的自以为是付出了代价。一生都致力于耍心计、控制人心的他，最终却沦为了两个大臣的斗争工具，他的脾气和个性被两位大臣信手拈来，想用就用，想要就要。

就这样，木偶的操控者最终变成了木偶，也算是报应吧。

还要特别提醒大家一句，具体问题要具体分析。徐阶和严世蕃之所以能把皇帝捏着玩，归根结底还是因为嘉靖同志爱面子，要换了朱元璋，估计不但严世蕃活不成，连办案的那几个书呆子也跑不掉，大家携手并肩一起见阎王。所以千万不要乱用此招，教条主义害死人啊。

不出徐阶所料，奏疏送上去之后，嘉靖勃然大怒，当即下令复核之后，立斩严世蕃、罗龙文，真是比他儿子还听话。

和许多人想象中不同，明代的死刑制度是十分严格的，草菅人命，那是谣传。地方官是没有权力杀人的，死刑的复核权归属于中央，确切地说，是皇帝。

每次处决名单送上来，皇帝大人都会亲自批阅。也不是全杀，看谁不顺眼，就在上面画个钩，这人就算没了，等到秋决之时砍头了事，这才能死。要是这次没轮上，那还得委屈您在牢里再蹲一年，明年还有机会。

而按照严世蕃的情况，最多也就是个秋决，可是在徐阶同志的大力帮助下，嘉靖极为少有地作了特别关照——立斩。

死到临头的严世蕃，却依然被蒙在鼓里。他毫不知情，还在自鸣得意地对着罗龙文吹牛：

“外面有很多人想杀我，为杨继盛报仇，你知道不？”

罗龙文已经不起折腾了，他毕竟心里没底，看着眼前的这个二百五，气不打一处来，又不好翻脸，只好保持沉默。

似乎是觉得玩笑开过头了，严世蕃这才恢复常态，拍着罗小弟的肩膀，给他打了包票：

“你就放心喝酒吧，不出十天，我们就能回家了，说不定我父亲还能复起（别有恩命未可知），到时再收拾徐阶、林润，报此一箭之仇！”

罗龙文这才高兴起来。但说到具体问题，严世蕃却又只字不吐，看来他十分喜欢这种逗人玩的游戏。

严世蕃同志，既然喜欢玩，那就接着玩吧，趁你还玩得动。

很快，满怀希望的严世蕃等到了他企盼已久的结果——大批锦衣卫和立斩的好消息。

正是所谓希望越大，失望越大。好吃好住好玩的严世蕃突闻噩耗，当即晕倒在地，经泼凉水抢救成功后，虽然神志恢复了清醒，却留下了后遗症——不停打哆嗦。一直哆嗦到严老爹派人来看他，让他写遗书，他都写不出一个字。

罗龙文自不必说，相信老大哥这么久，最终还是被忽悠了，怎一个惨字了得，整日抱头痛哭。早知如此，还不如当年死在抗倭战场上，好歹还能追认个名分。

嘉靖四十四年（1565）三月辛酉，严世蕃和罗龙文被验明正身，押赴刑场，执行斩决。

这位才学出众，聪慧过人，却又无恶不作，残忍狠毒的天才就此结束了他罪恶的一生。

恶贯至此，终于满盈。

在严世蕃被处决的那一天，京城民众们奔走相告，纷纷前往刑场观刑，并随身携带酒水、饮料、副食品等，欢声笑语，边吃边看，胜似郊游。

人缘坏到这个份儿上，倒也真是难得了。

也就在这一天，一位在京城就读的太学生不顾一切地挤进人群之中，占据了最佳的观刑地点，他的手中还高举着一块布帛，上面只有七个醒目的大字——锦衣卫经历沈鍊。

在亲眼目睹严世蕃的头颅被砍下之后，他痛哭失声，对天大呼：

“沈公，你终于可以瞑目了！”

言罢，他一路号哭而去。十几年前，当沈鍊因为弹劾严嵩被贬到保安时，曾不计报酬，免费教当地的贫困学生读书写字，直到他被严嵩父子害死为止。而这个人，正是当年那些穷苦孩子中的一员。

为了这一天的到来，他已经等待了太久，而他终究看到了公道。

徐阶终于实现了他的正义，用他自己的方式，不是礼义廉耻，不是道德说教，而是阴谋诡计、权术厚黑。

严世蕃死得冤不冤？冤，实在是冤。

严世蕃的覆灭

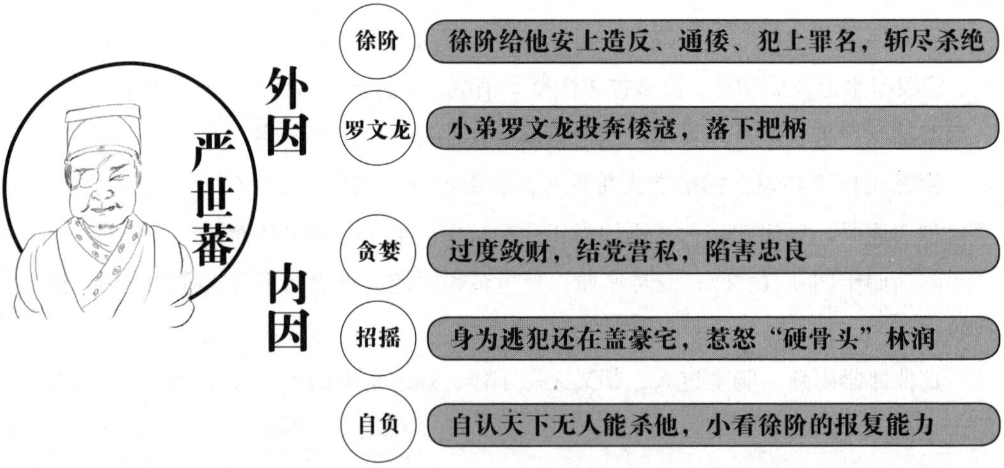

罗龙文勾结倭寇，不过是想混口饭吃。他又不是汪直，凭他那点出息，就算要找内通的汉奸，也找不到他的头上。

严世蕃就更别说了，这位仁兄贪了那么多年，家里有的是钱，而当年的日本从上到下,那是一穷二白(不穷谁出来当倭寇)。严财主在家盖别墅吃香喝辣不亦乐乎，干汉奸？别逗了，当天皇老子都不干。

至于占据有王气的土地，那就真没个准儿了。当年没有土地法，凭严世蕃的身份，随意占块地是小意思，但你硬要说这块地有王气，那谁也没辙。关于这个问题，当时徐阶曾信誓旦旦地表示，他曾派人实地勘察，确系王气无疑。

可这事儿哪有个谱，又没有权威认证机构，但徐大人当政，他说有那就算有吧。

唯一确有实据的，是纠集亡命之徒，收买江洋大盗。但严世蕃同志本就不读书，是个彻头彻尾的混混，平时打交道的也多是流氓地痞，发展个把黑社会组织，那是他的本分，况且他似乎也还没干出什么惊天大案，图谋犯上更不靠谱。

所以结论是：严世蕃是被冤杀的。

那又如何？

杨继盛、沈鍊，还有那些被严党所害的人，哪一个不冤枉？还是那句老话：对付流氓，要用流氓的方法。

关于这个问题，我将再次引用无厘头的周星驰先生在他的《九品芝麻官》里，说出的那句比无数所谓正直人士、道学先生更有水平的台词：

“贪官奸，清官要比贪官更奸！”

我想，这正是最为合适的注解。

事情的发展证实，徐阶对严党的判断完全正确。严世蕃一死，严党立刻作鸟兽散，纷纷改换门庭，希望能躲过一劫。但徐阶并不是一个慈悲为怀的人，在短短一个多月时间里，他就连续罢免调离了二十多名严党成员，可谓是雷厉风行。把持朝政十余年的第一奸党就此被连根拔起。

但这件事尚未结束，还剩下最后一位老朋友，需要我们去料理。

严嵩的家终于被抄了，事实证明，他这么多年来，虽说国家大事没怎么管，捞钱却是不遗余力。据统计，从他家抄出了黄金三万余两，白银三百万两，名人书画奇珍异宝不计其数。光抄家就抄了一个多月，连抄家的财物清单都被整理成书，后来还公开刊印出版，取名《天水冰山录》，成为了清代的畅销书。

严嵩至此才彻底绝望，儿子死了，爪牙散了，嘉靖也不管了，他终于走到了人生的末路。而面对着忙碌的抄家工作人员，这位仁兄在沮丧之余，竟然又提出了一个要求。

严嵩表示，因为家里的仆人多，所以希望能够留点钱给自己，做遣散费发放。

看着这个一脸可怜的老头，抄家官员于心不忍，便把这个要求上报给了徐阶，建议满足他的要求。

徐阶想了一下，便一字一句地说出了他的回答：

“我记得，杨继盛的家里没有仆人。”

现在是你祈求慈悲的时候了，那么夏言被杀之时，慈悲在哪里？杨继盛、沈鍊被杀之时，慈悲在哪里？不出一兵一卒，任由蒙古骑兵在城外烧杀抢掠、无恶不作之时，慈悲又去了什么地方？！

严嵩就此净身出户，孤身一人回到了老家，这里曾是他成功的起点，现在又成为了失败的终点。所谓兴衰荣辱，不过一念之间。

胜利再次到来，而这一次，是如假包换、童叟无欺的胜利，没有续集。

十几年的潜心修炼，十几年的忍耐，在愤怒与仇恨、诡计与公道中挣扎求生的徐阶赢了。从奸党满朝到一网打尽，他凭借自己的毅力和智慧，逐渐扳回了劣势，并将其引向了这个最后的结局。一切的一切都如同预先排演一般，逐一兑现。

除了一个例外。

在此前的十几年中，徐阶曾无数次在心中彩排：反击成功后，应该如何把严嵩

《天水冰山录》

净金共重一万三千一百七十一两六钱五分

纯金器皿共三千一百八十件，重一万一千零三十三两三钱一分

金镶珠宝器皿共三百六十七件，重一千八百零二两七钱二分，坏金器共

二百五十三件，重四百零三两九钱二分

金镶珠玉首饰共二十三副，计二百八十四件，共重四百四十八两五钱一分

金镶珠宝首饰，共一百五十九副，计一千八百零三件，共重

二千七百九十二两二钱六分

净银二百零一万三千四百七十八两九钱

银器皿共一千六百四十九件，共重一万三千三百五十七两三钱五分

银嵌珠宝首饰计六百二十八件，共重二百五十三两八钱

千刀万剐，但当这一天真的到来时，他却改变了之前的打算。

看着黯然离去的严嵩，徐阶的心中萌发了新的想法，不要杀他，也不能杀他。

自嘉靖初年得罪张璁被贬时起，三十多年来，徐阶从一个刚正不屈、直言上谏的愤青，变成了圆滑处世、工于心计的政治家，但在他的个性特点中，有一点却从未变过——有仇必报。

十几年来，他对严嵩的仇恨已经深入骨髓，现在是报仇的时候了。面对这个罪行累累的敌人，他决心用另一种方式讨还血债，一种更为残忍的方式。

罢官抄家，妻死子亡，但这还不够，还远远不足以补偿那些被你陷害、残杀，以致家破人亡的无辜者。

我不会杀你，虽然这很容易。我要你眼睁睁地看着身边的亲人一个个地死去，就如同当年杨继盛的妻子那样，我要你亲眼看着你曾经得到的一切，在你眼前不断地消失，而你却无能为力。

继续活下去，活着受苦，严嵩，这是你应得的。

嘉靖四十四年四月，严嵩被剥夺全部财产，赶回老家。没有人理会他，于是这位原先的朝廷首辅转行当了乞丐，靠沿街乞讨维持生计，受尽白眼，两年后于荒野中悲惨死去，年八十八。

正义终于得以伸张，以徐阶的方式。

参考消息 **被徐阶害死的亲孙女**

当初徐阶为了取得严嵩的信任，把自己长子徐璠的女儿嫁给严世蕃的儿子做妾。后来严世蕃被处死了，严家也被抄了个底朝天，徐阶总算是取得了最后的胜利。可是那个嫁到严家的孙女怎么办？理论上她算是严家的媳妇，改嫁是很困难了，留在家里名声上又不好听。徐阶就有点不高兴了，徐阶的儿子徐璠也是左右为难。一天他去拜见父亲，见父亲一言不发，脸色很难看，于是回到屋里便把嫁到严家的女儿毒死，回来报告父亲。这个被毒死的女孩儿，也就成了徐阶打倒严嵩的政治牺牲品。

图书在版编目（CIP）数据

明朝那些事儿．第 5 部 / 当年明月著．—北京 ：北京联合出版公司，2017.5（2025.5 重印）

ISBN 978-7-5596-0167-4

Ⅰ．①明… Ⅱ．①当… Ⅲ．①中国历史－明代－通俗读物 Ⅳ．① K248.09

中国版本图书馆 CIP 数据核字（2017）第 079364 号

明朝那些事儿 第5部
作　　者：当年明月
出 品 人：赵红仕
责任编辑：徐秀琴
特约监制：何　寅
产品经理：夜　莺
特约编辑：刘晨楚
插画制作：李宝剑
地图制作：王晓明
内文设计：typo_design
封面设计：魏　魏

北京联合出版公司出版
（北京市西城区德外大街 83 号楼 9 层　100088）
北京盛通印刷股份有限公司印刷　　新华书店经销
字数 300 千字　710 毫米 ×1000 毫米　1/16　20.5 印张
2017 年 5 月第 1 版　2025 年 5 月第 33 次印刷
ISBN 978-7-5596-0167-4
定价：45.00 元